集人文社科之思 刊专业学术之声

集 刊 名：政治人类学评论
主办单位：上海师范大学哲学与法政学院
上海师范大学政治人类学研究所（筹）
主　　编：陶　庆

POLITICAL ANTHROPOLOGY REVIEW 2019•2

总第10辑

集刊序列号：PIJ-2018-307
中国集刊网：www.jikan.com.cn
集刊投约稿平台：www.iedol.cn

政治人类学评论

Political Anthropology Review

2019·2

总第10辑

陶 庆 ◆ 主编

社会科学文献出版社
SOCIAL SCIENCES ACADEMIC PRESS (CHINA)

上海师范大学第十期重点学科建设项目

“新政治人类学”
资助成果（2019年年度经费编号：310-AC7031-19-004220）

国家社科基金一般项目

“新政治人类学在‘中国特色政治学三个体系’中的地位与作用”
资助成果（18BZZ010）

教育部人文社科重点基地重大项目

“政治人类学视野下的政治体制改革研究”
资助成果（11JJD810018）

作者简介

（按照论文编辑顺序排列）

吕　纳

女，1979-，浙江省金华市人，上海大学社会学专业博士，上海城建职业学院公共管理与服务学院社会工作专业副教授。电子邮箱：lvna@succ.edu.cn。

刘怡然

女，1986-，北京人，清华大学政治人类学专业博士，中国社会科学院社会学研究所助理研究员。电子邮箱：liuyr@cass.org.cn。

申可君

女，1982-，重庆人，华中师范大学社会学博士，民政部政策研究中心博士后。电子邮箱：43959724@qq.com。

范雅娜

女，1984-，河北保定人，上海大学社会学专业博士，延安大学公共管理学院讲师。电子邮箱：1065813056@qq.com。

魏　霞

女，1978-，内蒙古巴彦淖尔市五原县人，2011年毕业于中央民族大学民族社会学专业，获法学博士学位，2018年受国家留学基金委资助到英国萨塞克斯大学做访问学者，现为内蒙古师范大学法政学院副教授。电子邮箱：Lenawei@yeah.net。

学科开放与学术共享

——《政治人类学评论》代总序

《政治人类学评论》及其所阐发“新政治人类学”暨“政策人类学”等学科范式，迫切呼唤学科开放与学术共享的“春天”！迄今，它刚满四周岁，仍是学术界很不显眼甚至有些“扎眼”的“丑小鸭”，但期待它有朝一日凌空翱翔。《政治人类学评论》是目前国内第一份政治人类学专业集刊——即便英语文献的全球范围内也仅存二三——涵盖政治学、公共管理学、马克思主义人类学、社会人类学、文化社会学等多个学科与交叉领域，具有交叉跨学科的潜质与特征。

“一切有为法，皆悉归无常”。《政治人类学评论》所阐发的“新政治人类学”范式，表现为“政治学科学化”“政策学真理化”“‘群众路线’学术化”等内在逻辑，旨在发掘具有范式“象征”“符号”的“学科基质”(disciplinary matrix)与“有序元素”(ordered elements)；具体体现在“五四”学术框架，即“学科基质”的“五化”过程(政治学科学化、人类学政治化、民族志写文化、管理学人性化、政策学真理化)，与“有序元素”的“四要素”组合(权力要素、田野要素、民族志要素、扎根理论要素)等辩证统一上;并围绕着"权力-权利"博弈的逻辑主轴,演绎出田野研究、民族志文本和扎根理论等"三位一体"的扎根理论方法论。

"新政治人类学"在政治与行政实践中必然演化出"政策人类学"等知识新语境——传承政策科学与领导科学的全部精髓与核心内涵——秉承马克思主义经典作家关于人的自由发展的精髓要义和沿袭拉斯韦尔(H. Lasswell)关于科学服务于民主的思维初衷。一方面,马克思主义人类学是"政策人类学""活的化石",回归"民族志"与重塑马克思主义人类学是"政策人类学"范式创新的不二选择;"政策人类学"学术内涵"五性统一",具体表现为"内在问题导向性"是研究动机,"参与观察性"是研究方法,"互为他者性"是研究态度,"利益公共性"是研究目的,"政策科学性"是研究检验,并内嵌着互为一体、良性循环、螺旋上升、永无止境的内在整体性逻辑。另一方面,中国共产党"群众路线"是"政策人类学""活的灵魂",学术化"群众路线"将以我党根本政治路线、组织路线和工作路线来统率领导科学,由中国话语泽被普世学术。一言以蔽之,"群众路线"是意识形态化的"政策人类学","政策人类学"是学术化的"群众路线"!

正因为此,《政治人类学评论》同仁将有志于学科开放的"超度"和学术共享的"涅槃"!

学科开放的"超度"。"超度"在这是指"超越"学科的高度、广度、幅度、速度等种种限度。人类知识根据某种共性特征进行分类而形成不同体系即学科(discipline),但同时也无中生有地树立起种种"知识壁垒",形成众多"知识关税",产生惊人"交易成本"。学科开放,并不是简单地"公开"学科知识与开放知识体系,而是破除"知识壁垒",实现知识"零关税",把"交易成本"减少到最低甚至是"零"。

学术共享的"涅槃"。"涅槃"是指浴火重生的复活境界。人类对存在物及其规律的学科化论证即为学术(academia),但同时也衍生出种种"学术圈子",形成众多"学术山头",滋生惊人"学术腐败"。学术,本身是思想自由的载体;而今,反沦为限制自由、禁锢思想的藩篱!学术共享,并不是简单地“让与”“赠与”等施舍，而应是人类探索真理过程中，从自封到自律、从自发到自觉、从自为到自在、从自闭到自由的精神升华。

学科开放与学术共享，这正是《政治人类学评论》及其同仁的“中国梦”。

陶庆

2018 年 10 月 18 日

Discipline Openness and Academic Sharing

——Preface to the *Political Anthropology Review*

Political Anthropology Review and paradigms it elucidates, such as Neo-Political Anthropology [NPA] and Anthropology for Public Administration on Policy-making [APAP], urgently call for the "spring" of discipline openness and academic sharing! So far, it has just turned four years old, and it is still an unobtrusive or even inconsiderable "ugly duckling" in the academic world, but it is expected to soar in the sky someday. *Political Anthropology Review* is the first professional journal of political anthropology in China; there is only several English literatures like this in the whole world. It covers many disciplines and cross-disciplinary fields, for instance, political science, public administration, Marxist anthropology, social anthropology, cultural sociology, thus making it have the characteristics of cross-disciplinary.

It was said in *Mahayana Mahaparinirvana Sutra* that everything has its laws, but they all are of impermanence. The paradigm of "Neo-Political

Anthropology [NPA]" elaborated in *Political Anthropology Review* is presented in the internal logic of "Scientizing Politics", "Scientizing Policy-making" and "Refining the 'mass line' academically" etc. , and aims to discover "disciplinary matrix" and "ordered elements". Specifically, it is embodied in the "five processes-four elements" academic framework, which is the dialectical unity of the "five processes" (Scientizing Politics Politicizing Anthropology, Ethnographic Writing Culture, Humanizing Management and Scientizing Policy-making) of "disciplinary matrix", and the "four elements" (power element, fieldwork element, ethnography element, earth-bounded theory element) of "ordered elements". In addition, based on the main logic of the "power-right" game, it also deduces the "three-in-one" grounded theory methodology, including fieldwork, ethnography and earth-bounded theory etc.

"Neo-Political Anthropology [NPA]" is bound to evolve in political and administrative practice, then develops into a new context of knowledge, for example, "Anthropology for Public Administration on Policy-making [APAP]", passing on all the essence and core connotation of policy science and leadership science, adhering to the substance of free development of human beings put forward by classic Marxist writers, and following the H. Lasswell's thoughts about science serving for democracy. On the one hand, Marxist Anthropology is "living fossil" of "Anthropology for Public Administration on Policy-1making [APAP]" and reentry "ethnography" and remolding Marxism Anthropology is the only choice for the innovation paradigm of "Anthropology for Public Administration on Policy-making [APAP]"; "the unification of five characters", academic connotation of "Anthropology for Public Administration on Policy-making [APAP]", is embodied in such factors: "inner problem-oriented research" is the research motivation; "participation-observation for others" is the research method;

“otherness for both interviewer and interviewee” is the research attitude; “publicity of interests” is the research purpose; “Scientificalness of policy-making” is a research examination. Besides, it is embedded with intrinsic and holistic logic with features of mutual integration, virtuous circle, spiral rising, which never ends. On the other hand, the “mass line” of the Communist Party of China is “living soul” of “Anthropology for Public Administration on Policy-making [APAP]”; refining “mass line” academically will be magic tool on leadership science for the Party and will be universally taught by Chinese discourse. In a nutshell, the “mass line” is the ideology of “Anthropology for Public Administration on Policy-making [APAP]”, and “Anthropology for Public Administration on Policy-making [APAP]” is the academic result of “mass line”!

Therefore, *Political Anthropology Review* colleagues will be interested in the “Beyond Limits” of discipline openness and the “Nirvana” of academic sharing!

“Beyond Limits” of discipline openness. “Beyond Limits” here refers to transcending such limits as height, breadth, amplitude, speed etc. Human knowledge is classified according to certain common characteristics and then form different systems, which are disciplines, but simultaneously, various “knowledge barriers” are erected indiscriminately, and many “knowledge tariffs” are generated, resulting in great amount of “transaction costs.” The openness of disciplines is not simply to open subject knowledge and its systems, but to break “knowledge barriers”, realize “zero tariffs” on knowledge, and reduce “transaction costs” to a minimum or even “zero”.

“Nirvana” of academic sharing. “Nirvana”. “Nirvana” refers to the rebirth from fire. The disciplinary argumentation of existence and its laws are academia, but at the same time it has also spawned a variety of “academic circles”, conducing many “academic hills” and bred astonishing “academic corruption." Academic itself is carrier of freedom of thought, which nowadays, however, becomes hedge restricting freedom and imprisoning minds. Academic sharing is not simply a matter of "transferring" and "gifting", but should be the spiritual sublimation from self-proclaimed to self-discipline, from spontaneous to self-conscious, from being-for-itself to being-in-itself, from self-closing to freedom in the process of exploring the truth.

Disciplinary openness and academic sharing are the "Chinese Dreams" of the *Political Anthropology Review* and its colleagues.

Tao Qing

October 18, 2018

目　录

CONTENTS

公共服务购买中的制度逻辑与行动策略

——以S市JD区助残服务购买为例

吕　纳

摘　要:在社会结构转型的中国,政府与社会组织的关系不是一成不变,也不是直线发展的。对于这一关系的产生与变迁起决定作用的无疑是政府与社会组织之间的互动。本研究以S市JD区残联向社会组织购买助残服务为例,采用中观组织研究和微观行动分析相结合的方法,提出了"制度逻辑——行动策略"的分析框架,着重在中观层次和微观层次上揭示政府与社会组织微妙的互动关系及其复杂的因果关系,即从政府与社会组织互动的角度去微观动态地分析两者之间关系的形成过程,并从政府与社会

* 作者简介:吕纳(1979－　),女,浙江省金华市人;上海城建职业学院公共管理与服务学院社会工作专业副教授;上海大学社会学专业博士。本文系吕纳博士论文《公共服务购买中的政府与社会组织互动关系研究》的摘录剪辑版;该博士论文在上海大学社会学院张佩国教授指导下完成并顺利通过博士学位论文答辩,本文系上海师范大学行政管理学系蒋姗姗、刘俊娜协助完成摘要并顺利通过上海师范大学《政治人类学评论》编委会审核定稿,在此一并鸣谢!
补充说明:博士论文部分内容已经发表,参见:吕纳.2016. 公共服务购买中政府制度逻辑与行动策略研究[J]. 公共行政评论(4),等等。

组织各自的制度逻辑的角度中观地分析两者之间关系的形成原因,以此来展示国家与社会相互型构、相互创造的过程,以便揭示更微观的真实动态过程,对以往的宏观的关系研究进行补充,在中国社会发生转型之际,为政府与社会组织关系研究提供新的思考工具。

关键词:公共服务购买　社会组织　残联　制度逻辑　行动策略

一、政府与社会组织关系建构

围绕政府与社会组织关系建构这一研究议题，以往的研究按照研究层次的不同可分为三类：宏观、中观和微观层次研究。宏观层次是在国家——社会框架下，探讨社会组织的产生与发展对传统的以国家为中心的控制模式的突破、对中国的社会发育所具有的意义，并揭示国家权力与社会力量之间的博弈；中观层次是从组织分析的角度以组织与环境互动为基础揭示组织的生存机制、运作机制和关系模式；微观层次是用社会组织的各类行动实践去展现其行动策略和与政府关系的相互形塑过程。

（一）市民社会和法团主义理论模式

宏观结构研究主要采用市民社会和法团主义两大理论模式来展开，同时还有一些小众化理论如国家在社会中、社会中间层、行政吸纳社会等。

1. 市民社会理论①

20 世纪 80 年代，社会主义国家进入全面改革，不少西方学者开始在东欧寻找市民社会的因素，并视之为这些国家社会变迁的主要特征。东欧剧变之后，他们进而把市民社会的发育看作自由民主制度在那里得以巩固的关键。怀着同样的期待，20 世纪 90 年代以后，海外学者开始用市民社会理论来解释中国的社会组织的热潮，此派代表人物有怀特及其同事、何包钢、弗洛里克等。怀特分析了萧山各类社会组织，认为随着改革在经济和社会领域的推进，社会组织正在出现且活动日益增多，与国家的界限也日益明显。怀特断定这是基层社会向市民社会过渡的标志，意味着国家和社会的权力平衡正在发生变化，一种新的权力平衡开始出现；他还认为"社会组织呈现半官半民性，导致市民社会处于软弱的萌芽状态，究其原因就在于改革的不充分，国家的主导地位没改变。随着经济改

① Civil Society 在国内有三种不同的译名，即市民社会、民间社会与公民社会。目前国内很多学者都交叉使用这三个术语，但其实三者仍然存在微妙的差别，参见俞可平．中国公民社会：概念、分类与制度环境[J]．中国社会科学，2006(1)．本文沿用市民社会这一名称。

革的深入,国家的主导地位将削弱,一个较强大的市民社会将会出现”(White,1993;White,1996)。何包钢认为在中国的现实中,“政府依靠社会组织实现社会控制,社会组织依靠政府实现自身的发展,国家与社会的边界也是明显的”,虽还不是西方意义上的市民社会,但也是“半市民社会(semi - civil society)”,后又将概念发展为“初级的市民社会(nascent civil society)”(He,1997;He,2003)。弗洛里克则指出中国基层社会出现的是“国家领导的市民社会(State - Led Civil Society)”,目前看来与西方意义上的市民社会有一定差距,但不能否定其有往这一方面发展的可能(Frolic,1997)。

与此同时,在国内也有很多学者对社会组织能促进市民社会的发育持认同态度。理论研究方面,邓正来是将市民社会理论引入国内的先行者。确切地说,社会一直没有形成独立的、自治的社会结构性领域。“在中国改革开放必然向政治领域纵深的过程中,市民社会通过发展市场经济和培育多元自治的结社组织,能够为实现民主政治创设社会条件”(邓正来,2002:3 ~5)。并提出要建构“良性互动的国家与社会关系”(邓正来,1996/15)。在实证研究方面,朱健刚通过对上海市某街区社区权力结构的个案研究,认为在城市基层社会,国家与社会正往强国家与强社会的方向发展,中国正处于前公民社会的形态(朱健刚,2004/6)。张磊、刘丽敏通过对某小区维权过程的分析,认为城市社区里有市民社会发育的存在(张磊、刘丽敏,2005/1)。夏建中通过对某业主委员会的分析认为,小区业委会在成立和运作过程中具有了“公共领域”的特征(夏建中,2003/3)。

2. 法团主义理论[①]

与市民社会理论不同,法团主义在理论上认为社会与国家不是对立的,对国家的权威要予以保护。“法团主义,作为一个利益代表系统,是一个特指的观念、模式或制度安排类型,它的作用,是将公民社会中的组织利益联合到国家的决策结

① 在国内有法团主义、合作主义和统合主义这些提法,本文使用的是法团主义一词。

构中”,“这个利益代表系统由一些组织化的功能单位构成,它们被组合进一个明确责任(义务)的、数量限定的、非竞争性的、有层级秩序的、功能分化的结构安排之中。这些功能单位得到国家的认可(如果不是国家建立的话),它们被授予本领域内的绝对代表地位,作为交换,它们的需求表达、领袖选择、组织支持等方面的行动受到国家的一定控制”(Schmitter,1974:85)。著名的法团主义者亚当斯认为法团主义主要有三大特征:一个强势的主导国家;对利益群体自由与行动的限制;吸纳利益群体作为国家系统的一部分。其核心就是要国家整合利益群体,让社会组织呈现成员的利益,但要受国家的控制和约束并帮助国家管理和实施相关政策(Adams,2002)。

在实证研究方面,很多学者也认为,与强调社会自主性和横向联系的市民社会相比,强调国家主导控制和自上而下垂直结构的法团主义更适用于对中国的研究。海外学者索林格(Solinger,1993)、安戈和陈佩华(Unger, Chan,1995)、迪克森(Dickson, 2000)、许慧文(Vivienne Shue, 1988)、戴慕珍(Jean C. Oi,1999)等都通过对国内各种案例的分析得出国家在中国的社会结构中占据重要地位,以及国家与社会之间的模糊边界更适合用法团主义来解释的结论。国内的学者利用法团主义理论对国家与社会结构进行实证研究的有:张静(张静,2005),康晓光(康晓光,1999),顾昕和王旭(顾昕、王旭,2005),何艳玲(何艳玲,2007)和张仲汝(张仲汝,2009)等等。

尽管存在着研究对象和逻辑起点的不同,持市民社会和法团主义的研究取向的学者得出的结论都有一些共通之处,即都立足于社会组织的发展而关注中国国家与社会关系的不同方面;都建立在大量理论和实证研究的基础上,似乎都能找到自己的案例;都认为国家与社会组织之间有着独特的互动。但是,我们也能发现很难在中国找到如西方般的市民社会和法团主义的国家社会关系。这两种理论范式在解释力上都存在不足,主要原因如下。

首先,在研究视角上,虽然市民社会强调社会与国家的分离,法团主义强调社会对国家的依赖,但都是一种宏观层面上的静态结构分析,侧重于国家与社会之间的权力分配状态。概念庞大而模糊,适用于宏观分析,而对于关系如何得以生成的微观互动性分析却显出不足和缺陷。还有市民社会理论和法团主义理论过多重视社会结构中的纵向协调机制,忽略了参与者横向层面的相互协调,所以就无力在中观层次和微观层次上揭示复杂的因果关系和微妙的互动关系,应将宏观的层次下降到中观或微观层次,形成基于洞察力和分析效力的研究框架,因此,不仅应该关注国家与社会关系的类型,更应该关注国家与社会如何相互渗透、相互形构的,最重要的是要关注各种影响着关系生成的因素是如何在具体的互动过程中促使这一关系机制的形成的。

其次,在研究内容上,宏观结构研究虽然是一个解释国家社会关系的有效视角,但市民社会理论主张国家与社会二分,在高估了社会组织的地位和力量的同时也低估了国家的地位和权力,法团主义理论看到国家权力的扩张与渗透,但也忽视了社会组织在与国家互动过程中具有一定的自主性。本文认为我们非常有必要去了解在弱势型的社会组织产生和发展的同时,强势型的国家在各层面是如何发生变化的,即采用双向视角,在关注自下而上的变化的同时也关注自上而下的变化。既关注它们各自的动态过程,也关注它们的相互关系的建构,这将有利于对中国特色问题的描述和分析。

另外,在研究对象上,虽然市民社会和法团主义理论都能找到符合自己理论的研究案例,但在对象的选择上都存在局限性。由于理论关注的领域不同,市民社会主张社会从国家那里夺权,就会选择那些有明确政治目标的社会组织。法团主义主张国家对社会的统合,也就会选择那些被国家赋予垄断性地位的功能性社会组织如商会、工会、青年团、妇联等组织。两者为了提高各自理论的分析效力,都对社会组织有了偏向性的选择,也就忽略了在中国目前数量最多、活动最频繁的社会服务类组织。

综上所述,宏观结构分析中的几点不足正是本文可以努力的方向。同时本文也会积极吸收其中的分析优势,如:市民社会理论中对国家与社会双方权力的分配变迁领域的关注；法团主义理论中，国家的政策安排等相关制度性建构、社会组织的主动依附及利益表达等，这些领域成为被重视的内容。

（二）资源依赖理论与新制度主义理论

国家与社会分析框架作为一种较为宏观的结构分析，对于那些细微处复杂多变的国家与社会关系，其理论解释力具有一定的局限性。作为一个总体性社会转型的重要产物，社会组织的发展总是和一系列微观而具体的问题联系在一起。将社会组织视为组织，而不是目标，围绕组织的具体运作及其如何处理与环境之间的关系等问题展开研究。这就是政府与社会关系中观层面的研究层次，以资源依赖理论和新制度主义理论为主要代表。

1. 资源依赖理论

在社会组织与政府的互动关系的理论解释中，资源依赖理论提供了重要的理论性资源。普费弗和萨兰奇科（Pfeffer and Salancik，1978）是资源依赖理论的集大成者。他们在其著作《组织的外部控制》一书中，提出了四大重要假设：“1. 组织最重要的是关心生存；2. 为了生存，组织需要资源，而组织自己通常不能生产这些资源；3. 组织必须与它所依赖的环境中的因素互动；4. 组织生存建立在一个控制它与其他组织关系的能力基础之上。”同时，资源依赖理论除了关注外部的组织资源控制，也关注内部的权力策略，并认为两者是相互关联的。

在实证研究方面，虞维华（虞维华，2005）从资源相互依赖理论的视角出发，分析了政府与非政府组织在资源上的相互依赖关系以及不同的政府—非政府组织关系类型；徐宇珊（徐宇珊，2008）在个案研究的基础上，结合并拓展资源依赖理论发展出“非对称性依赖”这一分析框架，认为社会组织可以利用政府资源发展自身，平衡好独立性和依附性，在获得发展后再去改变目前的非对称性依赖关系。

在政府与社会组织关系这一问题上，从资源依赖理论来看，社会组织与政府在资源方面是相互需求的，但需求关系由于双方所掌握的资源和地位的悬殊而呈现不对称的状态。资源依赖理论把组织看作环境关系的一个积极参与者，关注资源对组织的强烈诱导作用以及组织与组织之间的权力安排过程。这些其外部资源控制和内部权力策略相互作用观点对笔者的思考也起了很大的借鉴作用。

2. 新制度主义理论

新制度主义是一种主张把制度因素引入经济分析中以解释长期经济变迁成因的理论,它本是经济学中的一个非主流学派,但由于其在建立制度分析模型方面所取得的巨大成功,20世纪70年代以后它日益引起人们的注意。梅耶和罗文(Meyer and Rowan,1977)最早将这一理论应用于组织研究,迪马鸠和鲍威尔(Dimaggio and Powell,1984)则对其进行了扩展。新制度主义理论强调组织受到环境的影响,除了理性或效率的因素外,社会建构的观念体系和规范制度也会对组织产生巨大的控制性影响,产生"合法性"维度,在现代社会中,组织为实现既定目标所必须采取的形式、手段和程序的"合法性"维度,可能会表现成理性的形式,并伴随着相应组织结构渗透于环境之中,迫使组织不断地内化这些合法性要求,形成与制度环境相符合的正式结构。但这些正式结构又经常与组织的技术效率没有关系,有时甚至与技术效率相冲突。为了解决这一难题,理性化组织很可能将制度要求的正式结构与实际的运作结构"分解"开来,使前者仅作为仪式而存在,而实际的运作不受其制约和影响。这样既维持了组织在制度环境中的合法性,又保证了组织的技术效率(Meyer, Rowan, 1977)。由此造成了全社会范围内正式组织的形同质异,或是组织正式结构与实际运作的分离。所以新制度主义讨论的核心问题就是组织的结构相似性和制度的趋同性现象。

在国内经验研究方面:田凯在组织研究中的新制度主义和种群生态理论的基础上,以"非协调约束下的组织运作"为理论框架,对中国90年代后期慈善组织的生成机制和运作逻辑进行了理论上的阐述(田凯,2004/4)。中国慈善组织的形式与运作明显不一致,这种不一致是非协调的制度环境对组织产生约束的前提下,组织采取理性生存策略的结果,而且他还认为组织的形式与运作的不一致,是组织领域中非常普遍的现象。陈剩勇、马斌在温州商会个案研究的基础,采用新制度主义"社会合法性"的概念,"认为体制外社会组织的产生和发展过程是一个不断挖掘、发展和巩固'社会合法性的过程'。在这个过程中,社会组织与政府的关系逐步从人格化的'关系性合意'过渡到准制度化合作(陈剩勇、马斌,2004)"。

3. 两者综合

中观的组织研究,本文认同其中把组织看成政治行动者,看重效率、资源、制度等对组织结构的影响等观点,以及对权力分析的关注。同时,我们也认为中观组织理论有其不足的地方,本文整理出如下中观组织研究在政府与社会组织关系问题上的可改进之处,准备在这些方面做出一定的努力。首先,鉴于制度的基础是行动者,所以要把行动者放在和制度一样重要的位置上。新制度主义偏向于从制度对组织和行动者的约束来解释组织形式,对行动者的能动性强调得不够。然而,正如迪马鸠指出的"不考虑行动者的能动性,制度主义者对有关制度实践、组织形式的起源、再生产以及解体等现象无法发展出具有预测性和说服力的理论来(Zucker,1988)"。

其次,还要同样重视政府和社会组织双方的权力形成关系,权力研究是中观理论与宏观理论的共同点,因为权力实质上就是一种关系,通过权力结构分析,宏观的国家与社会关系的分析框架才有了中观甚至是微观的操作化可能。我们看到中国的现实是,社会组织的合法性依赖于政府,社会组织有"形同质异"、"结构趋同化"和"组织的外形化"等现象,但即使在这样的情况下,社会组织的自主性还是得到了一定的发展。所以,我们要沿袭组织理论的核心问题,将政府与社会组织之间的权力关系作为主要问题,但也认为单独的组织理论都还不足以解释真实社会中的组织现象,要将权力关系放在更微观的互动中去观察和分析。

最后,要结合合法性机制与组织实践。新制度主义强调组织的合法性,但还应关注组织的实践能动性和组织面对环境改变而衍生出的创新性。我们要把合法性和创新性放到组织的具体微观动态实践中,这样就既能分析政府与社会组织的变革和创新,又能把对组织内部运作及组织之间关系的分析放到动态微观的层面上,而不只是中观的静态结构层面上。

(三)行动研究

汪俊昌指出国家与社会关系的分析近些年来显示了分析要素的转向,即由国家、社会等宏观结构转向具体实践中的具体行动者。中观组织分析就是这一努力的证明,它一定程度上弥补了宏观分析的缺陷,但仍显不足(汪俊昌,1999/3)。近年来,更是有学者开始关注实践运作中的行动者,通过观察其合法性、行动力和自主性等方面的获得过程来透视国家与社会关系的演化。研究对象和内容包括各类社会组织及其具体运作方式和行动策略。可以说这一理论取向将社会组织不是视为一个已经完成的实体组织(事实性结果),[①]而是视为一个正在形成与发展中的组织(发展过程)。可以说对社会组织的不同理解,决定了研究者对研究问题和研究路径的选择。如果将社会组织视为一个已经完成的实体组织,则关注的重点必然是这一组织类型的组织形式、正式结构,以及影响其生存发展的制度环境和制度设置;如果将社会组织视为一个正在形成与发展中的组织,则关注的重点不是其组织形式如何,而是其运作逻辑、行动策略,及存在于组织运作和行动策略中的多种冲突与整合过程。微观行动策略研究在这点上就是对以往理论的一种全新突破。

行动研究试图在微观层面洞察国家与社会之间相互交融的机制、策略与路径。社会组织被看成一个实践的行动者,观察的重点是这一行动者在实际运作过程中的方式和方法,而不是它作为与国家相对的社会力量的生成和社会结构的变迁,将宏观的问题放到了微观的视角上进行讨论。同时行动研究还让我们注意到了非正式社会网络、关系资源这些非正式制度环境对各类组织运作的重要影响,如官方社会组织的运作出现了行政化倾向,半官半民性的社会组织则处于自主运作与行政化运作的矛盾冲突中,草

① 市民社会和法团主义,甚至资源依赖和新制度主义理论都将社会组织作为一个事实性结果。

根社会组织的运作表现为非正式化运作。这类研究将研究视角从正式的制度转移到了对非正式制度的分析，从对社会组织的制度环境分析转向了对社会组织实际运作的分析，让人们觉察到了一种体现社会组织与政府微妙互动关系的“行动空间”，将社会组织研究又向前推进了一步。中国的各类社会组织本身还只是一个正在形成中的组织，它们始终处于不断的变动之中。因此，只有掌握其行动的特点，才能真正理解其运作逻辑。

但是，这些研究也存在着一些不足之处。在研究内容上，首先，主要集中讨论社会组织一方为了生存和发展而进行的各种正式和非正式的策略，但对互动另一方政府的关注度不够，而在中国的现实情况下，政府的力量在社会组织发展过程中发挥着较之于西方更重要的作用。本文认为对政府一方的策略研究非常有必要展开分析。而以往研究中少数关注政府一方力量的也多是集中在政府的制度、权力领域，对政府的制度或管理体制的创新、制度逻辑及行动策略这些微观方面关注不足。同时我们还要关注到政府也不是铁板一块的，各级政府对待社会组织有不同策略及其背后的理性逻辑和制度逻辑。

同时，在研究对象选择上，国外学者和国内学者多选择自下而上的草根社会组织。因为他们认为这类组织才是社会组织的代表，通过这类组织的生存和发展才更能洞察到国家社会关系的变化、社会空间的生存。本文认为社会现实中，大量存在的社会组织不是自下而上型的，而是自上而下的、与体制有着千丝万缕联系的社会组织，这类组织数量大且多从事社会服务，是国家愿意给予空间发展的一类社会组织，我们认为从这类组织的行动和态势去探究国家和社会关系的演变过程及未来趋势，更具洞察力和分析力。

另外，在理论体系的构建上，还不完整，不成系统。缺乏理论上的深度提炼，没有明确的分析框架、成熟的分析概念。已有的概念工具要么是各自为政，没有理论对话的基础；要么就是一些概念工具实际运用的难度较大。同时由于只局限于微观行动策略的分析，对社会组织作为整体存在的宏观社会的具体运作还谈不上解释效力。就像张紧跟所说“行动研究路径往往偏好于个案研究方法,由于研究范围的限制,其研究结论的解释力往往受到局限,发展到极端,就有可能出现‘一个案例,一个理论’”(张紧跟,2012/3),“尽管行动研究路径有利于对具体的NGO行动进行深描,形象地刻画改革发展中当代中国NGO的多样性与复杂性的真实图景,但仍然缺乏一个相对成熟的理论分析框架,无法在深入具体的实证研究基础上对NGO的行为模式及其内在的演变逻辑给出更合理的解释。已有关于中国NGO行动的研究对当代中国国家与社会互动进程中的NGO从不同角度提出了多元化的理论解释,虽然拓展了研究者的理论思考视野,但也加大了对NGO行为逻辑的困惑。如何从多样化的NGO行动中寻求其内在的共同逻辑,仍然是一个未知数”(张紧跟,2012/3)。所以微观虽然有其优势,但在对社会组织与政府关系这一问题上,其优势基础仍有不足。本文认为需结合行动者层次和制度层次,采用中微观结合的方法,既关注组织行动者多变的行动策略,也关注引起其多变行动策略的复杂和多层次的社会制度,发展出一个结合微观和中观,甚至呼应宏观的分析视角。行动策略研究的这些不足之处都是本文要努力弥补的。

(四)政府购买服务的历史与现状

1. 在海外兴起与发展

20世纪70年代以来,西方发达国家普遍面临经济和社会的“滞涨”,福利国家危机显现,由此产生了公共服务社会化的探索实践以提高政府在公共服务提供方面的效率和质量;学术上也尝试使用新的理论(如新公共管理、治理理论等)为行政管理变革做出理论上的指导。20世纪90年代,英国率先提出了公私伙伴关系的概念(Public - Private Partnerships,简称PPPs)(萨瓦斯,2002:73),之后该理念被许多发达国家采用,并在全球范围内得到推广。公私伙伴关系,“是公共部门与私人部门为了提供公共服务而建立起来的一种关系,这种关系通过正式的合约来确立。在合约中,双方根据事先约定履行各自的职责,发挥各自的运行机制,以达到提供有效的公共服务的目的。实现公私合作,有多种制度安排,公共服务购买就是其中之一,并且是十分普遍的一种形式”(余晖,秦虹,2005:4)。按照公私伙伴关系的定义,政府可以向企业,也可以向社会组织购买公共服务。由于本文的研究对象聚焦于社会组织,所以本文中所涉及的公共服务购买如无特殊说明,特指政府向社会组织购买服务,即政府出资把原来由其提供的公共职能委托给社会组织,社会组织根据与政府的协议提供公共服务。

第三部门理论的创立者莱斯特·萨拉蒙认为“公共服务体系中政府不应该无限承担公共产品和服务的具体生产和提供,而是应该扮演资金提供者和监管者的角色,具体服务应由第三方机构提供,特别是非营利部门(莱斯特·萨拉蒙,2008)。”萨瓦斯也提出“民营化是这一行政改革的重要途径,即引入市场机制提高政府提供公共服务的质量,民营化的具体措施包括委托授权、政府撤资、政府淡出,其中合同外包或者政府购买是最常见的方式”(萨瓦斯,2002:11)。并认为“只要实施得当,民营化就能大大提升政府绩效,效率的提高和效益的增进已成定律。总体上看,政府购买(或合同承包)通过提高生产率而降低了成本,缓解了政府财政压力,还回应了公共服务的社会需求,而且,政府与社会增强了互动,构建了良好的伙伴关系”(萨瓦斯,2002:177)。

公共服务购买产生后,迅速在西方,甚至全球得到了蓬勃发展。自20世纪70年代以来,英国政府就推行了一系列涉及地方政府的改革措施,其中一项就是用强制性竞标的形式,将原先政府提供的公共服务交给市场机构或社会组织来提供。这一改革主要的目标是变革公共服务的供给机制,让政府成为公共服务供给的指导者,而让更多的市场和社会力量参与到公共产品的提供中来。与此同时,法国也围绕公共服务,进行了多次地方政府的改革。“法国市镇政府在改革过程中,通过市场机制,以特许委托、招标、投标、兴建混合经济体系等方式,或将社会与文化服务委托给民间机构代理,或将政府垄断的公共产品生产权和提供权向私营公司、非营利组织等机构转让,以企业的经营管理理念解决行政管理的低效率问题,弥补资金缺口,进而提升公共服务的质量,同时也促进非政府部门对公共政策过程的参与"(李金红,2009/6)。但是,与英国有所区别的是,法国很重视政府在公共服务中的主导作用,政府在选择合作对象、政策制定和实施等方面都具有高度的权力。社会组织与政府之间的合作尚不是平等地位的合作。另外,美国政府为了摆脱福利危机,也在基层政府上开展了一系列革新运动。美国的地方与基层政府是组织、协调和管理者,而非单一的服务提供者。它们开发各种本地资源,通过各种合作方式①、与各类经济和社会组织建立伙伴关系来提供公共服务,提高服务的数量和质量。有资料表明,1979 年大约就有 55% 的服务是州政府和社会组织通过契约的形式共同提供的(朱眉华,2004/8)。"承包制实际上已经扩展进了美国政府的每一个角落"(唐纳德·凯特尔,2009:159)。在香港,政府购买服务也是历史悠久且成果显著,有学者总结出四阶段论:第一阶段——关注贫穷,实行救济,外国捐款资助;第二阶段——关注社会变迁,发展服务,"酌情津贴"资助;第三阶段——关注服务稳定,发展制度,"标准津贴"资助;第四阶段——关注服务深化、发展标准,"整笔拨款"资助(罗观翠,王军芳,2008/9)。

从以上的公共服务购买的发展历史以及海外国家和地区的实践中,我们可以发现公共服务购买存在如下特征。

第一,政府购买公共服务涵盖大多数公共服务领域,尤其在弱势群体服务、教育、文化等方面。

第二,社会组织是公共服务购买的重要承接主体。政府对社会组织的管理侧重于事后管理,对社会组织的注册登记管理较为宽松,较少干预社会组织的人事变动、资源动员等。政府购买服务的主体双方是独立的,处于平等地位。

第三,对于政府购买公共服务的立法规定健全。经过多年的发展,海外国家在 20 世纪 80 年代逐

① 具体方法有制定税收政策、财政补贴、特许经营、合同承包、股权投资以及发行有价债券等。

渐形成了稳定、持续的政府向社会组织购买公共服务制度和细则。

第四，在购买方式上，公开竞标是最典型的模式且公共服务购买有一系列较为严格的操作程序。

尽管购买服务已经成为发达国家和地区政府提供公共服务的主要形式，但对这一形式的质疑也从未停止。Graeme A. Hodge 等学者认为，“政府购买的真正功效很缺乏研究，而各国在政府购买公共服务的过程中没有减少政府膨胀和财政赤字的上涨”（Graeme，2000）。John R. Chamberlin 等指出，“民营化只有在市场良好、信息充分、决策张弛有度和外部性有限的情况下才能发挥最佳效用。而在外部性和垄断性存在、竞争受到约束、效率不是主要公共目标的情况下效果最差”（Chamberlin，1987：602）。凯特尔认为在公共服务购买中存在“供给方缺陷”和“需求方缺陷”。前者是指提供公共物品的经济和社会组织存在的各种缺陷，后者是指政府自身的缺陷。这两种缺陷决定了购买服务这一模式的缺陷（唐纳德·凯特尔，2009：25）。库珀认为，政府购买公共服务绝对不是一项单纯的交易行为，竞争、效率并不是对其（加以）衡量的唯一标准，库珀强调，回应性、效率、经济性、有效性、责任、平等等都是管制政府购买公共服务的重要标准（菲利普·库珀，2007：7）。当然，上述学者的反思观点也进一步促成了各国公共服务购买的改进与完善。

2. 国内实践与问题

如果说西方社会产生政府购买公共服务的原因是经济滞胀和福利危机的话，那么国内政府购买公共服务模式的产生除了海外的示范效应外，更重要的是经济体制的转轨和社会结构的全面转型带来的中国的政府治理模式、社会管理体系的结构性调整，以及不断增长的不同群体、不同层次的专业化需求以及社会组织在这些领域中所拥有的专业化优势等原因。

在政府治理模式上，开始从全面管理向宏观管理转型。在“小政府、大社会”的改革理念下，政府机构的规模日趋小型化，政府作用的范围逐步收缩，但这并不代表政府不负责越来越被需求的公共服务。公共服务开始国家中心主义模式向多元主义模式转换。因为政府对公共服务的承诺与政府的实际供给能力之间存在着较大差距。政府的财政能力、执行能力已经远远不能实现公民的公共服务要求,政府开始积极寻找社会改革的替代性策略。在这种制度背景下,各种社会组织作为政府职能转换和公共服务的替代性提供者,其地位和作用开始受到政府部门的广泛重视。

同样,在社会管理体系方面,党的十七大提出的“党委领导、政府负责、社会协同、公众参与”的社会管理体制总体格局,为我们推进公共治理改革指明了方向。公共服务的社会化是实践这一变革的重要途径。十一届全国人大四次会议的政府工作报告,又首次专门论述“加强和创新社会管理”,提出要广泛动员和组织群众依法参与社会管理,发挥社会组织的积极作用,实现政府行政管理与基层群众自治的有效衔接和良性互动,切实解决人民群众最关心最直接最现实的利益问题。

另外,就是社会组织的优势。在数量上,截至2008年底,我国已注册社会组织的数量为41.3万家,比1999年增长了190.2%。不仅登记注册的社会团体、基金会和民办非企业单位发展迅速,而且在社会生活的各个领域和层面都涌现出一大批未经登记注册,或采取工商登记注册的社会组织,其中较为活跃的领域包括环境保护、扶贫开发、妇女儿童权益保护、教育支持等(王名,2010/1)。社会组织的产生,可以满足各类群体的不同需求,特别是弱势群体,同时社会组织的专业服务方法,既注重各种资源的联结,又重视服务对象本身潜能的发掘,也取代了政府提供公共服务时居高临下而非平等的关系。所以说购买服务模式就成为社会转型、政府职能转移和社会管理体系创新的一种重要实践创新。

在国内,政府购买公共服务实践主要集中在发达地区的大中城市,最早开始探索政府购买服务的是上海浦东新区的罗山会馆。浦东新区开发以来,新区政府一直在探索“小政府,大社会”的模式,浦东新区社会发展局也遵循这一精神积极探讨福利社会化的新路子。1995年,社发局规划了一个大胆的试验——将一所闲置的幼儿园改建成一个由社发局直接管辖的社区公共设施,启动社会机制,利用社会组织对其进行管理。社发局向社会发出合作信息后,与浦东新区社会发展基金会、上海基督教青年会进行了接触。最后确定了由社会发展基金会作为设施的投资主体,青年会承担管理的三方共建的方式。以这一方式建立起的上海浦东新区罗山市民会馆有其深刻的意义,"它是政府体制改革走向深入,'小政府、大社会'的公共管理模式从理论探索走向实际操作的产物。"①"它尝试了一种对于社会公共财产的新的社会管理机制,由政府推动有经验、有能有为的专业社团在探索中发挥其潜力,走上充分发挥社会公共设施功能的公共服务产业的道路"(杨团,2001:132)。

在上海还在局部试点的时候,深圳在政府购买服务推广的机制上走在了前列,1998 年的《深圳经济特区采购条例》是我国第一部关于政府采购的地方性法规。此后,许多地方政府纷纷加入公共服务购买行列,购买内容包括养老、救助、社区发展、公共卫生、教育、医疗等服务。如果说,这些只是停留在地方政府层面的话,那么 2005 年,"NGO 与政府合作实施村级扶贫规划试点项目"②就是国家层面政府购买服务的开端。这是第一次使用公开竞标的形式,第一个通过规范程序招标进行的公共服务购买,标志着服务购买开始进行规范化的试点。

在各地实践层出不穷的状态下,规范化和制度化就是政府购买公共服务的主要任务了。在中央层面,1999 年 4 月财政部颁布的《政府采购管理暂行办法》,是中国第一部有关政府采购的全国性部门规章。政府采购法被列入全国人大立法议程,政府采购相关机构建设完善,政府采购范围不断扩大,规模迅速增长。2002 年 6 月 29 日,全国人大通过了《中华人民共和国政府采购法》,政府采购步入全面规范化、法制化的发展时期。

在地方层面上,各地也相继出台各种地方法规,来初步规范各自

① 参见吴建荣,申利民. 在体制创新中奋进的上海罗山市民会馆. 2005. 11. 16,发言稿(内部资料)。

② 该项目的实施单位是国务院扶贫办、亚洲开发银行、江西省扶贫办以及中国扶贫基金会。

的公共服务购买实践。如上海的《关于进一步加强本市社会组织建设的指导意见》、《着力转变政府职能,建立新型政社合作关系的指导意见》、《关于静安区社会组织承接政府购买(新增)公共服务项目资质的规定》、《浦东新区关于政府购买公共服务的实施意见(试行)》;无锡的《关于政府购买公共服务的指导意见(试行)》,宁波的《关于大力推进公共服务实行政府采购的工作意见》,等等。此后,政府购买服务的地方性法律法规如雨后春笋般层出不穷。

当然,在社会组织发展的过程中也存在着一系列的问题。

其一,缺乏相应的采购政策、财政制度和对社会组织的扶持政策。

2002年出台的《政府采购法》是目前唯一的政府采购的法律条例。但该法涵盖内容有限,所界定的政府采购服务只包含政府部门的后勤服务,未涉及养老助残等典型公共服务。这类公共服务购买就缺乏相关的法律依据。另外,缺乏对于公共服务提供方——社会组织的法律政策,虽然地方政府也出台了一些相关管理条例和意见,但对于社会组织的法律地位、扶持和优惠政策等方面都缺少细则性法律法规,还需进一步完善。

其二,购买机制不够完善。

在购买程序上,公共服务购买欠缺规范流程,资金信息不公开,公开竞争未成为主流模式;在购买关系上,购买双方关系不平等,政府低成本购买、职权介入时有发生,很难形成真正契约关系,从而也不能真正获得购买服务的优势。王名、乐园认为在国内公共服务购买实践中,存在独立性竞争性购买、独立性非竞争性购买、非独立性购买等模式,虽然独立性非竞争性购买和独立性购买是目前最普遍的一种模式,但大量存在的非独立性购买和非竞争性购买都是购买机制不够完善的表现(王名、乐园,2008/4)。

其三,卖方市场主体形成不足。

社会组织过少,社会组织能力过弱,专业化服务提供不足是买方市场主体的最主要问题。社会组织过少就形成不了购买市场,竞争难以充分开展,服务的数量和质量就难以保障,不利于社会化的深入。“成熟的购买市场既要保证社会组织的资质和能力,又要保持一定数量的提供者资源，以形成一定范围内的有序竞争，逐步形成充分竞争的选择机制（吕纳，2012/1）。”而目前的现实是，大量的社会组织是在政府主导下成立的，这些社会组织就会仅仅依靠体制内资源，而不愿意拓展新的业务领域和新的资金来源，缺乏活力、独立性差、依赖性强，同时很多组织内部治理机构与制度也缺失或流于形式。这些会导致缺乏组织化、专业化的服务技能和服务能力，阻碍社会组织的发展。而那些草根的社会组织，由于其先天优势，及后天竞争力不足就会出现资源不足和购买机会不平衡导致的能力过弱等问题。

二、JD 区残联向社会组织购买助残服务

我国目前有 8300 多万残疾人，涉及 2.6 亿家庭人口，可以说残疾人是一个数量众多、特性突出、特别困难的社会群体，也是地方政府社会保障和公共服务的重点人群。改革开放以来，残疾人社会保障与服务状况得到了明显改善，但还存在着体系不完备、覆盖面较窄、城乡区域差别较大、投入不足、服务设施和专业人才队伍匮乏等问题，难以有效解决残疾人最关心、最直接、最现实的特殊困难和基本需求。《中共中央、国务院关于促进残疾人事业发展的意见》（中发〔2008〕7 号）《关于加快推进残疾人社会保障体系和服务体系建设指导意见的通知》（国办发〔2010〕19 号）明确提出推进残疾人“两个体系”建设（社会保障体系和社会服务体系）是残疾人服务中的核心内容，并认为残疾人两个体系的建设是全面建设小康社会和构建社会主义和谐社会的一项重要而紧迫的任务，要纳入经济和社会发展全局。本研究所选择的个案，正是在这一社会背景下某基层政府助残工作社会化实践创新的一个案例。

JD 区位于长三角某一线城市 SH 市的西北部郊区，面积 463 平方公里。据第六次全国人口普查资料，全区常住人口为 147.1 万人，辖区内共有 12 个街镇，包括：3 个街道、7 个镇、1 个新区、1 个市级工业区，分别是 JD 镇街道（区政府驻地）、XCL 街道、ZX 街道、JY 新区、NX 镇、AT 镇、ML 镇、XH 镇、HY

镇、WG镇、JQ镇和JD工业区。[①]全区残疾人的基本状况是:"截至2011年6月底,共有持证残疾人13849人,占全区户籍常住人口的2.2%。其中:肢体残疾6404人、智力残疾2729人、视力残疾1518人、听语残疾1182人、精神残疾1447人、多重残疾74人。"[②]而作为全区残疾人最主要的管理和服务机构,区残联工作人员总共才16人,在管理与服务的过程中长期存在人手不足、专业性不足、设施不足、服务不足等问题。面对这些问题,2010年区残联开始尝试助残工作社会化的改革,培育并转改了一批社会组织,建立了招投标的购买机制,以项目化的方式契约化运作了基层政府与社会组织的合作实践。各类资源的整合,保障了项目的高效运作,也提升了服务的质量,更好地满足了残疾人群体的专业化需求。另外,区残联的这些创新举措,在取得服务者好评的同时,也获得了上级政府的认可和社会的好评。在近三年中,区残联先后被评为"全国残疾人工作先进区"、"全国社区残疾人工作示范区"、"全国残疾人社区康复示范区"等。下面我们就看看JD区残联在中央推进残疾人两个体系建设、构建和谐社会的大背景下,如何进行助残工作社会化创新举措的。

JD区残联在近几年的创新探索中,不断更新服务理念,改变以往自上而下政府拨款的传统模式,通过向社会组织购买服务,有效地将行政资源和社会资源进行整合利用,既解决了残联编制少、人手不足、专业人才匮乏、服务设施不足的问题,又提高了资金使用效率。同时也不断更新助残观念,转变以康复为主的个人模式到以社会融入为主的社会模式,开发多样化、多层次的服务项目,满足了残障群体多元化的需求。在探索过程中,进一步转变政府职能,变身为现代公共服务型政府。在助残工作社会化的探索过程中,残联的角色从"运动员"变身为"教练员",再变身为"裁判员",大大降低了行政成本,提高了

① 资料和数据来源于JD区政府网站[EB/OL],http://www.jiading.gov.cn/Category_253/Index.aspx/ 2011-11-08。

② JD区残联网站[EB/OL],http://www.shdisabled.gov.cn/ 2011-11-08。

工作效率，真正形成了“小政府、大社会”的合理格局。

（一）政府推行购买

JD区残联在近几年的创新探索中，不断更新服务理念，改变以往自上而下政府拨款的传统模式，通过向社会组织购买服务，有效地将行政资源和社会资源进行整合利用，既解决了残联编制少、人手不足、专业人才匮乏、服务设施不足的问题，又提高了资金使用效率。同时也不断更新助残观念，将以康复为主的个人模式转变为以社会融入为主的社会模式，开发多样化、多层次的服务项目，满足了残障群体多元化的需求。在探索过程中，进一步转变政府职能，变身为现代公共服务型政府。在助残工作社会化的探索过程中，残联的角色从“运动员”变身为“教练员”，再变身为“裁判员”，大大降低了行政成本，提高了工作效率，真正形成了“小政府、大社会”的合理格局。

2010年7月初，投入114.24万元确定了“阳光就业”等10个项目，为需要帮助的残疾人提供各类专业化、个性化的服务。2011年在充分调研和广泛听取残障人士意见的基础上，又新推出了“阳光工坊”等13个项目，项目总数达到23个，再加上公益创投项目1个，项目资金达542.16万元，做到了覆盖人数多、领域全；既关注残疾人群体，也关注助残社会组织；既有直接服务也有间接服务（间接服务主要涉及项目评估、能力建设、助残社会工作培训）。大大拓展了助残服务领域，扩大了购买公共服务的社会效应。

1. 公共利益

残疾人社会保障和社会服务工作的开展，就是政府所要维护的公共利益之一。但这一公共利益在执行的过程中，面临的最大的困境就是，面对残疾人群体不断扩大、需求不断增多的情况，政府的公共服务能力无法满足这些委托人的利益需求。困境的存在要求变革的兴起。在公共利益得不到很好满足的困境下，政府会形成变革公共服务的制度逻辑，目的显而易见就是提升自己的公共服务能力，维护残疾人群体的公共利益，更好地履行政府公共管理的职能。而政府在探索变革和提升自身公共服务职能的过程中，就有了体制或制度方面改革和创新的冲动。而且，这些冲动大多来自基层政府部门及其官员,因为它们是政府公共利益执行困境的首先发现者和最大困惑者,JD 区残联及其理事长就是这样的一个案例:

> 对目前来讲,整个社会事务处于矛盾的突发期,可能会给社会管理、社区服务带来更多的问题,都需要去解决。这些问题都需要去做,就是老百姓的供求矛盾越来越突出,整个社会的供给严重不足,这些矛盾出现后我们该走什么路。国外的这些 NGO 的建设我们去看了以后受启发很大,我们看到原来这些事情都不是政府在做,热心于公益服务的人或企业家、社会组织包括协会、基金会在做这些事,关于老年人、残疾人、妇女、儿童包括法援都是 NGO 在做,那给我的触动很大,我就觉得我们在国内也可以这样做。①

2\. 自身利益

JD 区残联作为一个基层政府部门,也有其部门自身利益。一方面它是政府的执行机构,是公共利益和整体政府自身利益的代表;另一方面,它还是一个独立的政府部门,代表了其部门的自身利益。自 2010 年上任以来,理事长 SJ 在多个不同场合的发言中都提及,要改变残联一贯的叫苦叫穷的角色形象,要让区政府等上级政府重视残联,投入更多关注和支持,改变边缘部门的角色,提高为残疾人群体服务的能力。

> 我们残联才 6 个公务员,8 个事业编制,能做什么事情,面对全区这么多的工作,社会组织承接项目以后,做了很多我原先不能做的事情,而且一些社会组织还是很专业的,如法律援助是法援中心,司法局在做这个项目。特教也是我们特教学校在做。然后康复我们医院在做。就业是国信职介所在做。都是专业的。对残疾人来说,第一是覆盖人群大了,第二个,他们都享受到了个性化、人

① JD 区残联理事长 SJ 访谈。

> 性化服务，这才是最大的收获。残联就从运动员转变成了教练员和指导员，我们转变了理念，我们有更多的心思去工作调研，去制定政策，去做我们政府应该做的事情。①

JD 区残联引入社会组织承接助残公益项目，一方面是为维护和增进残疾人群体的公共利益；另一方面，更重要的是提升区残联自身的工作能力而非其他部门的工作能力，而自身部门服务能力的提高随之就会带来部门地位的提高。在区残联助残工作社会化创新的一系列举措下，一项项成绩开始展现在公众和上级主管部门面前。

> 2011 年我们实施助残公益项目 10 个，2012 又新增加了 13 个，共 23 个项目，受惠对象有 5130 人。很多受服务对象接受了我们的服务后，变化真的很大，我们有个残疾人接受了“我帮你阳光牵手行动”，他长期瘫痪在家，自从接受这个服务后精神面貌有了非常大的改变，他爱人作为照顾者也接受了我们另一项目，也是今年我们唯一的创投项目“照顾者”项目，感受最深。这名残疾人的爱人今年还专门给区政府和市残联的主要领导（致谢），感谢政府对他们的人性关爱。②

区残联一系列改革创新举措的的确取得了多种效果，一方面实现残疾人群体公共利益的能力得到了提高；另一方面在能力提高的基础上，作为政府部门，其在资源获取、社会地位、党政系统内的地位上都取得了相应的提升。而这些都是其政府部门自身利益的具体体现。

> 2006 年夕阳红俱乐部承接了政府的一个非正规组织叫助老服务社，就是政府推出的一项实事工程，为老年人提供居家服务，80 岁以上老年人都可以获得这个服务，只要家属

① JD 区残联理事长 SJ 访谈。

② JD 区残联理事长 SJ 访谈。

> 申请。助老服务社成立以后呢,好多其他街镇都把它作为政府的来看。第二个大的项目,是我2007年从新加坡学习回来以后,对新加坡老年人的餐厅发生了很大的兴趣,他们叫乐龄中心,是老年人活动的中心,里面有个餐厅叫乐龄餐厅,正好市政府要搞实事工程,为老年人办餐厅,我们就办了乐龄餐厅,这个也由夕阳红来办,人家都是政府在办,我们就是让社会组织跟我们签订协议,由他们来承办,所以从2006年到我去年出来,基本上小到办老年卡,大到敬老节、金婚庆典,包括日常的老年工作,基本上都是夕阳红在做,可以说90%的老龄工作都由夕阳红俱乐部来承接。①

在夕阳红俱乐部专业化开展助老服务后,感受到社会组织参与社会服务效应的SJ将这一创新举措继续推进,分别在助残、文体、就业等领域扶持社会组织,形成了以社会组织为主要服务提供者、政府充当指导者的“大民政”社区管理服务体系创新,这些社会服务组织在养老、助残、文体、就业、社会福利等诸多方面都表现出了专业化的社区服务能力,不仅更好地满足了居民的社会服务需求,而且也促进了政府的职能转移,提高了政府效率,构建起“小政府,大社会”的管理体系。

3. 政府的行动

出于公共利益发展的考虑,政府要支持社会组织的产生和发展,由其来承接社会服务项目,提高社会服务的数量和质量,满足公民日益增长的需求;出于权力控制的整体政府自身利益的考虑,它对社会组织需要采取控制的策略,以防止社会组织成为一股独立的社会力量,与政府权威抗衡;而出于部门利益和代理人利益的考虑,为了提升部门的地位和政绩,就需要对社会组织采取大力支持的策略。

(1)选择性支持。

——合法性和资源支持。

目前,社会组织在国内遇到的

① JD区残联理事长SJ访谈。

困境主要集中在其合法性和资源不足方面，政府购买服务恰能弥补这两大困境。2011 年 JD 助残项目招投标中中标的 19 家单位有 12 家属于社会组织。除 1 家外，其余都是政府主导下成立甚至是政府自创的社会组织，与政府关系相当密切。在调查中这 12 家社会组织 100% 都认为没有注册方面的问题，与国内社会组织普遍的注册难问题大为不同。而且这些社会组织在资源上都依赖政府，有的甚至达到单一依赖的程度。如承接“阳光居家养残”项目的和谐家庭服务中心就是特别为承接该残联项目而成立的。

> 我们组织的名称和谐家庭服务中心是市民政局的刘处长和 JD 家庭行业协会的会长共同取的。注册成立民非，是合伙注册的。另外，我们从一开始就专心地做这个项目，没有做其他项目，一直盯着这个项目做。到现在也有其他的一些项目，但都是很小的，主要是针对医院的病患，还有就是手头有 10 来个月嫂在 JD 的医院等，但是其他的都是在做这个项目，我们组织是伴随这个项目的承接逐渐壮大的，从 180 多个服务对象到现在的 375 名服务对象，志愿者从 6 个发展到 80 多个，我感觉到组织不断在壮大。①

——制度的支持。

2011 年，JD 区委办公室、区人民政府办公室联合印发了《关于加强本区社会组织建设的实施意见》，这是该区第一份关于社会组织建设的纲领性文件。意见指出，“十二五”期间，本区要在社会组织培育发展、政策扶持、能力建设、监督管理四个方面加大工作力度，为此要重点落实十项工作举措。另外，区残联自 2010 年起推行了项目化购买社会组织服务来推进助残工作社会化，并建立了基本的招投标程序，形成一套购买机制。具体包括：将购买资金纳入财政预算；设计招投标流程；对外公开招标；制定符合助残领域实际的外包合同；组建

① 和谐家庭服务中心主任 WHY 访谈。

评审委员会设立评审标准;强化契约式管理,体现双方的责任、义务要求;建立第三方评估机制,实施过程监督和结果评估。

——项目的支持。

自2010年以来,区残联采用了招投标购买服务的方式走出了探索助残工作社会化重要一步,将各类助残社会组织都纳入市场中展开竞争。2010年7月初,投入114.24万元确定了“阳光就业”等10个项目,为需要帮助的残疾人提供各类专业化、个性化的服务。2011年在充分调研和广泛听取残障人士意见的基础上,又新推出了“阳光工坊”等13个项目,目前全区助残公益服务项目总数达24个,其中招投标23个、公益创投1个,涉及项目资金达542.16万元。连续两年的政府购买服务,让12家助残社会组织得到了资金和能力的支持,全区助残的社会组织总共有38家,参与项目的社会组织超过35%,而且随着招投标的逐年推进,获得项目支持的社会组织在数量和力量上呈现线性增长态势。

(2)隐性化控制。

如果说,从政府的公共利益、政府的部门利益和代理人利益的角度看,支持是必需的策略,那么从整体政府自身利益的角度来看,控制也是必要的。因为政府在对社会组织采取诸多支持策略的同时,还有一种担忧时刻存在。这样的担忧使得政府一方面在选择支持策略的同时,也保留一定的余地,那就是支持也是有选择地支持,选择那些业务对口且同政府有密切关系的社会组织支持,另一方面也衍生出对社会组织的控制策略,但这种策略在政府购买服务过程中并没有明显而强势地表现出来,而是表现为政府对社会组织的控制手段的柔性化和隐性化。

——法人代表的精英吸纳。

最通常的方法就是选择政府认可的社会人选作为社会组织的法人代表,以精英吸纳方式来实施控制。问卷显示,参与购买服务的12家社会组织,其法人来源于内部选举的只有3家,其他9家社会组织的法人均在一定程度上由政府选择,我们可以将具体情况区分为以下三类。

①选择退休官员。区残联助残项目合作时间最久、惠及人群最多、

项目购买金额最大的社会组织是和谐家庭服务中心。其业务主管单位是区妇联，法人代表 WHY 则是退休的前妇联副主席，由一名退休的政府官员来管理一个社会组织，无疑是最放心的一种策略。一来她的身份保证了政治上的正确性，二来这一身份还非常便于社会组织自身利益的获得。这种双重优势在购买服务过程中也显露无遗。

②选择现职政府人员。虽然从 2010 年 6 月开始，区残联已经对现有的一部分社会组织进行了法人代表的更替和专业社工人员的充实，以期将助残社会组织做实做强，可目前的状况是，由于人员不足或其他原因，仍然有一些社会组织，其法人代表是政府工作人员，这种现象在区残联体系内的社会组织中尤其明显，如承接“我帮你”阳光牵手行动的关爱残疾人培训中心，其法人代表虽然由原来的区残联理事长变更为他人，但这个他人目前仍然是区残联的工作人员，其名誉主任也是现任区残联副理事长、党组副书记；承接“阳光中途之家”项目的 XC 路街道残疾人服务社，虽然变更了法人代表，但这种变更只是由街道中唯一拥有社工证书的一名工作人员代替了原来街道社区发展科的科长。

③选择信任的社会人士。承接“点亮光明项目”的夕阳红俱乐部和承接“社区阳光康复之家”项目的 JD 镇残疾人服务社就属于政府帮忙选定熟悉的原居委会干部或社会热心人士来担任社会组织的法人代表。他们的共同点在于都是政府认为值得信任的社会人士，这种信任包括政治方向、管理能力、人格品质等方面，唯一的不同点是夕阳红俱乐部的法人代表 ZDR 是自己找到街道要求做点事，而残疾人服务社法人代表 QJY 则是街道领导选中的。

——党组织的渗透。

除了法人代表的精英吸纳外，政府还通过党组织渗透的方式来实施对社会组织的控制。

比如说夕阳红俱乐部，他承接我们点亮光明这一项目。街道就派了老龄委的一个干部来直接跟这些社会组织来联系，起到上通下达的作用，然后也起到监察的作用，他现在就是夕阳红的政治指导员。我们当时的做法是我们的老龄干部是个党员嘛,就让他做夕阳红的政治指导员,这个我们街道组织部都有委任书的,来确保他的政治方向,不要偏离了。①

——理事会的隐形监督。

我在国外学习的时候,理事会是个非常重要的组织,决策,重大事项,预算,日常开支,用人,明年工作的基本确定,都是理事会决定的,不是你一个说了算的。他有个制约机制的,而且理事会里政府的官员可以起到监督作用,当时我在街道的时候就把我们民政科的科长放进去了,他主管老人、残疾人,有些东西他可以起到监督(作用)。②

综上所述,首先,一个理性的政府肯定会根据公共利益和自身利益来权衡对待社会组织的策略,而且还会对不同的社会组织采取不同的管理策略。对政府而言,既需要社会组织来提供公共物品,又要努力压制社会的对立性以维护治理。在公共服务购买中政府既支持又控制社会组织的行动策略正是其公共利益和自身利益平衡的体现。

其次,选择性支持意味着政府并不是对所有社会组织采取支持的策略,有所选择也是有所支持有所控制的表现,同样隐性化的控制意味着并不是高高在上的统治,而这一方式的变化也意味着柔性化的控制中蕴含着的是一定的支持,而不是全面的强硬控制,所以控制和支持转化为选择性支持和隐性化控制其实是告诉我们,政府对社会组织的策略,其实质是支持中有控制、控制中有支持。

最后,政府给予社会组织注册、资源、制度、项目等方面的支持,我们看到政府给予社会组织的实质上是合法性的支持、行动力的支持,但在独立性上没有支持,反而是加强了控制,这些事实再一次证实,政府向社会组织转移的只是能力,而不

① 区残联理事长SJ访谈。

② 区残联理事长SJ访谈。

是权力。另外，似乎是政府级别越到基层，支持越来越大，控制越来越弱，但实质是这个弱不是力度上的，而只是形式上的，是转为隐性化的方式而已。

（二）社会承接服务

近两年来，区残联不断加大扶持力度，创造有利条件，通过培育、转化、引入多种方式，壮大专业服务队伍，并在购买服务的基础上，加大培训力度，开办了多期助残社会工作者培训班，做好残疾人社会组织的培育和扶持，进一步提升为残服务的专业能力。目前，全区共有助残社会组织 38 个。2011 年参与招投标的社会组织共 42 个，初步形成了一定规模的助残服务主体。

区残联通过资金扶持、岗位购买、菜单式服务等方式重点培育了 2 个专业助残服务机构。2010 年，JD 镇街道“阳光彩虹社工事务所”和 JY 新区“复源社工师事务所”相继成立。两大事务所汇集了复旦大学、华师大社会工作专家，招聘社工师、心理咨询师等专业人才，采取个案、小组、社区等社会工作方式，以“助人自助”的理念，为残障人士提供专业化、个性化服务，争取到市级和区级助残项目共 6 个，涉及家庭 490 户，服务 15200 人次。

2010 年下半年，区残联对民非企业“关爱残疾人康复培训中心”进行去行政化和专业化变革，具体做法包括变更了组织机构法人，进行了专业社工人员的聘用，使其成为自我管理和服务的助残社会组织，调整后至今已相继承接了区残联 7 个公益服务项目。2010 年 6 月，区残联下发了《关于加强残疾人服务社的指导意见》，要求全面实施“做实街镇残疾人服务社，逐步实现角色转换”，对各街镇的残疾人服务社法人、章程、理事会、运作机制等都进行了大调整。同时，以培训、招聘等方式充实专业人才，确保年底每个社会组织有 2 名专业社工。

2011 年，引入浦东新区我和你助残服务社和上海市社会工作培训中心两家外来优秀社会组织承接公益项目，并提供吸引其进驻 JD 区的必要工作条件，在全市率先成立助残社会组织孵化园，通过“政府、社会组织、社会企业合作互动”方式，以“以人为本，服务残障人士”为宗旨，为这些助残社会组织免费提供办公场所和能力支持,以此来建立培育和扶持社会组织的长效机制。

同时,关注草根性社区团队的成长。如“彩绘人生——石玲自强屋”残疾人睦邻点、“阳光天使”睦邻点、村(居)委会的“残疾人协会”、“星级残疾人之家”,这些自下而上的原生态群众团队,在丰富残疾人精神文化生活、开展心理慰藉、参与残疾人信访工作方面起到了积极的作用。

1. 助残社会组织的类型

(1)助残社会组织的合法性。

问卷调查中的资料分析表明12家社会组织,其业务主管部门为残联的有8家,占67%;业务主管部门为其他区级行政部门的2家,占16.5%;业务主管部门为街道的2家,占16.5%。8家业务主管单位是区残联的社会组织,除我和你助残服务社隶属于外区残联外,其余7家从成立历史上看都是JD区残联自创的机构或是区残联指导街镇残联创立的机构,前者包括关爱残疾人康复培训中心、东方明珠残疾人艺术团,后者包括5个街镇的残疾人服务社。关爱残疾人康复培训中心是2004年区残联为了提升其服务能力自创的一家民非机构,创立资金、场地、人员都是区残联提供,其办公地点与东方明珠残疾人艺术团一样都在区残联办公大楼内,可共享区残联的所有硬件资源,其法人代表也是当时的区残联理事长,2010年SJ上任为新理事长后变更为社会人法人,但这一社会人也是现残联的工作人员,另外区残联党组副书记、副理事长一直担任着该中心的名誉主任。2010年6月,区残联下发《关于加强残疾人服务社的指导意见》,要求全区各街镇残疾人服务社进行内部管理大变革,业务范围也由政府色彩的社会保障功能转变为服务功能。于是全区12个街镇先后在2010年底或2011年初进行法人变更和业务范围变更:法人由原先的街道社区科的科长变更为社会人,但这个社会人有很多仍是街道的工作人员。可以说各街镇残疾人服务社从成立开始到现在转改后,其行政化的资源动员方式和人员安排,都具有相当大的行政色彩。阳光彩虹社工事务所的负责人GXD提到其组织与街镇残疾人服务社的差别时就指出:

残疾人服务社相对来说，业务范围统一些，各个街镇都有，做的都差不多，都是残疾人联合会下面的。你说残疾人联合会也不算严格的政府机构，但是它又是政府统筹。残疾人服务社是残联下面的执行单位，性质跟残联是一样的。它不是纯为社会公益性去做事的这么一个机构。我们跟它还是有些本质上的区别的。①

（2）助残社会组织的独立性。

从2010年6月开始，在区残联的指导下，业务主管单位为JD区残联的全部社会组织（包括中标的社会组织和其他没中标的社会组织）全部进行了法人代表变更，由原来的政府官员变更为社会法人，并要求这些社会组织都形成正式、书面的组织章程并建立理事会，进行社会组织的规范化管理。

（3）助残社会组织参与购买的方式。

JD区助残公益项目的购买也经历从指定组织委托运作到招投标的过程，也就是从独立性非竞争性购买和非独立性购买到对立性竞争性购买的方式。以2011年的23个助残公益项目的社会组织为例，23个项目中有6个项目属于单一购买，也就是指定单位承接，属于独立性非竞争性购买，其余17个属于独立性竞争性购买，包括两种方式：招投标和创投。当问及6个项目采取单一购买而不是竞争性购买的原因时，区残联的工作人员解释，助残公益项目中的一些项目需要专业化的服务机构，比如残疾人的康复、残疾儿童的特殊教育等等，辖区内的服务机构有限，只能由它们来做，所以对这些项目是采取单一购买的方式。但是从2010年开始，在对这些项目的管理上也进行了一定的调整。其余17个项目，都在区残联的网站上发布招投标的公告，由社会组织自行申报、经历招投标的流程中标而得，属于独立性竞争性的购买。

“2010年前我们区残联的项目都是直接指定下属单位或

① 阳光彩虹社工事务所的负责人GXD访谈。

其他政府机构或事业单位来做的,资金也直接拨给他们。2010年后,我们开始了招投标,2011年的这23个项目中有17个是竞争性的招投标,有6个呢,我们还是直接委托给一些单位做的。但还是跟以前有所不同。现在不同,我也要你们出个方案来,我也要评审委员会一块给你评审的,只不过是没两个单位同时来竞标,因为原来就是给他做的,比如康复服务与指导我们是放在区中心医院的,因为中心医院有专业的人才,只能他做。但是原来我们给他钱,他做什么我不管的,有没有为我们残疾人服务我也不知道的,现在我把他放到里面作为项目来做的话,他必须要有实施方案,他要来参加评估,第三方评估,他要来参加我的点评会,还会有专门的机构来对他的服务进行督察,还要签订服务协议。"①

前文所叙12家社会组织中,除了和谐家庭服务中心是单一购买形式,即独立性非竞争性购买方式外,其余11家都是以招投标或创投的形式参与政府购买服务,也就是独立性竞争性购买的方式。而且区残联的规则就是,后者将是主流趋势,也就是竞争性的购买机制要成为主流。

2. 社会组织

社会组织跟政府一样,也是一个现代法人行动者。社会组织的委托人是所要服务的对象,最主要的目标就是满足服务对象的需求,我们将此定义为社会组织的公共利益。

(1)公共利益。

助残社会组织的公共利益就是维护和增进残疾人全体的公共利益。2011年中标的12家社会组织承接了区残联的16个残疾人服务公益项目,内容涵盖残疾人服务中最基本的康复、生活照顾工作,如阳光中途之家、我帮你、闪光门铃、居家养残等项目,并进一步延伸到残疾人的教育、文化、就业、培训等方面,如,"彩绘人生"——石玲自强

① 区残联理事长SJ访谈。

屋、阳光工场、点亮光明等项目。同时项目除了关注残疾人群体及其家庭外，还关注了助残工作人员和助残社会组织的能力，如残疾人业务工作培训、残疾人康复指导与服务、阳光评估等项目。所有的这些助残公益项目的开展和实施都是社会组织公共利益的具体表现，从表现中我们还能看出：一是残疾人群体的公共利益内涵不断在扩大和深化，不仅涉及基本工作，还涉及扩展工作，专业化取向不断增强。二是助残社会组织的公共利益关系从利益起点上看跟政府的公共利益也保持一致。

(2) 自身利益。

我们根据法人行动者及其内部构成将其分为整体政府的自身利益、政府部门的自身利益和政府官员的自身利益。与此类似，我们根据社会组织所代表的具体机构和其作为一种整体社会力量这两个层面也将其自身利益分化为：社会组织个体自身利益和整体自身利益来进行讨论。

要想满足社会组织生存和发展的目标，首要的因素就是合法性和资源的获得。合法性的获得，按照社会组织的产生的自上而下的推动背景，主要就是获得官方的注册认证，所以合法性的获得要靠政府一方授权；资源的获得方面，任何组织都不能掌握自己所需要的一切资源，组织之间要进行资源交换来满足自身利益。社会组织的资源可以从政府一方，也可以从社会一方获得，但目前国内制度环境和社会环境都表明，最主要的获得渠道还是政府，因为政府手中有大量社会组织正需要的资源。而此时的政府也恰恰需要社会组织来提升自身的公共服务职能，所以就给予社会组织资源上的支持。

①依赖。

——合法性依赖

社会组织在参与 JD 区残联的公益项目招投标并中标后，就与基层政府联合，并在一定程度上进入政府体系，与政府力量结合起来为残疾人群体服务。这样一来，很多时候有些问题就好解决得多，因为这是一件政府支持的事情，是合法的。通过红头文件，或者与政府一起工作，社会组织在工作时就容易得到其他组织的认可和支持。另外，我们从区残联的新闻报道中也获知，阳光彩虹社工事务所是全区首家专业从事助残服务的社会组织,它的成立大会,其业务主管单位JD镇街道办事处特别为它筹办,其中市残联党组书记、市社会工作者协会常务副会长和JD区人民政府副区长、区残联主席团主席为事务所揭牌并分别做了讲话。这些领导的出席更增加的社会组织的社会合法性基础,都是一种借助政府权威而获得社会合法性的方式。

——资源依赖。

a. 资金。在注册资金方面,12家社会组织,除夕阳红俱乐部来自个人捐赠外,其余11家的注册资金全来自政府部门,而且夕阳红俱乐部的注册资金来源也跟政府有很大的关系,是当时的街道党工委书记扶持其成立时,利用私人关系请了人大常委会副主任做俱乐部的名誉主任,正是这名誉主任捐赠了10万元的注册资金。而在社会组织日常活动经费上,12家社会组织除和谐家庭服务中心有20%的其他市场收入外,其余11家全部来源于政府。但问及是否打算开拓除政府以外的其他资金来源时,大多数社会组织表示目前不会考虑,做好政府委托的项目是主要的任务,再进一步就是向政府争取更多的资金支持,把项目做大做强。

b. 办公场所。问卷调查结果显示,除和谐家庭服务中心每年花费5万元租赁办公场所外,其他11家都是由业务主管部门免费提供办公场所,甚至是办公设施。不仅如此,区残联为了吸引更多优秀的社会组织参与助残项目,规划建立了"JD区助残社会组织孵化园"。孵化园将通过"政府、社会组织、社会企业合作互动"方式,以"以人为本,服务残障人士"为宗旨,为培育和扶持助残社会组织,提供能力支持,促进其健康成长;组织助残社会组织开展回报社会活动,为助残志愿者提供实践园地,达到"互惠、分享、合作、共生"的目标。

c. 人力。人力资源包括社会组织的法人代表和工作人员。在法人代表上,来源于社会组织内部选举的只有3家,占25%;组织提名并经主管部门批准的有5家,占42%;其余4家的法人代表直接就由政府任命。另外,在法人代表身份上,属于政府工作人员的4家,属于社会人士有8家,但存在的前提是2010年区残联指示:将以残联为业务主管部门的社会组织法人代表进行大变更，这在前文已经提到，而且目前这8家社会组织的社会人士法人有些是退休政府官员、居委干部，都与政府有着千丝万缕的联系。在工作人员方面，比如新城路街道残疾人服务社，无全职人员，其工作人员全部由街镇工作人员兼职担任。

——行政网络和权威的依赖。

助残社会组织还会利用政府官员来构造国家权威形象。很多社会组织邀请政府官员担任一定职务，或让其出席社会组织的活动，来显示社会组织与政府的关系，增强其合法性基础。比如夕阳红俱乐部就聘请了区人大副主任作为名誉主任，和谐家庭服务中心聘请了区妇联退休的副主席做机构的法人代表。从区残联网站新闻中，可以看到助残社会组织在残联购买的公益项目如明清老街的“阳光工坊”开业、阳光艺术团的演出等都会邀请区政府、市残联、区残联、街道的领导参加。

> 5月27日，区残联在嘉定区徐行镇、JD镇街道党（工）委、政府（办事处）的大力支持下，在JD州桥明清老街举行了揭牌仪式。市残联党组书记叶兴华、区政协主席吴辰出席仪式并为“阳光工坊”揭牌。区残联党组书记、理事长SJ，徐行镇党委书记张东勤，区政府办公室、区政协办公室、区财政局、区工商局、区税务局、区社建办、区社团局等相关领导以及“阳光工坊”指导老师和学员参加了揭牌仪式。[①]

任何组织都是开放的系统，从社会组织对政府的依赖表现不难看出，社会组织在目前的形势下主要的资源交换外部环境就是政府，社会组织植根于其运行的政府环境之中，既依赖于与政府之间的交换，同时又由现有的政府体制环境建构。

②遵从。

——被动遵从。

在合法性和资源非对称性依赖的前提下，遵从策略也就理所当然。在强势的政府面前，在非对称依赖

① 见JD区残联网站上的新闻。

形势下,遵从既是被动的,也是主动的。被动的遵从,表现在购买服务过程中。例如,JD区残联自2010年起实行了招投标制度,制定了一系列招投标流程和要求,社会组织要获得残联的资金和项目,就必须按照招投标程序进行申请、筛选,中标后,还要定期汇报、中期检查、项目评估等。在面对残联招投标的一系列复杂程序的情况下,有些社会组织鉴于项目任务的压力以及人员精力的有限,选择不去招投标,但相关的政府机构会要求他们参与,社会组织只能被动遵从政府指令而去参与。这些社会组织大多是各街镇的残疾人服务社,官方色彩最为浓厚,也正是这一特征,使得遵从策略就更加明显。

——主动遵从。

主动遵从表现在社会组织内部管理方面和项目具体运作上。当主管部门对社会组织提出某些要求时,如建立理事会,则要求理事会中有官员代表,在社会组织中要求设立政治指导员等等,社会组织都是采取主动遵从的策略的。

> 我们夕阳红成立的时候就建理事会了,共10多名理事,其中法律工作者1名,文艺工作者2名,医务工作者2名,助老工作人员3名,老干部3名,老年日间服务中心负责人2名,俱乐部秘书长1名。街道还派了老龄委的一名工作人员当我们的政治指导员,后来我们夕阳红有了三个党员,又成立了党支部,参加了街道成立的社会组织的党总支,定期开展党员活动,还可以发展党员。①

也就是说政府在给予社会组织参与公共服务机会的同时,也会给予一定的限制。这个限制有时是政府给的,有时是社会组织自己给的。从项目目标上看,这是一个维护残疾人群体权利的项目,但在整个项目的运作过程中,承接项目的JY新区残疾人服务社要求参与者不违反政府政策、法规,不做政府不喜欢的事情,在实际活动中往往避开有争

① 夕阳红俱乐部工作人员ZNR访谈。

议的或敏感的问题，而将工作重心放在解决残疾人群体的生活问题和经济问题上，等等。这些都是社会组织主动遵从策略的表现。

③拓展。

社会组织为了发展公共利益和自身利益，在资源非对称依赖的情况下，多数时候都表现出了对政府的依赖和遵从策略。但是我们也能发现体制内社会组织能动性拓展。如果说依赖与遵从策略都有被动和主动双重属性，那么拓展则是社会组织主动性的最大体现。

——能力拓展。

a. 专业化的拓展。为了更好地实施社会服务，满足更多残疾人的专业化需求，以及提升社会组织在社会服务领域内的地位，增加政府对社会组织服务的专业化需求依赖，社会组织拓展专业化服务就是最好的选择。目前，各社会组织都积极招聘专业社工人员，其配备基本上是每个社会组织 2 名社工，在 12 家社会组织中，目前社工人数最多的有 4 名，且社工人才的培训和招聘都在持续进行中。专业化的拓展是所有社会组织的未来趋势。

现在存在的问题，是我们专业管理还不够，就是我们的管理队伍、社工队伍、人员不是配备得很全，今年我们新进了三名年轻人，都是 80 后、70 后专职的社工，这样更专业些，新的一年，我希望区残联能把这个项目做得更大些，使得我们的人员能够实现合理的配置，才能把项目做得更好。目前社工有 4 个，1 个是心理咨询师。我感觉做这个工作不仅仅是解决他们生活上的困难问题和家务劳动问题，心理上的工作也非常重要。专业的方法、心理的疏导对于残疾人来说真的很有效。心理咨询师能够为我们志愿者服务、辅导，再让志愿者传授、拓展到服务对象家中。①

b. 社会资源的拓展。很多项目还在开展的过程中，积累并培养了志愿者资源。如“点亮光明”项目和“阳光驿站爱心课堂”项目都

① 和谐家庭服务中心 WHY 访谈。

是利用社区志愿者和大学生志愿者结成一对一的模式开展服务。“阳光居家养残”项目找到了80多个志愿者为375名服务对象提供家政服务。其中志愿者姚大双被评为区扶残助残十佳先进个人、市助残先进个人、全国百名优秀志愿者。各类资源的拓展,在让社会组织完成项目的同时,也获得了受助对象和社会各界的好评。如“点亮光明”的受益人吴老伯感叹道“‘点亮光明’点亮了我们盲人心中的光明”。项目“我帮你阳光牵手行动”、“阳光中途之家”的受益人家属兼“照顾者项目”的受助者唐阿姨,提起这些项目来,有说不尽的感激。“我帮你阳光牵手行动”的受益者陶某还给残联写来了诚挚的感谢信。与此同时,社会组织获取资源的渠道也得到了拓宽,更有利于社会组织自身利益的维护和增进。

——权力的拓展。

助残社会组织,有些也在通过上述各种渠道影响和改变着政府,如一些社会组织的名誉主任就是人大或政协的代表,他们可以进入人大或政协会议影响政策。这些人物加上JD区残联近年来卓越的社会化助残工作的探索,的确为残疾人相关地方性法规的出台起到了一定的作用。如2011年底,区残联会同区财政局、民政局、人社局联合出台惠残新政——《JD区关于进一步加强残疾人社会救助的实施意见》,新政包含医疗、教育、生活、康复四个方面,涉及社会救助、社会保险、社会福利三大社会保障内容,投入财政资金近900万元,由区人民政府批转,于2012年1月1日起实施。此政策的出台,使救助保障达到了多层次、受益对象实现了全覆盖。当然我们知道此项政策的出台,主要的原因还是政府一方要响应上级政府的要求及提升自身服务能力,而不是社会组织一方自下而上影响的结果。所以利用制度性渠道只是少数社会组织的优势(即使有这一渠道且提案成功,能落实解决的也是少之又少),大多数社会组织并不具备这一条件。因此,国家提供的制度化渠道并不是社会组织有效参与决策的渠道。助残社会组织大多数还是通过非制度化的方式来对政府工作人员的理念和行为产生潜移默化的影响,从而来影响政府的决策。

④资源实现整合

在助残工作社会化过程中，建立了政府引导与资助、社会组织协调与运作，社会力量参与的服务模式。社会组织整合了各类社会资源，发挥了合力效应。如承接“阳光就业”项目的国信职业介绍有限公司，具有9年的职介经验，有22名优秀职介师（员），2000家会员单位。2010年一年，该职介所解决了35名就业困难人员上岗问题。承接“阳光工坊”项目的XH镇残疾人服务社邀请了草编和竹刻这两项本地非物质文化遗产的资深工艺师对学员进行技术传授，提升其就业技能，并采用了前店后厂的管理模式和产品销售措施，使其具备了社会企业的雏形。承接“社区阳光康复之家”项目的JD镇街道残疾人服务社，联合了专业特色诊所、社区志愿组织和社区卫生服务中心，为社区100名残障人士提供康复服务。承接“阳光早教训练”项目的区实验幼儿园通过与华师大签订残障儿童指导服务合作协议，联合各方专业力量定期对接受服务的精障和智障儿童及家属进行康复训练和专业指导，取得较好的效果。另外“点亮光明”项目、“阳光驿站”项目都是利用社区志愿者和大学生志愿者形成一对一的帮扶模式开展项目活动，大大扩大了服务的受益面。

各类资源的整合，保障了项目的高效运作，也提升了服务的质量，更好地满足了残疾人群体的专业化需求。

本文选择此案例作为分析的一个平台，原因在于其属于社会学问题和社会政策问题研究的交集。本文的研究意图就是把国家与社会关系这一社会学典型问题放在政府向社会组织购买公共服务里，做到学术研究和政策研究相结合，同时这两个在各自的领域里都是热点现象和问题，如此也可以提升学术问题的时代感和社会热点问题研究的理论化水平。

三、制度逻辑—行动策略的策略性关系建构

前文分别从政府和社会组织的角度，描述和分析了各自的公共利益和自身利益，并由此形成双重制度逻辑，衍生出各自的行动策略，主

要从组织内部角度,关注各自的组织内部的利益分化、行动逻辑和策略。本部分将在事实分析的基础上,深入讨论在政府购买服务的过程中,政府与社会组织在制度逻辑、行动策略的基础上关系的建构过程,以及这一关系建构的特征与问题,并进一步讨论在关系的建构过程中双方能力和权力的变迁。

(一)策略性关系建构的基础

政府是通过购买公共服务与社会组织建构合作关系的,经上文的分析我们也能知道,虽然是一种合作关系,但其中政府一方有支持也有控制,社会组织一方有依赖,也有拓展。我们把这一关系的建构过程定义为一种策略性建构过程,而不是一种制度性的建构过程。原因可以从分析其关系建构的基础展开,这一基础就是利益,包括公共利益和自身利益。对比关系双方的这些利益关系,有一致的地方,也有冲突的地方,如此就会衍生出不同的制度逻辑和行动策略,从而构建策略性的合作关系。

1. 公共利益一致下的关系建构

政府与社会组织在公共利益上是一致的,在案例中,就共同表现为维护和增进残疾人全体的利益,特别是完善残疾人的社会保障和社会服务。政府和社会组织的合作前提条件有两个:一是目标一致;二是资源互补。正是由于这两类组织的互补,加上国家政策的允许和支持,在利益一致的基础上,政府购买服务这一合作方式应运而生。通过购买服务的合作,政府的公共服务能力提到了提升,同时社会组织也得到了授权进入以前完全由国家控制的领域,进而实现自己组织的目标。但是我们也要注意到,在资源互补这一环节,在当前强国家弱社会的制度背景下,其各自的优劣势对比是显而易见的。双方对对方资源的依赖关系是非对称性的,社会组织对政府的依赖远大于政府对社会组织的依赖。

2. 自身利益一致和冲突并存下的关系建构

在政府和社会组织各自的利益上,我们仍然能看到一致的地方;但另一方面,利益冲突也在此出现了。如前文所述,政府的自身利益包括整体政府的自身利益、政府部门的自身利益、官员代理人的自身利益。整体政府的自身利益就是维持政府的生存和发展，可以在实践中表现为政府的稳定、国家的稳定、权力的维持等等；政府部门的自身利益就是该部门在整体政府中的地位、声望和权力，在实践中表现为区残联的部门地位、声誉等；代理人的自身利益指的是官员的利益，表现为官员的政绩、声望、权力、升迁机会等等。社会组织的自身利益包括个体机构的自身利益和作为一个利益集团而存在的整体自身利益，前者指的是机构的生存和发展，后者指的是社会组织整体的社会生存空间。那么我们就要看到政府的三种自身利益与社会组织的两种自身利益之间的相互关系。

从案例中我们可知，助残社会组织提供专门化和专业化服务的能力对于区残联而言是很有吸引力的，区残联通过与助残社会组织合作提升绩效而提高部门地位。因为助残公益项目都是以区残联的名义运作的，公共服务购买的主导人是区残联的理事长，其成果自然可以被区残联拿来做本部门和官员的政绩上报给区委、区政府，从而获得本部门及官员政绩和地位的提升。JD 区残联在推行助残工作社会化改革后，利用各方面取得的成绩，先后被评为“全国残疾人工作先进区”、“全国社区残疾人工作示范区”、“全国残疾人社区康复示范区”、“全国白内障无障碍区”、“第二次全国残疾人抽样调查工作先进区”、“全国残疾人工作示范城市达标区”、“全国特奥工作先进区”、“全国残疾人体育工作先进集体”等。这些国家级的奖励无疑是该部门及其官员自身利益提升的最佳表征。同样，社会组织从组织生存和发展这一自身利益出发，也是需要利用政府的。比如政府可以给予社会组织最基本的合法性授权，政府还拥有大量的行政资源，以及社会资源的联合能力，来弥补社会组织资源不足的劣势。基层政府还有行政体系的动员能力，社会组织借助此行政体系开展项目活动。这些都是社会组织生存和发展所迫切需要的。另外，参与政府购买的服务项目，使这类组织的组织能力和社会影响力得到了极大的提高，有利于社会组织整体自身利益的实现。从这些事实中，我们也会发现在政府部门利益、官员自身利益、社会组织的自身利益层面,虽然各方维护各自的组织或个人利益,但实质上契合的。

利益的冲突存在于,整体政府的自身利益和社会组织的自身利益。社会组织作为一种社会力量,正在某些领域、某些职能方面接替政府的工作,其力量正进行着从无到有、从微弱到强大的转变,其实质是一个利益集团的形成过程。无论是从功能还是从权力的角度看,社会组织的成长过程一定程度上会构成对政府的威胁。所以出于这层自身利益的考虑,政府与社会组织的自身利益是相对的,甚至是冲突的。这种情况下,“社会组织扮演的是政府希望它们扮演的角色,提供政府需要提供但是无力提供的公共服务,解决政府需要解决但是解决不了的社会问题”(赵秀梅,2008/6)。正如康晓光所认为的:“政府制定和实施政策是以自身利益最大化为出发点的。为了达到这一目标,政府会运用多种手段,但发展经济、改善大众福利无疑是最持久有效的手段之一”(康晓光,1999/28)。那么政府购买公共服务无疑也是其中一种手段。但这种政府自身利益的维护手段不利于自治的社会力量的形成,也是与社会组织整体自身利益相矛盾的。

政府与社会组织在利益上统一与冲突的共同存在,也就造成了多重制度逻辑的产生。政府有公共服务发展的制度逻辑,也有维护自身利益的自身发展逻辑;社会组织也同样如此,既要为特定人群提供公共服务,又要维护机构的生存和发展及代表整体社会利益。正是在各自双重行动逻辑的碰撞下,双方做出理性的策略性选择并建构了双方的动态关系。

(二)策略性关系建构的特征

在JD区购买助残服务的过程中,政府既支持社会组织又将其控制在能够实现共赢的领域,政府允许和支持社会组织参与公共事务,但若社会组织挑战政府权威,其活动将受到严格的限制。可以说“购买服务是政府发动的一场公共服务的变革,政府是主动者,社会组织虽然也有一定的主动性,但仍然处于被动者地位。社会组织是在国家的控制下参与公共事务,它只能选择先实现政府所需要的功能的策略,然后再去行使满足自身利益的功能，最后在这两个功能都成熟并在体制允许情况下，才有能力充当社会利益的代言人”（吕纳，张佩国，2012/6）。所以就这场策略性关系建构的主体而言，政府是主导者，在经济、政治、意识形态都发生了变化的情况下，试图探寻出一套新的行动模式以便更好地实现政府的公共利益和自身利益。而政府购买服务的产生，是集体智慧的体现，是众多官员和部门，在分散的状态下，在日常工作中，在危机处理中，做出了无数的决策，这些决策体现了主体利益的一致，同时也要看到这些决策很多是非体制化的。而且政府已经开始对社会组织进行一定程度的授权，但这种授权也可以收回，缺乏制度化，规范化，只是一种策略性选择。同样，被动且弱势的社会组织也是如此，它在面对政府的制度逻辑和行动策略时，也会审时度势，选择合适的策略与之对应。双方这种策略性关系的建构典型性地带有如下特征。

1. 制度的缺位和机制的不完善

规范化、制度化的合作关系主要的特征是有制度可遵循。可社会组织毕竟是一个新兴社会事物，对于这一事物政府本身在各层级上由于自身利益的因素是认定不一的，规范性的法律法规很少，在政府与社会组织合作的实践创新领域更是如此。这个无论是在本文的案例中，还是普遍的国内情况都是如此。

另外，在政府购买服务的机制建设上，也存在不完善之处。两年来，JD 区残联推行了项目化购买服务来推进助残工作社会化，并建立了一套基本的招标、评审和评估程序，但机制建设还不完善，制度化水平有待提高。虽然招投标的形式看起来似乎已经达到规范化的标准，可从招投标的结果中我们还是发现政府职能部门在选择社会组织上存在地域、领域和关系上的偏向性。因为在貌似公开、公平和竞争的招投标流程中，有些步骤还是有政府主导决定的空间。如项目的评审。残联组建评审委员会，成员主要是市、区残联处室领导、区条块领导，身份单一。另外，还有一个典型现象就是社会组织在整个购买过程中主要还是表现为被动参与。上述这些采购政策、财政制度和对社会组织的扶持政策，以及区残联助残公益项目招投标机制的不完善,都导致了政府与社会组织合作关系得不到制度化保障,而走向策略性和不稳定性的一面。

2. 关系的重要作用

人际关系和非正式的互动规则在政府与社会组织的合作关系中发挥着重要作用。尤其是在正式制度不起作用或正式制度还不存在的情况下,关系的重要作用更加明显,公共服务购买就是这样的一个领域。在此领域中,正式制度还存在着缺位、机制建设还存在不完善,关系就上升到重要的地位。而这也正是这种策略性关系建构的主要特征。

如JD镇的夕阳红俱乐部原法人代表ZNR,在现任残联理事长还在JD镇街道任职的时候,就由于工作关系,成为SJ选定的夕阳红俱乐部创立后的首任法人代表,在SJ调任至区残联领导岗位后,ZNR又紧随其后进入区残联工作,值得注意的是夕阳红俱乐部从2010年区残联组织公益项目招投标开始就成为中标单位,参与残联的助残公益项目,而从组织服务领域上看夕阳红主要从事的是老年人服务工作,并不拥有残疾人服务的专长。另外残联理事长SJ,在访谈中还提到:

> 我们2011年有16个项目是招投标的,就是向全市发布招标公告,我们网站上的logo你看到了吗,我们每年这样搞,整个上海市来投标,今年有两个项目是浦东的。当时我们流标的街镇还跟我不开心呢,说我胳膊肘往外拐,但是我觉得这是一个方向,优秀的社会组织要能够被吸引进来。①

另外,同样从SJ的调任过程我们能看到,甚至可以联想到国内非常普遍的一个现象,就是近年来政府在公共服务改革上,做了很多积极的探索和尝试。而在这些探索和尝试中,主政的官员是最主要的革新者和探索者,但往往也会出现官员的离任导致这种探索结束的现象。从中也能看到政府与社会组织合作关系的不稳定性和脆弱性。这种关系的性质在很大程度上取决于

① 残联理事长SJ访谈。

组织领导与官员的私人关系，但我国政府部门的官员具有较高的流动性，使得私人关系难以长期稳定、有效地维系下去并发挥作用，同时非正式的承诺能够在多大程度上得到兑现也取决于官员自身的主观判断，得不到制度和法律保障。

3. 策略的运用

在政府与社会组织的合作中，在正式制度缺失的情况下，非正式的关系上升到重要的地位，而在关系作用的过程中，一系列的策略运作也就成为其主要的特征。这些策略有在上文分析过的政府对社会组织的选择性支持和隐性化控制策略，以及社会组织对政府的依赖和遵从在先、拓展在后的行动策略。如在 2010 年市民政局招投标的申请过程中，社会组织中出现了合作竞标的策略，当时阳光彩虹社工事务所刚刚成立，一套注册审批手续还没办好，但市民政局招投标项目已经开始。在一个新生的社会组织急需项目开展业务的情况下，阳光彩虹社工事务所就联合了 JD 街道民间组织服务中心，以街道民间组织服务中心的名义去承接项目，但具体的操作都是阳光彩虹事务所和民间组织服务中心合作完成的，以此合作的策略完成了事务所助残工作的第一个项目。由此可见，政府与社会组织之间有策略的运用，社会组织之间同样有策略的运用。

（三）策略性关系建构的影响

那么政府与社会组织在合作过程中，策略性关系而非制度性关系建构对政府和社会组织有何影响呢？我们认为最主要的影响在于对双方权力关系格局的影响。根据政府和社会组织的权力和能力二分的观点，在政府与社会组织合作过程中就存在四组关系：政府的权力与能力状态对比，社会组织的权力与能力状态对比，政府与社会组织的权力关系变迁，政府与社会组织的能力关系变迁。那么，政府购买服务的产生和发展，政府与社会组织合作关系的策略性建构，会否改变政府与社会组织的权力和能力？如果会改变，又是如何改变、在多大程度上改变？

1. 合作前的权能状态对比

改革之前的总体性的社会结构，体现的是强政府、弱社会的管理体系，其政治结构被不少学者称为全能主义的（totalism）。政治领域，行政权力全面而强大，政府以外的组织被严格抑制；经济领域，计划经济高度集中，政府统一配置资源；社会领域，政府统一提供公共物品，政府直接办社会。这样的一种社会结构，使得政府的权力和能力都呈现了一种非常强的状态，反之社会组织只能是一种非常弱甚至是无的状态。改革后，国家启用市场经济模式代替计划经济模式，改变资源的配置方式，由全面介入生产、分配和消费领域到退出实体经营，只起宏观调控的作用。正是从经济领域的退出导致了紧接着的政治领域的改革，政府开始着手改革机构和转变职能，中央、地方政府开始精简机构，改革治理理念、模式，其核心就是转变政府职能，建设服务型政府，途径是通过放权让利，实现政企分开、政事分开和政社分开。与此同时在社会领域，随着政府职能的转移，一部分原来由政府提供公共服务的功能被转移给社会组织。而在改革取得重大效果的同时，也出现了相当多的问题，公共服务供给不足就是其中的一个。也就是说政府原先的强权力、强能力的状态发生了改变，同时也产生了问题。在国家权力没有过多下放的情况下，政府执行公共服务的能力却在不断下降，邓正来把这种能力的下降称为“有组织的无政府状态”，并用“政策缝隙加大”和“政府能力下降”来描述中央政府的命令在地方得不到完全一致的执行这种现象（邓正来，2000/3）。“在一般人的印象中，中国政府是一个很强的政府、一个威力无边的政府，或简言之，一个集权的政府。这个印象已不适合于描述当今的中国政府。实际的情形是：在过去十几年中，中国政府的国家能力已受到极大的削弱”（王绍光，胡鞍钢，1994/2）。所以，可以看出政府与社会组织合作之前，政府的权力和能力上就出现了权力仍然集中、公共服务能力日渐不足的现状。

2. 合作产生的权能变迁

政府与社会组织能力的双提高。随着社会改革的推进，整体政府、政府部门和政府官员出于不同的角色定位而产生不同的利益追求，会对社会组织采取不同的行动策略。很多地方政府希望社会组织来帮助解决因政府公共服务能力下降而产生的各种现实问题，承担社会服务和社会管理的功能，而社会组织在国内都属于新兴事物，本身的生存和发展能力严重不足，那么政府在社会服务领域开始扮演扶持的角色，而且政府也有足够的权力来完成扶持社会组织的任务，当然目的就是提升社会组织的社会服务能力，以化解政府公共能力下降、社会需求又不断增多的困境。在扶持的过程中，社会组织的能力会得到相应的提升，政府公共服务的能力也会间接提升，所以在政府购买服务等一系列政府主导的社会改革过程中，出现了政府与社会组织能力双提高的现象。

政府权力增强，而社会组织权力依旧微弱。在政府对社会组织采取各种行动策略的同时，社会组织也表现出一种建构能力，但我们从案例中可以看到这种建构能力是策略性而非制度化的，这就非常不利于双方权力格局的变迁。因为这种策略性不仅仅表现在形式上，更表现在其内在原因上，尤其是政府一方出于自身利益考虑的原因。因为此时仍处于国家主导的资源分配体制下，即便存在各种社会组织发育生长的空间，社会利益也许能够得到伸张，但多数依附于国家资源。也就是说，现在社会很弱，国家自然不会退出；即使以后社会变强了，国家也未必会退出。西方市民社会理论范式强调一个独立于国家的社会空间，认为国家与社会之间的分离是社会获得或保留它们相对于国家权力的权利的前提（Foster，2001/4）。基于这样一种理论范式，许多学者对于中国社会组织发展的研究，倾向于把社会组织发展与国家权力对立起来，强调社会组织的发展代表独立于国家的公共空间的生长，国家权力的退出是社会组织自主性生长并发挥积极作用的前提。① 但是在现实中，我们会看到国家权力是社会组织成立和发展的必需要素，很多追求稀缺资源与发展机会的社会组织，往往必须同国家进行交易与合作，在这个过程中，很有可能同国家发展出“结盟伙伴”关系，成为国家的附庸，甚至成为帮助国家控制社会的工具。所以在这样的过程中，政府的权力并没

① Gordon White、Baogang He、Eduard B. Vermeer、Frank N. Pieke、Woei Lien Chong、Anna Brettell、Peter Ho、Richard Louis Edmonds、朱健刚、伍俊斌等国内外学者有此类观点的研究。

有下降。李景鹏就认为中国公民社会生长的过程实际上是在改革开放和市场经济的压力下,国家不断放松对社会的控制而又以新的形式继续保持对社会的控制的过程。从某种意义上说也是国家社会组织管理体制的变革过程(李景鹏,2011/2)。朱健刚认为,国家一方面通过加强行政建设,提高其正式行政效率,另一方面又通过大力扶持和建设支持政府的社会组织网络来使得政府获得威信。社会组织也依赖于国家行政力量的扶持和推动,只是缺乏制度化保障,较脆弱(朱健刚,1997/4)。

那么社会组织一方的权力呢?社会组织既能为社会提供公共服务,也可能成为与政府对抗的一股社会力量。因此,政府对它采取的是既支持又控制的策略,支持的是其公共服务的功能,控制的是其作为独立社会力量的功能。社会组织鉴于发展初级阶段的弱势地位,也会积极发挥公共服务功能,主动限制自我以谋求政府的认可与支持。所以,社会组织在这一过程中,权力并没有提高。权力提高不了,其与政府抗衡的能力就不存在,甚至连基本的资源筹集能力也会受影响,这影响其独立性、自主性和行动力。

可以说购买服务模式让政府权力依旧,政府权力依然维持着对社会组织的生存和发展、对合作关系建构过程强有力的影响,只是方式发生了改变,比如案例中政府通过购买服务的方式,使得基层政府的权力一定程度上渗透到残疾人等社区弱势群体中,是国家权力的一种继续延伸;另外,社会空间虽然有了一定的拓展,但这种拓展的力度还非常小,而且也没有法律的保障。也就是说政府的权力并没有下放,甚至渗透得更深更广;目前,社会组织看起来,提升的也只是自己的服务能力,社会组织的权力,即其在自我成长和发育中获得更大空间以及与政府对话的权力进展缓慢。毕竟社会权力的拓展,需要的不仅仅是自身能力的提高,更需要政府权力的下放、法律体系的完善和公民意识的形成,而这些条件目前都不成熟。

3.“制度逻辑——行动策略”分析框架

本文旨在研究社会改革、政府职能转移、社会组织蓬勃兴起的社会大背景下，政府向社会组织购买服务这一实践创新中政府与社会组织的关系建构过程，建构了“制度逻辑——行动策略”这一分析框架，深入具体的个案中，分析双方作为理性的法人行动者之间的利益关系，及其由于利益关系和权能问题而产生的制度逻辑和行动策略，进而从中观察两者关系的策略性建构过程及伴随这一过程而产生的权力格局变化。通过上述研究，我们可以得出如下结论。

首先，公共服务购买中政府与社会组织关系的建构与政府和社会组织所选择的制度逻辑和行动策略密切相关，而两者的制度逻辑和行动策略的起点在于双方作为法人行动者，其身份上所蕴含的多重利益和权能关系。正是政府和社会组织中公共利益和自身利益的不同体现，也就是其一致性和冲突性的存在，使得双方依循各自双重制度逻辑衍生出多样的行动策略。同时，随着利益的变化，我们认为制度逻辑和行动策略同样会发生相应的变化，而且在变化的过程中，制度逻辑和行动策略还是相互影响、相互型构的。

其次，政府购买服务推出后，从形式上看，政府和社会组织似乎成为平等的互动主体。但实质上，政府与社会组织之间的关系是不平等的依赖关系，政府占绝对主导地位。“小政府、大社会”的格局表面看来正在建构，可实质上仍旧是“强政府、弱社会”的模式，表现为社会组织目前还只有微弱的能力和权力。从组织自然发展周期看，新生的组织需要一段时期成长，它的能力在初期肯定是弱小的。但是若在发展的过程中，过多地依赖于政府的权威、体系等因素的话，会对其能力的提升产生负面的影响。自主性、独立性、行动力都不足，一个真正的社会组织就不能真正发展成熟起来。但是即使在“强政府、弱社会”的模式下，我们也能发现社会组织还是并未发展成为准政府部门，而是走向了脱离母体之路。而且这样的一种脱离不仅仅来自社会组织自身，还来自政府。因为无论是社会组织还是政府，都对社会组织的专业化服务能力有共同的需求。而政府购买服务这一方式，也是这一需求和脱离过程的表现，因为至少从形式上能表现出双方的独立地位。

再次，在购买服务过程中，政府

与社会组织在互动的过程中形成的并不是一种制度化关系,而是一种策略性选择。国家对社会组织选择性支持和隐性化控制的行动策略,其驱动是利益基础为导向的制度逻辑,社会组织对国家的依赖与配合在先、拓展在后策略也同样如此,这就导致了政府与社会组织在互动的过程中形成的并非一种制度化关系,而是一种策略性选择。表现为公共服务购买中法律制度的缺失和购买机制的不完善、关系的超常规运作和策略的不断运用等特征。而策略性关系建构的影响是不利于社会组织与政府权力格局的改变。所以我们观察到的事实是:通过公共服务的购买,政府引入社会组织来转移自己的职能,实现了能力和权力的双提升;社会组织由于有赖于国家行政力量的扶持和推动,目前仅仅停留在能力提升的层次,权力的提升就受到很大的限制。这个限制很大的原因就是政府不会也不愿放权,而且目前的关系是策略性建构的,并没有正式的法律来规范双方的权力边界。虽然双方在关系形式上有多种创新和发展,其实质依然是脆弱且易变动的。

最后,在权力和能力上,现阶段的政府购买服务中,政府转移的只是政府公共服务的职能,而不是权力。社会组织提高的也只是其公共服务的能力,权力有了提高,但仍然微弱。可以说,“政府购买服务没能让政府从社会领域回撤,也没能削减政府的权力,甚至有可能让政府权力渗透得更深更广,成为国家权力再生产的过程”(吕纳、张佩国,2012/6)。所以从某种程度上看,“国家是加强了控制而不是放松了控制,只是控制手段有了创新;而社会的能力虽然有了一定程度的加强,但只是在量上得到了积累,并没有发生质的改变”(吕纳、张佩国,2012/6)。

(1)什么是社会组织的未来发展之路?

案例中的社会组织,我们看到它存在独立性弱、自主性弱、行动力弱等特点,这也是国内社会组织普遍存在的问题。一部分原因是社会组织是新生事物,缺乏基础;另一部分原因是政府过于强大,束缚了社会组织发展。而政府购买服务方式的创新,可以赋予更多社会组织以合法性,提高社会组织的公共服务能力，但目前还是很难改变社会组织独立性不足的现状，但可以让社会组织在力量上得到积累。我们认为，在发展之路上至少有几种途径可以提升社会组织的能力，并进而为其获得权力做好准备。

——去行政化。

社会组织行政化色彩过浓、过度依赖政府都是社会组织自身不足的表现。而通过去行政化，可以让社会组织脱离政府的扶持，脱离政府的权力控制，形成独立的法人资格，跟更多样化的社会实体形成合作关系，这有利于社会组织独立性和自主性的形成。当前，去行政化最有效的方法就是增加资源获得途径。

——专业化。

社会组织存在的最大优势是其有灵活专业的服务，所以，我们认为在社会组织未来发展上，专业化发展道路是最应该走的。专业化的拓展能够增加政府对社会组织服务的专业化需求依赖，进而平衡社会组织对政府的资源依赖，增加其与政府讨价还价的砝码，更利于平等合作关系的形成。

——市场化。

社会组织的市场化发展道路，并不是说要让社会组织像经济组织一样追求市场的利润，而是要让社会组织在发展过程中重视市场的运作，达到低投入、高效率、高产出。比如政府购买服务中的公益项目招投标、公益创投等方式，都是将风险投资理念和技术应用到公益领域的一种创新模式。既能化解社会组织资金短缺和能力不足等困境，又能在整合社会资源、推动社会组织发展、提升社会服务的能力等方面起到积极作用。还如目前刚刚兴起的“社会企业”，都可合理发挥社会组织的市场化潜能，达到提升社会组织能力的作用。

(2)政府治理是否走向了技术化路线？

公共服务购买方式的形成，是政府职能转移、创新社会领域治理方式的表现。所谓治理指的是政府除了促进经济建设的职责外，更要承担对社会公平的保护和对公共事务的管理。渠敬东等认为，在政府治理过程中，政府职能的发挥不仅依赖其已获授权的权威，而且也依赖其不断改进的程序和技术（渠敬东，等，2009/6）。政府治理呈现的是一种技术化路线，表现在政府制定的法律法规、行为方式、管理标准等的技术化和理想化,还表现在科层制行政机构中注重行政效率、程序公正,更表现在政府自上而下层级间量化考核的专项化和项目化等上,表现在其以指标管理为主要特征的行政管理体制上。从表面上看,政府向社会组织购买公共服务也是政府技术化治理的一种新形式,在这种形式中,达到了将政治治理和学者专家论证相结合的技术化路线,效率、理性、专业化上升到一个非常重要的位置,在招投标过程中,各种项目的外包、评审及评估的指标化衡量标准等等更是将这些特征表现得淋漓尽致。但这是一种技术化的治理吗?我们认为它还不是一种真正的技术化治理路线,只是展现了一种技术化的形式,而不具有其实。招投标的购买方式,一方面强化了政府与社会组织合作的规范,但案例的分析中,政府与社会组织多项策略的运用,以及策略性关系的形成让我们看到并没有从根本上遏制和杜绝寻租现象的产生。虽然指标、数据、专家论证都在显示政府购买服务的规范化和科学化,但政府选择社会组织时的偏向性、关系性和利益性都仍然存在。更何况政府购买服务并没有形成政府一致性的法律法规,都还是停留在地方基层政府改革探索的阶段,而且在探索的过程中,由于政府自己多重利益的存在,都会引起策略的变化,导致合作关系的变化。

另外,倘若公共服务购买真的走向政府治理的技术化取向,我们还有另外一种担忧。乌尔里希·贝克(Ulrich Beck)提出的风险社会理论,将风险社会作为理解现代性社会的核心概念。其中将风险社会定义为现代性的一个阶段,在这一阶段里,工业化道路上所产生的威胁开始占主导地位(乌尔里希·贝克,2001:10)。人类社会的风险可以分为三个层次:由环境危机(如环境污染)带来的最初的风险;由发展制造的危机(价值观丧失、诚信滑坡)导致的风险升级;以及新社会下的风险之巅,此时的风险被界定为系统地处理现代化自身引起的危险和不安全感的方式,即当工业文明达到一定程度后,风险不再是可被具体化的问题,也不再仅仅是社会的一种特征,而成为社会的本质。由此可见,政府治理技术化路线的实质是政治和科学相结合的一种治理路线,表面上有着光鲜的外衣,但实质上也隐患无穷。因为在科学、理性、效率的外在下,很有可能是政治界不可告人的预谋。运用制度性和规范性的治理手段对各种风险加以控制,而政治与科学两者的合谋是对专业知识和理性的垄断,这种垄断还会让人民失去民主治理的机会。所以即使打算走政府治理的技术化路线,也要注意技术化导致的风险和制度化导致的风险。同时还要警惕如詹姆斯·斯科特在《国家的视角》一书中所说的人类社会工程的失败,而失败的主要原因就在于大量的社会工程的产生于国家的视角而不是社会的视角,这里有国家过于强大的原因,更有社会过于弱小的原因(詹姆斯,2004)。

(3)国家与社会关系是终极还是过渡态

社会组织并没有形成市民社会理论中那样一种独立于国家以外的社会力量,可以与国家相抗衡,也没有形成法团主义理论中那样的利益联盟,可以在与政府的互动中,通过确立其垄断地位,进入国家结构中,影响国家的政策。但我们也不能保证,随着政府与社会组织关系的持续发展,社会组织力量不断增强,其权力会有继续扩大的可能。那么社会组织权力继续扩大到一定程度,是否会形成西方社会里那种平等合作关系呢?国家与社会互动理论提出:“国家与社会互动可以达致四种可能的结果:第一是整体转型,即国家对社会的渗透导致国家全面控制社会。第二是国家与现存社会力量合作,即国家吸纳新的组织、资源、符号和力量,使它可以对现存的社会组织进行控制,建立一个新的统治模式。第三是现存社会力量改变国家,或者国家控制社会力量,但没能建立一个新的统治模式;或者产生了新的统治模式,但是由非国家的力量占主导。第四是国家未能有效整合社会,这将导致国家与社会的分裂”(李姿姿,2008/1)。公共服务购买模式的兴起和发展是国家社会关系的一次重要变革,从案例和国内普遍的事实中,我们可以观察到,第一阶段的整体转型已经进行了几十年,公共服务购买等形式让国家与社会关系进入第二个阶段,那么随着这一实践的继续完善,会否迈向国家与社会关系的第三个阶段呢?公共服务购买方兴未艾,正如我们的经济、政治和社会改革,都在持续深入地进行,而且在此过程中,很多因素都是多变的和动态的,政府与社会组织的关系也是多样、复杂且策略性的。目前的这种策略性建构关系会是一种过渡状态,或会持续向第三或第四阶段推进,还是要走出一条中国特色的道路?由于个案研究的特殊性和无法涵盖性等因素,这一切有待未来的研究做进一步深入的讨论。

参考文献

[美]E. S. 萨瓦斯. 2002. 民营化与公私部门的伙伴关系[M]. 周志忍,等,译. 北京:中国人民大学出版社.

[美]莱斯特·萨拉蒙. 2008. 公共服务中的伙伴:现代福利国家中政府与非营利组织的关系[M]. 田凯,译. 北京:商务印书馆.

[美]菲利普·库珀. 合同制治理:公共管理者面临的挑战与机遇[M]. 竺乾威,卢毅,陈卓霞,译. 上海:复旦大学出版社,2007.

[美]唐纳德·凯特尔. 2009. 权力共享:公共治理与私人市场[M]. 陈振明,译. 北京:北京大学出版社.

[德]乌尔里希·贝克. 2001. 自反性现代化[M]. 赵文书,译. 北京:商务印书馆.

[美]詹姆斯·斯科特. 2004. 国家的视角——那些试图改善人类状况的项目是如何失败的[M]. 王晓毅,译. 北京:社会科学文献出版社.

陈剩勇,马斌. 2004. 温州的民间商会:自主治理的制度分析[J]. 管理世界(12).

邓正来. 2000. 市民社会与国家知识治理制度的重构——民间传播机制的生长及其作用[J]. 开放时代(3).

——. 1996. 国家与社会——中国的市民社会研究的研究[J]. 中国社会科学季刊(15).

邓正来,J. C. 亚历山大编. 2002. 国家与市民社会——一种社会理论的研究路径[M]. 北京:中央编译出版社.

顾昕,王旭. 2005. 从国家主义到法团主义——中国市场转型过程中国家与专业团体关系的演变[J]. 社会学研究(2).

康晓光. 1999. 转型期的中国社团[J]. 中国社会科学季刊(香港)(28).

何艳玲. 2007. 都市街区中的国家与社会:乐街调查[M]. 北京:社会科学文献出版社.

李金红. 2009. 从“划桨”、“掌舵”到服务:

国外地方与基层政府功能的转换与借鉴[J]. 社会主义研究(6).
李景鹏.2011. 后全能主义时代:国家与社会合作共治的公共管理[J]. 中国行政管理(2).
李姿姿.2008. 国家与社会互动理论研究述评[J]. 学术界(1).
罗观翠,王军芳.2008. 政府购买服务的香港经验和内地发展探讨[J]. 学习与实践(9).
吕纳.2012. 购买服务中政府与社会组织合作实践研究——以嘉定区购买助残服务为例[J]. 福建行政学院学报(1).
吕纳,张佩国.2012. 公共服务购买中政社关系的策略性建构[J]. 社会科学家(6).
渠敬东,周飞舟,应星.2009. 从总体支配到技术治理[J]. 中国社会科学(6).
田凯.2004. 组织外形化:非协调约束下的组织运作——一个研究中国慈善组织与政府关系的理论框架[J]. 社会学研究(4).
王名.2010. 转型期的社会组织——NGO的一种新视角[J]. 中国品牌与防伪(1).
王名,乐园.2008. 中国民间组织参与公共服务购买的模式分析[J]. 中共浙江省委党校学报(4).
王绍光,胡鞍钢.1994. 中国政府汲取能力的下降及其后果[J]. 二十一世纪(2).
汪俊昌.1999. 我们今天应当怎样谈论市民社会[J]. 浙江学刊(3).
夏建中.2003. 中国公民社会的先声——以业主委员会为例[J]. 文史哲(3).
徐宇珊.2008. 非对称依赖:基金会与政府关系的分析[J]. 公共管理学报(1).
杨团.2001. 社区公共服务设施托管的新模式,非营利机构评估——上海罗山市民会馆个案研究[M]. 北京:华夏出版社.
余晖,秦虹主编.2005. 公私合作制的中国试验[M]. 上海:上海人民出版社.
虞维华.2005. 非政府组织与政府的关系——资源相互依赖理论的视角[J]. 公共管理学报(2).
张静.1998. 法团主义[M]. 北京:中国社会科学出版社.
张紧跟.2012. 从结构论争到行动分析:海外中国NGO研究述评[J]. 社会(3).
张钟汝,范明林,王拓涵.2009. 国家法团主义视域下政府与非政府组织的互动关系研究[J]. 社会(4).
赵秀梅.2008. 基层治理中的国家社会关系:对一个参与社区公共服务的NGO的考察[J]. 开放时代(6).
——.2004. 中国NGO对政府的策略:一个初步考察[J]. 开放时代(6).
朱健刚.2004. 草根NGO与中国公民社会的成长[J]. 开放时代(6).
朱眉华.2004. 政府购买服务——一项社会福利制度的创新[J]. 社会工作(8).
Adams, P. S., 2002. Corporatism and Comparative Politics. Is There a New Century of Corporatism? In Wiarda, H. J. (ed.), *New Directions in Comparative Politics*. Colorado: Westview Press.
Chamberlin, John R. and J. E. Jackson, 1987. Privatization as Institutional Choice. *Journal of Policy Analysis and Management*.
Dickson, B. J., 2000. Cooptation and Corporatism in China: The Logic of Party

Adaptation. *Political Science Quarterly* 115 (4).

DiMaggio, P. and W. Powell, The Iron Cage Revisited, 1984. Institutional Isomorphism and Collective Rationality *American Sociological Review*.

Foster, K. W.. 2001. Associations in the Embrace of an Authoritarian State: State Domination of Society? *Studies in Comparative International Development*.

Frolic, B. M.. 1997. State – Led Civil Society. In Brook, T. , and Frolic, B. M. (eds.) *Civil Society in China*. M. E. Sharpe, Inc.

He, B. G. 1997. *The Limits of Semi – Civil Society, in The Democratic Implications of Civil Society in China*. London: Macmillan Press Ltd.

Hodge, Graeme A.. 2000. *Privatization: An International Review of Performance*. Oxford: Westview Press.

Oi, J. C. 1999. Rural China Takes off: Institutional Foundations of Economic Reform. Berkeley: University of California Press.

Meyer, J. W. and B. Rowan 1977. Institutionalized Organizations: Formal Structure as Myth and Ceremony. *American Journal of Sociology* (2).

Pfeffer, J. and G. R. Salancik 1978. *The External Control of Organizations: A Resource Dependence Perspective*. New York: Harper and Row.

Schmitter, P. C.. Still the Century of Corporatism? *Review of Politics* (1).

Shue, V. 1988. *The Reach of the State*. Stanford, Calif: Stanford University Press.

Solinger, D. J.. 1993. *China's Transition from socialism: Statist legacies and Market Reforms*, 1980 – 1990. M. E. Sharpe, Inc.

Unger, J. and A. Chan 1995. China, Corporatism, and the East Asian Model. *The Australian Journal of Chinese Affairs* (33).

White, G.. 1993. Prospects for Civil Society in China: A Case Study of Xiaoshan City. *The Australian Journal of Chinese Affairs* (29).

White, G. , Howell, J. and Shang, X. Y. , 1996. *In Search of Civil Society: Market Re form and Social Change in Contemporary China*. New York: Oxford University Press.

Zucker, Lynne G.. 1988. *Institutional Patterns and Organization: Culture and Environment*. New York: Ballinger Publishing Company.

(责任编辑:蒋姗姗　上海师范大学行政管理学系)

匮乏阈限内的政府默许：个体弈争模式

——以 A 市 B 区 L 庄城中村为例

刘怡然

摘　要：在我国城市化过程中，原处城郊的自然村落被城市环境包围或者半包围起来，但仍保持着村落的形态，形成了“城中村”。大约从 20 世纪末开始，“城中村”日益被学者们所关注。但整体而言，现有多数研究停留在对城中村物质环境和社会问题的描述层面，只是静态地讨论城中村的现状，对村落的历史变迁、这一进程中国家与社会互动关系的变化，以及共同体在村落走向衰亡过程中的作用，缺乏细致的讨论和深入的反思。本文通过对 A 市 B 区城中村“L 庄”拆迁过程的个案研究，探讨在村落共同体的衰落的过程中，村民在拆迁过程中逐渐由希望回迁的集体诉求转向以争取经

* 作者简介：刘怡然（1986－　），女，北京人，现任职于中国社会科学院社会学研究所，博士学位，政治人类学方向。本文系刘怡然博士论文《失序的家园：一个城中村的拆迁与弈争》的摘要剪辑版，原博士论文在清华大学张小军教授的指导下完成并顺利通过博士学位论文答辩，本文系上海师范大学行政管理学系刘娜娜、李庭赫协助完成摘要并顺利通过上海师范大学《政治人类学评论》编委会审定，在此一并鸣谢！

济补偿为目的的个体弈争过程,理解在“匮乏阈限”状态下,村民个体、无序、离散、自利的“弈争”行为,如何得到国家权力的默许与认可,并形成了特有的国家与社会互动关系。本文一方面关注国家权力在村落拆迁过程中的具体运作方式和过程,另一方面分析村民面对被拆迁境况的心理和行为,以期全面深入地理解拆迁与抗争如何发生,及其匮乏阈限下的国家默许—个体弈争模式对村民社群乃至当代中国社会的影响和意义。

关键词:城中村　拆迁　集体认知感　匮乏阈限　弈争

L庄的拆迁过程是当代中国遍及城乡的拆迁安置工程的缩影，其中村民与政府的互动也为我们提供了农民土地维权抗争以及当代国家权力运作的一个案例。在《乡土中国》一书中，费孝通阐述了土地对于农民的重要意义，因为“靠种地谋生的人才明白泥土的可贵”（费孝通，2004：2）。随着当代中国城市化的急速推进，城市周边的农村地区土地被大量侵蚀，农民耕地和宅基地不断被征用，引发了形式多样的农民维权抗争行为。2003～2004年中国社会科学院农村发展研究所、国家社科基金课题组和国家软科学重大项目课题组的联合研究反映出土地问题已经成为农民维权抗争的重要问题（于建嵘，2005/3）。

一、“城中村”的拆迁命运与维权逻辑

（一）“城中村”的拆迁问题

2010年10月下旬，A市B区L庄村的村民们都已开始买煤，做过冬的准备。在兴隆胡同里，52岁的吴师傅正在整理新买的煤球。看到我在打听村里的事情，他很热心地向我介绍L庄的现状和自己的情况，还领我参观了他家的房子。如果说田野调查需要一个幸运的突破（lucky break），那吴师傅就是真正领我“进入”L庄的人。

吴师傅是土生土长的L庄人，祖祖辈辈在此居住，原以种地为生。每当我问起他村里的过去，他总是兴致勃勃地给我描绘昔日的美景和儿时的趣事，还骄傲地告诉我其祖父曾为慈禧太后划过船。但随着改革开放以来A城区的迅速扩张，村里的土地不断被征用，村落也逐渐被城市建筑所包围，成为一个“城中村”。不仅如画美景和田间趣事永成回忆，失去土地的吴师傅也没有了生活来源。在B区政府的安排下，吴师傅开始以打扫村内卫生为业，后来又改为维持村中治安。然而，他觉得每月1400元左右的收入难以满足生活的需要，开始思考其他挣钱的方法。城市的扩张侵蚀了村落的土地，同时也带来了大量的流动人口。由于L庄临近打工者聚集的B区科技园区，很多村民将家中闲置的房屋出租以赚取收入，而且随着流动人口的迅速增加，村民们纷纷在自家的房屋上加盖楼

层,用来出租。吴师傅也不例外。他拿出多年的积蓄,还向亲友借了些钱,在自己原有的平房上加盖了3层楼,出租给附近的外来打工者。自从2008年4层小楼完工后,吴师傅家的经济状况大为改善,每月固定收入可达1万元以上。吴师傅从此以出租房屋为主业,生活颇为悠闲,每天以遛狗、放鸽子为消遣。

然而,吴师傅这样的生活并没能维持很久。2011年,A市政府决定对50个"城中村"进行重点整治,L庄名列其中。其实在此之前,拆迁的说法已在村里流传很久。但吴师傅宁愿相信那只是传言,而且表示即便政府真的实施拆迁,自己也不会搬。他曾口气坚定地对我说:"我在村子里生活了这么多年,舍不得离开。祖辈都是从前清时候跟着皇帝一块过来的,祖上留下来的家怎么能给丢了呢?说什么我都不会搬家的。"①即便是2011年7月政府正式下达了拆迁文件后,吴师傅依旧态度坚决。但2011年10月我们再交谈时,吴师傅的立场已经发生明显的变化,他说:"拆迁带来的损失太大了……不给我足够的钱和房,我是绝对不会搬走的。"②2012年1月,在获得了高出之前期望值的补偿后,吴师傅带着政府安置房屋的承诺和补偿款的存折,离开了世代居住的L庄。短短几个月的时间,是什么让吴师傅坚决不肯搬迁的态度发生了改变?他想要的真的只是经济补偿么?

L庄的大多数村民都有和吴师傅相似的经历。在当代中国新闻媒体对村落拆迁的报道以及许多人的谈论中,拆迁户常被描述成不劳而获、贪得无厌的"刁民"形象,甚至为了私利可以背信弃义、六亲不认。但在全面了解了L庄拆迁过程之后,笔者不禁思考:起初村民为什么不愿意搬迁?后来其立场为何发生转变,以"足够"的物质补偿作为搬迁的条件?这期间,村民为维护和争取利益,先后采取了哪些博弈方式?我们该如何理解他们的诉求和那些看似"不择手段"的行为?面对村民的抵制和要求,政府运用了什么策略和措施贯彻拆迁的决策?

① 笔者访谈:原住村民[吴WHQ-101123-52男]。

② 笔者访谈:原住村民[吴WHQ-111004-53男]。

而村委会、开发商、拆迁公司等机构又分别在拆迁过程中扮演了什么角色？本文通过对L庄拆迁过程的长期深入调查，考察分析各利益方的多元互动和折冲，尝试为上述问题提供解答。

（二）拆迁事件与社会冲突

1.“城中村”研究

大约从20世纪末开始，“城中村”日益被学者们所关注。早期相关研究主要侧重于对城中村概念的界定、特征的描述和形成机制的考察，后来逐渐转向对其存在意义和改造方式的探讨。一般认为，在我国城市化过程中，原处城郊的自然村落被城市环境包围或者半包围起来，形成了城市中的乡村，即“城中村”（敬东，1999/9；李钊，2001/3；李俊夫、孟昊，2004/10等）。这些村落一方面基本保留了原有的农村体制，如土地仍为集体所有，村委会组织依然存在；另一方面，它们却具有很多城市社会的特征，例如居民基本不再拥有耕地，多从事非农业工作，村内有数量可观的外来人口，且部分村民实际上已是城市户口（张建明、许学强，1999/3；代堂平，2002/5）。李培林依据城市对村落的包围程度，将村落分为三类：一是包围程度较深，已经没有农业用地的村落；第二种位于城市周边，尚有少量农业用地的村落；三是位于远郊，存留较多农业用地的村落（李培林，2002/1）。本文考察的L庄属于第一类，在政府多次征地之后，村落已经完全被城市所包围，大量外来人口进入，村民不再从事农业活动。

对于城中村的存在，学界有两种迥然不同的观点。很多学者对城中村的设施和生态基本持否定态度。他们或从城市规划的角度出发，认为城中村的设计标准低，浪费大量建设用地，影响了城市的整体开发和拓展（田莉，1998/5；吴晓，2004/5）；或强调城中村行政管理难度大，道路交通无系统，配套设施不完善（敬东1999/9；郑静，2002/2）；或从治安和环境的角度出发，认为城中村违法建筑多、卫生情况恶劣，且人员混杂，社会治安问题突出（韩潮峰，2004/1）；或从经济关系着眼，批评城中村出租房的普遍，导致出现很多游手好闲、不劳而获的村民（刘伟文，2003/3）。然而，也有一些学者试图阐释城中村存在的积极意义。如蓝宇蕴对城中村的社会关系进行了分析,并提出“都市村社共同体”的概念,认为城中村在农民城市化过程中起到了桥梁的作用(蓝宇蕴,2005);还有学者指出城中村为流动人口降低了进城打工的成本,是城市低收入者的住房来源,对经济的高速发展有重要意义(李津逵,2005/3;魏立华、闫小培,2005/7)。基于这些认识,学者们提出了多种关于城中村改造的建议。如有学者主张加强规划,尽早制定相关改造政策并贯彻落实(田莉,1998/5);有的认为应改善城中村的设施,创造更适宜的居住环境(敬东,1999/9)。还有学者认为城中村的发展应走城市化的道路,完成村民向市民的转变、从农村管理向城市管理的转变。这不仅包括物质形态的改造,也包括经济形态、组织结构以及社会关系的转型(陈鹏,2004/5;李立勋,2005/3)。

上述研究反映出当代中国城中村的许多面相。但整体而言,现有关于城中村的研究存在明显的不足。首先,多数研究停留在对城中村物质环境和社会问题的描述层面,缺乏对居住者的日常生活和内心世界的深入观察与解析;其次,研究者大多缺乏历史的视角,只是静态地讨论城中村的现状,未能将其与村落的历史演变结合考察,导致对很多问题的认识不够系统全面;此外,虽然学界对城中村的各种弊病及其改造工作已有一些论析,但鲜有学者对相关话语、政策和措施中隐含的权力关系进行反思,且学界有关城中村拆迁—安置问题的深入实证研究仍然较为缺乏。有鉴于此,笔者以L庄为个案,进行了长期的实地调研,以历史的眼光理解村落现状和村民行为,并对城中村改造过程中深层权力关系进行探讨。

2. 拆迁相关研究

在城中村改造过程中,几乎不可避免地涉及拆迁问题,因此,对于拆迁相关问题的研究也日益增多。

许多研究侧重于探讨拆迁相关的法规和政策。有学者认为,我国《土地管理法》对农村集体土地拆迁相关内容的规定不够完整和细致,早已不适合现阶段我国农村集体土地拆迁的现实需求(线多峰,2011)。还有学者认为,当前我国集体土地房屋拆迁没有统一明确的法律规定,这造成集体土地房屋拆迁缺乏统一规范的操作，因此也引发了诸多矛盾（赖淑春，2008/5；薛超群，2012）。在 A 市的大部分城中村，虽然村中宅基地的土地性质是集体所有，但由于此前在国家征收农地的过程中，宅基地被视为一同征收，所以在拆迁时按照国有土地和城市房屋进行拆除。1991 年，国务院颁布了第一部城市房屋拆迁的实施办法，名为《城市房屋拆迁管理条例》，之后又于 2001 年对其进行了修订。有学者认为，正是相关法律的不健全，才导致拆迁过程中纠纷频发。例如 2001 年版条例第 24 条规定："货币补偿的金额，根据被拆迁房屋的区位、用途、建筑面积等因素，以及房地产市场评估价格确定。具体办法由省、自治区、直辖市人民政府规定。"这条规定看似考虑周全，但其实未对补偿标准进行明晰的规定和解释，实施起来弹性很大（李钟书、翁里，2004/4）。2003 年，建设部出台了《城市房屋拆迁估价指导意见》和《城市房屋拆迁行政裁决》，次年，国务院办公厅颁布了《关于控制城镇房屋拆迁规模严格拆迁管理的通知》。这些法规和政策都是对《城市房屋拆迁管理条例》的修正和补充。

有学者从社会学的视角出发，指出虽然有关城市拆迁的法规和政策正逐渐完善，但是在实际操作中，由于地方政府干预力量太过强大，政策的完善无法从根本上解决拆迁中的利益冲突（李怀，2005/3）。另有学者将拆迁过程视为政府、开发商与被拆迁人之间的三方利益博弈。政府为了推动 GDP 增长而大量出售土地，但同时要尽力维护社会稳定；开发商则追求土地利润的最大化，不断压低拆迁补偿费，减少土地开发成本；而被拆迁人则需维护个人利益不受侵犯（彭小兵、巩辉、田亭，2010/4）。由于拆迁事件容易引起较大的社会反响，2011 年国务院通过了《国有土地上房屋征收与补偿条例》，其中规定废除行政强制拆除，改为依法拆除。即政府在拆迁之前必须向法院申请，经法院许可后方可执行拆除。由于法院非利益主体，所以理论上执行拆迁会更公正。因此也有一些学者对目前中国政府的相关条例和程序等进行考察和分析（刘雨婷，2011/4；于敏捷，2011/11；唐杰英，2012/4）。

总的来看，关于当代中国拆迁

相关问题的研究大多停留在国家制度层面,学者较少从政治人类学的视角,对拆迁过程中各利益方的具体互动和博弈过程及其结果进行深入系统的研究。拆迁工程不仅关系到政府、开发商和被拆迁人的经济利益,而且对中国国家—社会关系有着重要影响,这一点也尚待学界进一步思考和探讨。本文希望通过对 L 庄拆迁过程的个案考察,推动当代中国拆迁问题研究的深化。

3. 农民抗争研究

裴宜理认为,研究“抗争”是观察国家—社会关系的最佳途径(裴宜理,2011)。当代中国的农民抗争活动,日益引起学界的关注,讨论的主要问题是农民抗争的方式和资源。斯科特认为公开的、正式的、有组织的大规模反抗对农民来说成本太高而且数量极少,因此更重要的是研究农民反抗的日常形式,如偷懒、装糊涂、开小差、假装顺从、偷盗等行为,并将其称作“弱者的武器”(weapons of the weak)。而隐藏的文本针对公开的文本提出,强调“公开的文本”并不一定代表反抗者的真实观念,而更多的是一种策略(Scott, 1985;1990)。郭于华强调在国家权力超常强大的当代中国,这些理论非常有解释力(郭于华,[2002]2011:369~379)。但李连江和欧博文认为当代中国农民抗争的主要形式并非“弱者的武器”,而是“依法抗争(rightful resistance)”,即民众通过强调中央政府的政策和法规,对地方政府的不恰当作为进行批判和抗争。这被理解成为“踩线而不越线”的一种方式(O'Brien & Li, 2006:2-6)。

然而于建嵘则提出,当代中国底层抗争已经过了“弱者的武器”和“依法抗争”的阶段,而是进入了“以法抗争”时期。他认为农民抗争已经从对资源性权益的诉求转向对政治性权益的诉求,强调抗争活动的政治性。“以法抗争”一说提出后,引起了一些学者的讨论(于建嵘,2004/2)。如应星即认为“依法抗争”介于政治抗争和政治参与之间,而“以法抗争”则接近纯粹的政治抗争,高估了农民抗争的政治性。他还强调农民是草根行动者,有着既不同于精英也不完全与底层一样的行动逻辑(应星,2007/2)。

董海军认为弱者并不总是处于弱势地位,其抗争方式也并不总是隐蔽的、非公开的“弱者的武器”。他们有时会有意识地利用自己弱势的身份进行公开的、喧闹的、非制度化的维权抗争。董海军称之为“作为武器的弱者身份”，而这种抗争方式有赖于社会的力量以及道德上的同情。同时，他认为“依法抗争”的问题在于忽略了博弈的因素，这种博弈依靠的不是法律而是一种“势”。只有将道德的力量通过媒体报道和社会舆论转化为一种“势”的时候，“作为武器的弱者身份”才能生效（董海军，2008/4）。此外，一些学者还特别关注“身体”在当代中国农民抗争活动中的重要作用。例如吕德文通过对江西宜黄拆迁过程中农民自焚事件的研究，指出本为普通钉子户的个体抗争进入媒体视野后，由于钉子户不断用身体进行“表演”，最终使事件向专业化社会运动转变（吕德文，2012/3）。学者们将这类抗争方式总结为“以身抗争”或“身体维权”，认为由于制度化的社会安全阀被堵塞，个体的不满情绪无处发泄，导致了身体维权极端行为的产生（王宏伟，2010/2）。

这些研究为我们观察和理解当代中国农民抗争提供了多种视角和启示，然而他们更多地关注农民抗争为何发生，以及抗争的主要形式是什么，但是未对国家权力的行使做出分析，亦未看到农民对不同抗争方式的运用及其转变。笔者在下文将结合 L 庄的个案，对这些研究有所回应。

（三）村民维权与集体博弈

1. 博弈理论概述

本文主要关注 L 庄拆迁过程中村民的抗争活动，抗争理论是本文对话和发展的重点。西方学界对抗争行为的研究起步较早，相关理论更为成熟和系统。下文将对这些理论做一简单梳理，在此基础上提出本研究的核心角度。

19 世纪末 20 世纪初，学者们普遍将抗争行为视为一种非理性的行为，这一派理论也被很多人称为“崩溃理论”（break down theory）。如法国学者勒庞将抗争看作一种集体非理性的反应。他认为人作为个体可以是理性的，但是随着人群的聚集，人们会按照本能行事，不再进行理性思考，其行为也更加野蛮和非理性（Lebon，1979：55 – 104）。布鲁默继承了勒庞的传统，认为抗争行为是在社会变迁引起的不安中产生的。谣言的传递会在人们之间产生共同的感觉,随着感觉不断增强,集体行动会最终爆发(Blumer, 1946:170 - 177)。然而这一理论只能解释群体抗争行为,对个体行为却毫无解释力。1970年,美国社会学家格尔出版《人为什么要造反?》一书,提出了著名的"相对剥夺"(relative deprivation)理论。他认为每个人都有自己的价值期望,而社会则具有实现这些价值的能力。如果社会变迁使得社会的价值能力无法满足人们期望的时候,相对剥夺感便会产生。相对剥夺感越强,人们造反的可能性越大,造反的破坏性也越大(Gurr,1970)。

20世纪70年代,社会运动在美国风起云涌,且显示出许多新的特点,其中之一就是专业组织的出现。在此背景下,麦卡锡和扎尔德提出了"资源动员"理论,被视为怨恨理论与理性选择理论的替代模式。他们认为不满和怨恨不是社会运动产生的直接原因,60、70年代抗争的增多是因为社会上可供发起者和参与者利用的资源大大增加了,社会运动正是对这些资源运用的结果(McCarthy & Zald, 1973)。"资源动员"理论一经提出便受到广泛关注并产生了巨大影响,但该理论过度强调资源和专业化组织对抗争的作用,而忽视了非制度化资源以及情感等因素。

与美国学者相比,同时期的欧洲学者更加注重情感和价值因素对抗争的影响。他们认为欧洲在20世纪60年代兴起的社会运动反映了欧洲社会在"二战"后从工业社会向后工业社会的转型,而这一过程伴随着新的社会价值取向的产生(Inglehart, 1990)。有学者将这一系列社会运动视为原有的现代价值观念向后现代价值观念转型的结果(Cohen, 1985:52, 663 - 716)。还有学者认为"二战"后,西方资本主义为摆脱经济危机而对社会进行的改造,破坏了人与人之间原有的联系和忠诚,使人们丧失了自我认同。新社会运动就是为了反对政治和市场对生活世界的殖民,重建人与人之间的关系(Habermas, 1996; Melucci, 1989)。但一些学者批评这些理论高估了价值观对西方社会运动的影响,因为由经济利益而引起的抗争仍是非常常见的形式(赵鼎新,2006/2)。

不论是从心理、经济理性、抗争资源还是从意识形态出发,上述理论主要描述和探讨的都是抗争者,国家的角色却长期被学者们忽略。政治学家查尔斯·蒂利提倡将"国家"带回社会研究抗争之中。同时蒂利开始用"抗争性政治"的概念来取代"社会运动"的概念,用以强调国家的重要性(Tilly,1978)。

20 世纪 80、90 年代,受到后现代理论的影响,抗争理论有了新的发展。美国学界一方面越来越注重地域、空间和生态环境在社会动员中的作用,认为现代社会居住环境是抗争得以发生的重要原因(Zhao,2001);另一方面非常关注话语、符号和情感在社会运动中的作用。受到欧洲新社会运动理论的影响,美国学者或是强调政治文化在运动话语中产生的作用,认为社会行动者的行为和话语都是由文化文本决定的(Furet,1981);或是将文化看作一个工具箱(tool box),认为社会运动中的话语是社会运动组织者调动成员参与抗争的策略,是人们理性选择的基础(Swidler,1986:273 - 286)。此外,个体的、日常的、非公开的抗争也逐渐进入学者们的视野,成为抗争研究的重要内容(Scott,1985)。

西方抗争理论为本研究提供了多种视角和概念工具。笔者试图结合个案实证研究,对这些理论进行发展和扬弃。首先,由于城中村的拆迁工程由政府发起和规划,国家权力贯穿整个过程始终,村民与政府之间互动频繁,因此本文将对国家与抗争的关系进行重点讨论。其次,拆迁中村民的抗争行为既有集体性的也有个体性的,通过这一案例,笔者也试图探索集体抗争与个体抗争之间转换的条件与方式。最后,此前的抗争理论阐释了剥夺感、经济因素、组织、资源以及文化因素对抗争的重要作用,但笔者更关心的是这些因素在拆迁的不同阶段具体如何形塑了村民的抗争行为,并希望通过展现这一动态过程来反思"抗争"这一概念本身。

2. 国家权力

有关现代国家权力的论著众多,早期理论多强调国家的暴力与强大。如以霍布斯为代表的理论家们将国家比喻为大怪物"利维坦",强调国家权力的威慑性(Hobbes,

1651)。经典马克思主义理论认为国家是阶级矛盾的产物,是一个阶级用以统治和压迫另一个阶级的有组织的暴力工具,对外保卫领土完整,对内镇压被剥削阶级的反抗。随着现代国家组织和功能的演进,相关理论也日益复杂(Marx,1995)。本尼迪克特将民族国家视为一种想象的共同体(imagined community)。虽然一国疆域内的人们大多互不相识、风俗各异,但他们往往对民族国家统一体有着相似的想象和认同。这种想象和认同通过语言文字、媒体宣传等方式建立起来,是国家权力生产和运作的重要思想基础(Benedict, 1983:7)。格尔兹在《尼加拉:十九世纪巴厘剧场国家》一书中将国家理解为一种"表象",是一种概念实体,而不是历史实体。他认为国家可以是血腥暴力的,但同时又必然是庆典性质的。在日常互动、庆典和话语的综合作用下,国家权力不断地循环和再生产(Geertz, 1999)。关于国家权力的具体形式,曼恩的理论影响很广。他将现代国家权力分为专制性权力(despotic power)和基础性权力(infrastructure power)两种。前者指国家精英无须经由社会群体和制度化的协商就可以强制贯彻自己的意志,例如军事行动、秘密警察等,这种权力凌驾于社会之上;后者指国家的制度能力,这种权力无须借用强制力就能规范群体行为,例如税收政策、福利制度等等。后一种权力渗透于社会之中,在国家范围内的人都受其控制(Mann, [1984] 1988)。

在中国漫长的历史中,国家权力在农村地区的形态经历了不断的演变。秦晖将帝制中国农村地区的国家—社会关系概括为"国权不下县,县下惟宗族,自治靠伦理,伦理造乡绅",即国家权力通过伦理控制乡绅,并由乡绅来达到乡间社会的自治(秦晖,2003:3)。弗里德曼则认为帝制中国的国家权力依靠宗族组织延伸到农村。宗族通过入仕的子弟与国家发生直接关联,它既是国家权力实施的中介,同时也抵制了国家权力对农村地区的进一步渗入。近代以来,中国由帝国转型为现代民族国家,国家权力的性质、形式和范围都发生了极重要的变化(Freedman, 2000 [1965]: 2, 46, 145)。杜赞奇利用日本满铁资料对20世纪30年代华北地区农村进行了研究，指出中国的农村地区存在一种“权力的文化网络”，即权力在地方社会通过正规或者非正规的组织方式，例如宗族、市场或者血缘关系，发挥作用的机制（Duara，2010［1988］）。近代以来国家政权忽略了这种权力的作用，斩断了与传统的联系，加速了这种网络的瓦解，这反过来导致国家权力在农村地区停滞不前，无法转化为更高级的模式，杜赞奇将之称为国家政权的“内卷化”（involution）。黄宗智对长江三角洲的家庭及乡村进行研究后，认为革命以及集体化运动改变了国家政权内卷化的状况，将国家权力直接延伸至社会最基层（黄宗智，2000）。

在本文中，笔者关注L庄拆迁过程中，不同形式的国家权力是如何运作的。在拆迁过程中，政府一方面通过意识形态的宣传，试图使村民对国家的认同超过对村落集体的认同，进而认同国家的政策；另一方面，国家通过各种方式对抗争的村民进行诱导，使其服从于国家权力。值得注意的是，虽然村落的拆迁是政府的决策，但多数情况下并不由政府出面实施，政府也尽量避免与村民直接接触，而是将开发公司、村委会、拆迁公司、评估公司等多种机构推到前台，通过它们推进拆迁。

3. 集体认知感

虽然L庄的原住村民已基本失去耕地，但他们大多数从事过农业生产，并保留着许多农村的观念和习惯。因此，关于农民心理结构和行为方式的研究对于理解他们对拆迁的应对具有重要意义。“小农”理论传统在有关农民的社会学研究中一直占据主导地位。波普金用“理性小农”解释农民的思维和行动，认为他们的决策受到市场规律的支配，追求利益的最大化（Popkin，1970）。在这一视角下，村庄被视为松散和开放的单位，村民之间互相竞争并试图达到收益的最大化。斯科特在研究东南亚农民政治和生存状况时提出了“道义小农”的概念来反驳将农民看作理性人的观点，认为农民遵循的并非“利益最大化”而是“安全第一”的原则，他们采取任何行为时都把生存放在第一位（斯科特，2001）。对于他们来说，公开的、大规模的抗争危险性太大，因此大多数农民抗争是以一种隐藏的和日常的方式进行的(Scott,1990)。同时,这一理论视角将乡村社会看作一个内聚的共同体,人人都有生存的权力,并通过互惠和庇护的关系提供非正式的社会保障。

在"道义小农"的思路下,农民大多数并不采取集体抗争,而在"理性小农"的理论中,农民又很难形成团结的集体,因为理性人会选择搭便车而不是参与集体行动。学者们因此对农民的集体行动逻辑有多种不同的阐释。与许多学者一样,裴宜理在研究19世纪80年代中国淮北地区农民集体行动时,发现农民虽主要受理性影响,但地方特点和自然环境也是影响农民行为的重要原因(Perry,1980)。张小军在理解农民参与集体行动时将其类比为阿米巴的迁移摄食。[①] 当资源短缺时,阿米巴摄食时会采用集体的迁移方式,这种集体既没有强迫性,也没有中心,没有权威和领导。张小军认为农民虽然并不喜欢集体,但是依赖集体。他们的反抗只是一种策略,在反抗者得到好处时,可能很快就背叛集体而变成与国家的"共谋"者。这种共谋同样是一种寻找自己生存空间的策略(张小军,2004:42~46)。

L庄村民在个人行动与集体行动、"反抗"与"共谋"之间的策略抉择,在很大程度上取决于其对村集体的认识和感受。学界通常用"集体认同感"的概念形容个人对其所在集体的情感纽带和心理归属,这种认同感的强弱对个人行为有巨大影响(马尔图切利,2007:24)。然而,笔者认为"集体认同感"并不能有效地解释L庄村民的行动逻辑,因此提出"集体认知感"这一概念,意指个人对"集体"是否有效存在的一种认识和感知。这两个概念既有联系又有区别。大多数时候,村民的集体认同感越强,集体认知感也越强。即当村民自己对村落很有归属感的时候,他们对集体存在的感知也越强烈。然而有时尽管村民个人对村落的认同感很强烈,却认为村集体已淡化或消亡。例如有村民曾对笔者说:"我们村民从小都在这村子里一起长大的,感情特别

① 阿米巴(amoeba)也称变形虫,是单细胞生物。它们以细菌为食,出现食物匮乏时,它们会发出化学信号让同类集合到某个中心进行摄食。

深……原来的时候经常串门，但是后来家家都有了自建房，门都上了大铁锁，走动的就少了好多。”①另有村民说：“原来人家都说L庄人不好欺负，因为原来特别抱团……现在家家都自己算计自己的房子怎么盖挣钱，也没人在意什么公共环境了。”②从这些话可以看出，虽然一些村民还对村落有感情有认同，却认为村落的集体性在逐渐弱化。但反过来，集体认知感越强也并不代表集体认同感越强。如有一位参加集体上访的村民对笔者说：“他们倒是能经常组织起来参加上访，我也跟他们参加过几次。但是他们什么都不懂，成不了大事。”③这样的说法体现出村民虽然意识到集体的存在，但是自己已不对其表示强烈认同。

二、村落拆迁过程中政府与村民的弈争实践

（一）“顽疾”还是“家园”：城中村空间与日常生活

随着L庄从自然村演变为城中村，村内的物质景观、社会关系、生产和生活方式等都发生了明显而深刻的变化。本节即以空间为中心，全面描述拆迁前L庄的社会生态与日常生活。

1. 自建房的兴起与城中村的蜕变

根据2010年村委会的资料，L庄东至B区公园西路，西至颐和园东路，南至北四环西路，北至新建宫门路，辖区面积1.5平方公里，L庄户籍人口4641人。改革开放之前，L庄东侧的土地都为稻田，然而现在已经被四环路切割，并且建成了科技园区（见图1）。随着A市的扩张，L庄的面积不断缩小，图1中为2010年拆迁前L庄的地理区域。它被城市建筑和道路所包围，并变为了典型的城中村。

90年代初期，L庄仍以平房为主。然而村里的土地不断被征用，宅基地开始变得十分紧俏。随着村内的人口不断增加，村委会逐渐无法再批出足够的宅基地给村民使

① 笔者访谈：原住村民［谭TXL－111120－49男］。

② 笔者访谈：原住村民［王WLT－110203－50男］。

③ 笔者访谈：原住村民［孙SWS－111234－48男］。

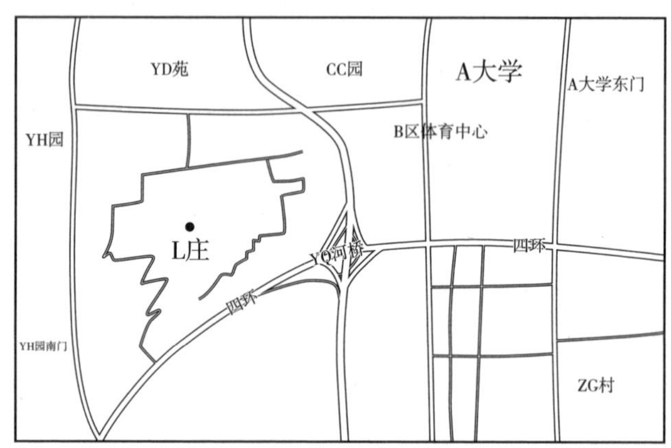

图1 L庄相对位置

注:根据百度地图,[2013-10-08] http://map.baidu.com/?newmap=1&ie=utf-8&s=s%26wd%3D%E5%85%AD%E9%83%8E%E5%BA%84%E6%9D%91. 手绘而来。

用,村民只能开始在自己原来的平房上加盖二楼。90年代中后期,科技园区逐渐发展起来。越来越多的流动人口开始来到A市寻找打工的机会,并在周边寻找可以落脚的地方。L庄毗邻科技园区、交通便利,吸引了许多流动人口来村内租房。村民们意识到这是一个很好的挣钱方式,于是开始把家里的空房用于出租。然而平房无法满足日益增多的人口的需求。流动人口中大部分是在科技园区附近上班的打工族。从L庄坐车到科技园区只有三站,走路也只要20多分钟。站在村内就可以望见科技园区的标志性建筑,因此有人将L庄称为"科技园区的宿舍"。村民们便开始在自己的房屋上加盖楼层。1996年在A市和B区的统筹规划下,L庄一带被定为A市将来的绿化隔离带。

2. 村落现状与村民生活

作为城中村的L庄主要分为居住区和集市区两个部分。集市区是一条贯穿L庄东西方向的主干道,名为L庄大街(见图2)。

主干道的东侧入口,是一座L庄小学。原来该学校主要生源都是L庄的本地学生,随着流动人口的涌入,后来学校学生以流动人口的子弟为主。主干道上从东往西,分

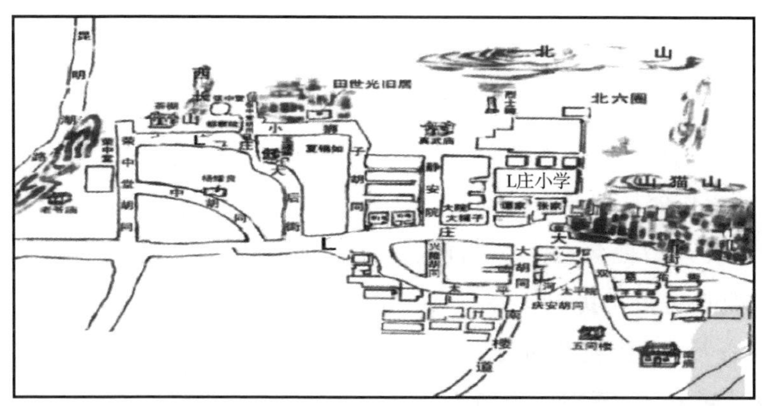

图2　L 庄村落示意（徐征、冯黛虹，2010）

布着各种店铺，包括各种小吃店、餐馆、美容美发店、杂货店、玩具店、服装店、肉铺、面铺、修鞋铺、洗衣店、诊所等等，为村中居民提供基本的生活服务。村内还有许多歌厅、台球厅等场所，供村民和流动人口消遣娱乐。在 L 庄集市区的两侧，分为南北两个居住区。走进居住区，一座座高高耸立的出租楼房映入眼帘。由于村民争先恐后地盖房，楼房密度很大，道路狭窄到只能看到一线天空。

3. 互相依赖的生存体系与准阈限状态

虽然村内的居住环境并不十分理想，但大部分村民和流动人口之间有着较好的沟通与互动，并且形成了一个互相依赖的体系。一方面，流动人口所支付的租金是村民重要的收入来源，同时他们还为村中的各种居住者提供商业服务；另一方面村民加盖的房屋成了流动人口在 A 市的落脚地，让他们在 A 市的停留成为可能。多数时候，村民和流动人口之间有着颇为良好的关系。葛队长说："村民和流动人口大部分关系都不错的，谁跟钱过不去呢。人家来你这里租房子是带给你收入来了，没什么矛盾都能过到一块去。"①

① 笔者访谈：原住村民［葛 GDZ－121017－75 男］。

虽然大部分村民与流动人口相处融洽，但是他们之间也并非没有矛盾。吴师傅曾对我说："有一次有个25岁左右的小伙子来我家租房，开始几个月他一直按时交房租，后来就开始拖欠租金，一直拖欠了3个月房租。我找他要，他说自己工资没发，让我给宽限几天。再后来人就跑了，就在屋里留下了他的破床单、衣服和被子。"①老谭告诉笔者："我出租的房子里可以洗澡，用的是热水器，每次只能烧一罐热水。收水费的时候平摊到每个住户身上，每月大约30元。可是有一户一洗澡就洗两个三个钟头，洗完澡还洗衣裳，弄得别人都没法洗。这种人最后我只能让他离开。"②

L庄变为城中村之后，原来自然村落的生活秩序和生活习惯都被打破。虽然村民还在一定程度上保留着原来的生活方式，例如仍然在家周围小范围内种些蔬菜水果，并饲养家禽家畜，但是不再租房之后，村民的生活也有了很多城市的特征。例如他们所住的房子从平房改成了楼房，主要生产方式也从耕地变成了经营出租房屋。与此同时，在村内居住的流动人口一方面在村内租住廉价的房屋为村民提供租金，另一方面在村内经营商铺为村中居住者提供饮食和娱乐，他们和村民之间形成了简单分工和相互依赖的关系。然而在这种非城非村的环境下生成的关系并不稳定，而是处于一种准阈限状态。对于这种状态，国家、村民、流动人口有着非常不同的诠释。

从一个自然村落变为典型的城中村，L庄的物质环境、生产和生活方式、社会关系、价值观念等都经历了巨大变化。村落的耕地消失，村民的生产方式从耕种变成了出租房屋。这使得村民之间的交往日益减少，关系逐渐疏远，村民对集体的关注逐渐转向了个人自身，导致村民集体认知感的下降。不仅如此，由于流动人口众多，国家对村落的整体生态疏于管理，村落生存环境日益恶化。不仅生活条件较差，治安环境也不理想。村民竞相加盖房

① 笔者访谈：原住村民［吴WHQ－110301－53男］。

② 笔者访谈：原住村民［谭TXL－110930－48男］。

屋，道路狭窄，电线乱搭，存在不少安全隐患，偷盗抢劫现象也时有发生。这些都说明原有自然村落的社会秩序已被打破。随着流动人口的涌入，村民靠租房为生，流动人口获得廉价方便的住处，两者之间形成了一套出租与承租的相互依赖的体系。但这种体系本身缺乏稳固性，因此村落处于一种准阈限的状态。

正是由于变为城中村的L庄秩序不稳定，政府和村民以及流动人口对这种空间形态有着不同的解读空间。政府认为城中村土地利用率低，生活和治安环境存在严重的问题，因此从经济发展和城市美观的角度出发，将其描述为“顽疾”，认为城中村是城市发展中的不良部分，应该被拆除。然而亲身在村内居住的村民和流动人口却对村落有着不同的认识。村内的原住村民一方面出于对村落和村集体的感情，另一方面依赖于出租房屋的挣钱方式，将村落视为提供生活来源、孕育村落集体的地方，是世代居住的家园。流动人口虽然无法影响村落的命运，却实际地参与了村落的生活和发展。对于他们而言，村落意味着廉价的住所和更多的净收入，因此他们将村落定义为一种合适的临时落脚点。对空间的定义过程是权力运作和再生产的重要手段。通过将村落定义成“顽疾”，政府为日后的拆迁决策提供了思想基础，而村民强调村落作为“家园”的意义也成为其日后抗争的理由。在下文中，笔者将进一步通过话语的视角，阐释拆迁中政府权力的运作和村民的抗争行为。

（二）话语的折冲：拆迁初期的宣传与抗争

本节主要考察拆迁初期政府和村中居民在话语领域的互动和折冲。笔者一方面分析国家如何在相关政策和宣传中，运用意识形态化的话语论证其拆迁决策和模式的合法性，并劝导居民配合，以求尽可能平稳地完成拆迁；另一方面探讨村民和流动人口如何接受、传播甚至回击这些话语，并通过制造舆论等方式间接抵制拆迁的决策。

1. 话语与拆迁权责

（1）拆迁还是腾退？

村委会的资料显示，在拆迁之

前,村内共有4641人,2266户。[①]由于政府在L庄征地的过程中,除了耕地之外,也有一小部分村民的宅基地被征用,并曾经给过补偿,因此在这次拆迁中,最后涉及的总户数约在1600户。据区政府的领导介绍,A市的整体规划中,每个区的绿地面积都要达到一定标准。在B区政府的规划中,L庄地区被定为绿化隔离区。因此必须对L庄地区予以改造和整治。同时由于L庄紧邻YH园,背靠YQ山,远眺X山,出于文化保护的目的,不挡住名胜古迹的风貌,这一片地区限高4.5米。这也决定了L庄的拆迁改造必须是异地拆迁(即将村落整体拆除,并在其他地方将村民整体安置)而不是原地回迁(即将村落拆除后就地建回迁楼,村民在楼改好之后回到村落)的方式。最终,在B镇政府的统筹安排下,L庄的回迁地点定在了树村后营。[②]从新村到旧村,在不堵车的情况下,公交需要1个小时左右,驾车则需要20分钟。虽然直线距离并不算太远,但是这一动迁是从A的四环以里迁到了五环以外,许多村民对此非常介意。

L庄的搬迁缘于市政府的政策、区政府的规划,具体事宜都由政府负责领导。在拆迁的正式合同上,甲方是WL公司(房地产开发公司),乙方是村民。具体实施拆迁的则是WL公司招标的评估公司、拆迁公司和审计公司,分别负责村民房屋面积的测量和评估,房屋的拆除和对补偿多少的审计。村委会旁边的院落里,还成立了专门的临时拆迁办公室(简称拆迁办),分别由四家拆迁公司、一家评估公司和一家审计公司构成。

最值得注意的是,在任何文件中,这次的拆迁都被冠以新的名称,叫作“腾退”。通过话语的转变,政府将对村落的拆迁描述成村民的主动腾退,将行动的主体从政府或者WL公司改为村民自身。按照《中华人民共和国村民委员会组织法》,L庄从1998年起每三年举行一次村民委员的选举。该法第二条

① A市B区B镇政府网站.(2010-11-26)[2013-02-24].http://hdx.bjhd.gov.cn/cjjs/cjjs/201011/t20101126_226376.htm。

② 笔者访谈:镇政府领导[高GKZ-120722-53男]。

规定“村民委员会是村民自我管理、自我教育、自我服务的基层群众组织，实行民主选举、民主决策、民主管理、民主监督”。因此村委会和村民代表也就理所当然地成了政府话语中组织腾退的主体。

除此之外，这次拆迁的模式在各种官方文件中被描述为“政府主导、村为主体、企业运作的方式”。①这几个字看似简单，但背后有着重要的含义，“政府主导”意味着政府只负责拆迁工作的方向，而不过问具体细节；“村为主体”则体现了政府在拆迁中一再强调的“村民自治行为”，即“腾退”，是村民自己为了改善生活想要搬走。因此村委会和村民代表负责组织村民腾退，是腾退工作的主体；最后企业运作意味着主要负责拆迁事宜的是企业，即签合同的甲方，因此村民遇到问题的时候由 WL 公司和村委会协商。这一拆迁的模式得以运作与话语密不可分，话语的转变为新的一套模式提供了合法性。

（2）政策与规定

与拆迁相关的，有三份重要的文件。一份是《L 庄新村宣传手册》，其中主要涉及一些拆迁相关的法律法规、办事流程的介绍和新村建设的规划。另外两份文件分别为《L 庄搬迁腾退方案》（以下简称《方案》）和后来修订过的《L 庄搬迁腾退方案实施细则》（以下简称《细则》），其中写明了拆迁具体的补偿条款。

2011 年 7 月 7 日，村内召开了村民代表大会。镇政府的工作人员表示，《方案》和《细则》都是村民代表在会上讨论并达成共识之后签署通过的，因此属于村民自治行为的一部分。《方案》一共分五章，包括“总则”、“宅基地的认定和确权”、“搬迁腾退补偿与安置”、“奖励与补助和附则”。方案最开始的《总则》中特意注明：“本方案由 L 庄村委会负责制定和组织实施。本方案所称搬迁腾退人是指 L 庄村委会或其他委托的单位。本方案所称被搬迁腾退人是指宅基地上房屋的所有权人。”②从这一条可以看出，负责拆迁的主体角色一直由村委会承

① L 庄村委会. 致 L 庄村民的一封信.［2011 - 07］。

② L 庄搬迁腾退方案. 总则. 第三条.［2011 - 07 - 06］。

担。《总则》中还有一个十分重要的规定,即“搬迁腾退人应该按照本方案的规定,对被搬迁腾退人给予补偿或安置,被搬迁腾退人应当在规定的搬迁腾退的期限内完成搬迁腾退”。[①] 结合这两条规定可以发现,腾退被描述为村民自己组织的行为,腾退的期限被限制。

《总则》中规定的是拆迁的整体状况的定位,从《方案》的第二章起便是具体对补偿的规定。对村民的补偿,主要有按照宅基地和按照人口两种方式。第一种方式规定“搬迁腾退补偿中认定宅基地上房屋建筑面积,以房屋所有权证明表明的面积为准”。[②] 而对于无法提供房屋所有权证明或者建房批准文件的“由B镇政府、L庄村委会、WL集团组成专门的宅基地认定小组,依据1989年第39号《A市人民政府关于价钱农村村民建房用地管理若干规定》,按村民每户的建房用地不得超过0.25亩(166.67平方米),1982年以前的老宅基地不得超过0.4亩(266.68平方米)的标准从宽认定合法有效宅基地,但不得超过原宅基地之用地面积。”[③]由该规定可以看出,一方面政府虽然退到了拆迁工作的后台,但是仍然在参与拆迁中的一些核心工作。另一方面村委会也起了重要的作用。

相较对宅基地的认定,对人口的认定要复杂得多。人口认定是指确定什么样的人可以享受到这次拆迁政策的补偿。按照规定,方案中的安置人口指:“在腾退公告发布时,在被腾退地址有本市常住户口的房屋产权人及其户口在本址的共居亲属。”[④]简单来说,在人口认定中有两个颇为重要的因素,一个是有L庄的户口,另一个则是在村内居住。与宅基地不同,人口的认定主要由村委会成立的9人评议小组进行评议,而且有着更细致的条款和灵活性。

《方案》中村民最关心的,以及整个拆迁中最核心的就是涉及拆迁

① L庄搬迁腾退方案．总则．第四条．[2011-07-06]。

② L庄搬迁腾退方案．宅基地的认定和确认．第六条．[2011-07-06]。

③ L庄搬迁腾退方案．实施细则,第一条．[2011-07-06]。

④ L庄搬迁腾退方案．宅基地的认定和确认．第十条．[2011-07-06]。

政策的第三章与第四章，分别为“搬迁腾退补偿与安置”和“奖励与补偿”。B区的领导对笔者说：“整个A市有很多个村子，而B区的情况特别复杂，有很多大院和单位。加上每个村子所处的地段不一样，腾退的时间不一样，因此补偿也都不一样。因此2009年11月2日，中共B区委十届十次全会提出要按照‘一村一策’的模式，以村为单位制定旧村改造的实施方案。就是说每个村子根据其自身的情况，有一笔自己的平衡账。”①由于L庄交通十分便利，同时还是B区的重点村，因此拆除政策也被区政府称为“非常好的政策”。政策中的第十二条是这次搬迁的最核心部分，其中写道：

> 本地区搬迁腾退实行宅基地面积置换，按认定的合法有效宅基地面积1∶1置换安置建筑面积。对被拆除的合法有效宅基地内房屋及附属物按照重置成新价给予补偿。（一）被搬迁腾退人家中人口多而合法有效宅基地面积少的，按1∶1比例置换安置后，可按认定人口人均50平方米补足安置房面积，补足的部分按照每平方米4500元购买，因楼房户型原因超出部分不得大于10平方米。超出部分按照每平方米5800元购买。（二）合法有效宅基地面积被腾退人置换成套安置楼房后，所剩余面积不足置换成最小成套住房的建筑面积，给予每平方米2.4万元货币补偿，人均不足50平方米的，不享受此规定。（三）合法认定的宅基地上二层建筑按每平方米800元给予补偿。（四）对于自愿不申请置换安置房的，可按每建筑平方米2.4万元给予货币补偿。②

从上述条款可以看出，宅基地面积和人口是补偿最重要的两个方面，既决定着新建房屋补偿的面积，也决定着具体的补偿数额。

① 笔者访谈：镇政府领导［高GKZ-120722-53男］。

② L庄搬迁腾退方案．搬迁腾退补偿与安置．第十二条．［2011-07-06］。

2. 宣传话语与意识形态

2011年7月,L庄村的拆迁准备工作开始。在起始阶段,政府主要通过张贴各种标语、在村内发放宣传册和入户宣传等三种方式对拆迁进行宣传。7月初起,从B公园路西紧邻L庄一侧开始一直到L庄内都挂满了红色的宣传横幅。有的标语写道:“旧村不拆隐患多,搬迁上楼福满园”(见图4),还有的写道:“建设ZGC核心区　推进城乡一体化发展　发挥农民主体作用　建设美好幸福家园”。除了这些醒目的红色大标语外,在村落的东西两侧还竖起了大型的宣传板,上面贴满了彩色的L庄新村安置房户型结构图。在旁边的简介中细致地介绍了新村的设施、环境、设计理念等等。不仅如此,村里还设有许多免费的巴士,每天有两次机会可以带村民免费去看新村的地理位置和建设进度。

除了大型的标语和宣传栏外,村委还在村内发放镇政府提供的各种宣传资料,这些资料更为细致地体现着国家在拆迁背后的意识形态。其中最早发放的为《致L庄村民的一封信》。信的前半段体现了拆迁既对整个城市的发展和改进有着重要的意义,又可以改善村民的居住条件和生活状态。信中写道:

> L庄村的搬迁腾退,是建设“人文A市、科技A市、绿色A市”的迫切需要,是建设ZGC核心区和推进城乡一体化发展的迫切任务,是我们农民改善居住环境、提高生活、促进产业发展……定会让农民重新享受城市化的成果。①

信的后半段则强调个人利益要服从集体利益,村民的“小我”要服从国家和集体的“大我”。信中还写道:

> L庄村村民有着良好的光荣传统,顾大局、识大体、高风亮节是L庄村民的优秀品质,做好旧村搬迁改造是党和政府惠民生、顺民意的民心工程,我们每个家庭和村民有责任和义

① 村内发放材料.致L庄村民的一封信.[2011-07-06]。

图 3 L 庄拆迁宣传标语

图片来源:笔者拍摄于 2011－07－20。

务主动参与、积极支持党和政府的工作,为加快推进城乡一体化发展做出应有的贡献……牢固树立大局意识和责任意识,正确处理国家、集体和个人的利益,为建设美好家园而共同努力。①

由上面两段话可以看出,国家用“顾大局”“识大体”等字眼将对村民个人的评价与拆迁联系起来;同时还用“牢固树立大局意识和责任意识”等话语映射村民对于拆迁的义务,将村民自身的行为与整个国家的发展结合起来。

在政府发放的众多宣传资料中,还有一份为区政府在拆迁期间办的供村民和拆迁相关人员阅读的《B 乡报》简称(《乡报》)。该份报纸从 2011 年 7 月 19 日起,至 2012 年 2 月 20 日,共出版 44 期,负责报道整个拆迁的进度并对拆迁进行宣传。《乡报》的总主编即区党委书记。在报道中一些对新村和旧村的描述在文字上有着细致的选择。在报纸描述旧村时,经常会用些“违法建筑多、安全隐患大、社会治安乱、基础设施薄弱”等字眼,而在说到新村时经常会用到“经济、适用、可靠、布局合理、功能齐全”等词语,与旧村做鲜明的对比。这种反差一方面体现着拆迁改造不仅仅是国家建设的需要,是城市发展的需

① 村内发放材料. 致 L 庄村民的一封信.[2011－07－06]。

要,同时也对改善村民生活有着实实在在的好处。

除了在村中广泛宣传外,区政府在村中委派“三人一组”的宣传小组对村民进行了入户宣传。在入户过程中主要发放《致L庄村民的一封信》,《L庄新村宣传册》、《L庄搬迁腾退方案》及其《细则》等几份文件,对拆迁进行宣传,同时对政策予以解析。区政府一名负责城乡一体化的工作人员说:“入户宣传可以更好地了解村民心中的疑虑,我们可以针对他们家里的实际情况给他们介绍镇里的政策。”[①]这些宣传方式首先强调给予拆迁一个发展和现代化的合法性解释;其次通过对集体意识形态的强调将拆迁描述成一种村民的自觉自愿和“高风亮节”的行为;最后,这些宣传也让村民意识到,与以往不同,这一次拆迁是真实地发生的。

3. 动员与分化

除了对拆迁的整体进行宣传外,政府还在《L庄新村宣传册》中对村民搬迁的流程有详细的介绍。首先拆迁公司的人会到村民的家里对房屋进行调查,评估公司会对房屋进行测量和评定。之后村民可以结合自己家里的具体状况到拆迁公司就相关政策和具体补偿条款进行咨询。在村委会对村民家里的面积和人口进行确认后,村民可以持宅基地和人口的认定表领取评估报告并办理《安置房确认单》。凭此单计算房款并到拆迁公司开《搬迁腾退补偿安置明细表》,并打印《搬迁腾退补偿安置协议书》(以下简称《协议书》)(当日)。接下来村民和拆迁公司签订协议并由拆迁公司将协议转交安置房大厅盖章(当日)。此后村民移交被拆迁房屋、领取拆除凭证。审计公司对所有材料进行最后审计后,村民凭拆除凭证领取补偿款、补交房款、领取《搬迁腾退补偿安置协议书》。[②] 从整个流程可以看出,村委会、拆迁公司和评估公司在对村民房屋的最后补偿中起到非常重要的作用。

其次,签订《协议书》是拆迁中的重要步骤。在签订之前,对于村民家里房屋的面积和人口数量还有

① 笔者访谈:镇政府工作人员[李LGQ-120722-26男]。

② L庄地区腾退工作指挥部.L庄新村宣传册。

待进一步的确认,但协议一旦签订村民便失去了对房屋的控制。

最后,与其他步骤相比,有两个步骤在时间上被赋予了紧迫性。一个是在办理《安置房确认单》之后要在当日打印《协议书》,同时在村民签订之后,拆迁公司也要当日签订协议并交由安置房大厅盖章。也就是说,在双方签订协议之前,村民有较长时间考虑是否要签协议,在签订之后有较长时间才能拿到补偿款,而双方签订协议的过程却要在一天之内完成。

当然,宣传和拆迁工作介绍只是动员村民的一部分。与此同时,政府也试图通过利益分化的方式激励村民早签协议。为了更好地推进工作,区政府为拆迁工作确定了一个"公告搬迁期",也称"自主腾退期"或者"奖励期"。规定从2011年7月31日为拆迁工作正式开始的第一天。公告期是指2011年7月31日至2011年10月31日,其中分为两个奖励期。第一个为2011年7月31日至9月30日,第二个为10月1日至10月31日。在公告期内签订协议的村民可以享受如下奖励:

> 1. 按户给予提前腾退奖励5000元。
>
> 2. 按院给予支持重点村建设奖,前六十天奖励30万元,后三十天奖励20万元。
>
> 3. 按院给予配合异地安置奖,前六十天奖励20万元,后三十天奖励10万元。
>
> 4. 对于没有加盖二层建筑的,每院奖励20万元。[①]

从上述规定可以看出,一方面,公告的时间只提了"奖励期"也就是说这一时期搬迁会有奖励;但另一方面从"自主腾退期"的提法可以看出虽然政府并没有直接对拆迁期限做出规定,但只有在这一期限内的腾退才能叫作"自主"的腾退。也就是只有在这段时间才能搬迁,不在这一时期搬迁可能意味着村民不再有对搬迁的"自主权"。

为了让村民切实体会到拆迁工

① B乡党委宣传部. L庄村整体改造工作专刊第9期. 载《B乡报》(内部刊物). [2011-07-30]。

作并不遥远,在7月31日之前对集体企业的拆迁就已经开始。据宣传拆迁的《乡报》7月21日的报道:"从7月15日开始,L庄村委会对L庄检测厂、L庄低温厂、大学生公寓等3家集体企业进行拆除。"①虽然集体企业的拆除体现了这次拆迁的真正开始,但并未在实质上对村民的生活和决定造成根本的影响。

为了在村内自成一体的结构中找到一个突破口,政府决定先展开对流动人口的劝导工作。相比于原住村民,流动人口本身流动性就强,同时他们只是在村内客居,在村落并没有房屋,因此也比较容易搬走。在活动展开之前,村落各处贴满了《致客居L庄村朋友的一封信》,信中写道:

> L庄是A市50个挂账重点村之一,市委、市政府高度重视,对该地区进行整体改造是市委、市政府全面推进城乡一体化发展的重大举措,是建设世界城市的迫切需要。
>
> 广大客居L庄村的朋友们,尽管你们来自全国四面八方,但都具有良好的文明素质,希望你们顾大局、识大体、高风亮节,积极理解、支持、配合L庄村搬迁腾退工作,尽快寻找新的生产经营场所和居住地,确保L庄村搬迁腾退工作的顺利进行。②

信中一方面强调城乡一体化的重要性,另一方面也通过强调他们的离开对村落拆迁的意义规劝他们主动迁走。

在大力的拆迁宣传下,有些流动人口离开了村落。一直在L庄大街上卖糖葫芦的小民告诉笔者:"我在这里卖糖葫芦卖了5年多了,基本上每天有200多元的收入。冬天生意比较好,有时候能有400多元。我在村里租个房子每月500元租金,虽然我挺不想走的,但是没办法,村子要拆只能走了。"③在

① B乡党委宣传部.L庄村整体改造工作专刊第3期.载《B乡报》(内部刊物).[2011-07-21]。

② 村内发放材料.致客居L庄村朋友的一封信.[2011-07-15]。

③ 笔者访谈:流动人口[小民XM-110728-29男]。

ZGC打工做保洁员的小丽也说："在这住了2年了，也在村子里交了几个朋友，挺舍不得走的。但是眼看村子就要拆了，我想早点做打算。"①然而也有许多村民并未就此离开，而是采取了迂回的战略。小王一直在村里卖烧饼，他对笔者说："他们（检查者）来村子的时间都不是很长，我们就赶着他们来村子里的时候躲一段时间。等他们走了，我们就出来卖。生意虽然受点损失，但是整体来说还好。"②在拆迁工作刚开始的这段时间内，虽然有少量的流动人口选择了离开，但是大部分仍留在村中。

在一系列的铺垫和准备工作之后，从7月31日起，L庄的拆迁工作正式开始。这一天，L庄村委会派出了将近20名工作人员，在人员密集的L庄大街上进行宣传。虽然宣传力度较大，但开始阶段绝大多数村民都处于观望状态，只有非常少数的村民选择了离开。这些先走的村民大约分为三类，第一类对政府的宣传有着强烈的认同，觉得拆迁是国家的需要，于是选择了离开。据负责L庄拆迁的A市WLRH拆迁有限责任公司的一名拆迁员告诉笔者："在我们公司拆除的近200来户中，就有一户是个老共产党员，一说国家搞建设需要拆迁，他立刻就签了协议，算是最早一批搬走的人家了。"③这种人非常少，只有个别几户。第二类先走的村民为村里少数未盖自建楼而仍住在平房里的村民。由于没有加盖房屋，这些村民搬走的成本比较小，而且还可以获得没有加盖二层建筑的20万元奖励。第三类先搬的人主要为村委会的党员和领导干部。由于他们是组织拆迁的主体，因此要起到带头作用，用自己搬迁的实际行动带领村民搬迁。

7月27日，B区机关召开了L庄搬迁腾退工作动员会，其中提到"机关全体同志要积极、迅速、坚决行动起来，在区党委、区政府的领导下，团结带领全乡人民，鼓足干劲，振奋精神，同心同德，共同奋斗，创

① 笔者访谈：流动人口［小丽 XL-110728-24 女］。

② 笔者访谈：流动人口［小王 XW-110730-25 男］。

③ 笔者访谈：拆迁员［杨 YSY-130914-44 男］。

先争优,当好表率,以实际行动为L庄村搬迁腾退工作、建设更美好的B区做出贡献!”当天,B区机关党总支以党内的名义对乡内的党员干部和工作人员发了一封倡议书,文中写道:

> 城乡结合部重点村整体改造是A市建设世界城市的迫切需要……当前,L庄村搬迁腾退工作即将由宣传动员阶段转入公告腾退阶段,乡机关担负着贯彻实施党委政府决策部署的重要使命,机关全体党员干部、工作人员肩负着党委政府的重托。为不辜负乡党委、乡政府的殷切期望,全力以赴完成L庄村搬迁腾退工作,乡机关党委总支向机关全体党员干部、工作人员发出如下倡议:一、模范带头,当好表率。二、主动分忧,动员亲友。三、牢记职责,完成使命。四、围绕大局,发挥作用。①

通过动员,这些村委会的党员干部们一方面要接受倡议,率先搬离村子;另一方面他们也肩负着动员村民的重任,要在一定程度上消除其他村民怕先走吃亏的顾虑。

除了让村委会成员先搬外,《乡报》在2011年8月15日登了一篇文章《L庄村搬迁腾退坚持“三不变”》,强调:“一是坚持搬迁腾退补偿标准不变,二是坚持搬迁腾退奖励期不变,三是推进搬迁腾退的决心不变。”这篇文章是想让村民觉得留在村里并没有太大作用,只是在拖延时间,因为拆迁工作是不可逆转的。随着拆迁的阶段和具体工作的展开,区政府的宣传已经从前期集体主义和现代主义的价值观转向了村民的具体利益,希望让先走者放心,让村民看到拖延并无好处。

在第一个月结束之后,村里有大约20来户村民签订了拆迁协议。而第二个月结束时,也就是第一期奖励期结束时,有包括村干部在内的400多户村民签了协议。其他村民对此看法不一。老李是村里住平房的一户,他在第一个月内很快签订了协议并离开了村子。他的邻居

① B乡机关党总支.《倡议书》.[2011-07-27]。

老赵对笔者说："他搬了我也可以理解他。他也没盖房子，早走也比较合适。但是原来街里街坊的关系都不错，说走就走了，让人挺难过。"[①]村民老胡有着另一番认识，他说："先走的人肯定有好处拿，人家签字都是私底下签的，我们也看不见协议，也不知道是怎么回事。"[②]村民的这些揣测一方面体现出他们并不是很愿意搬的心情，另一方面他们也体现出对其他村民的离开十分不满，村民集体认知感不断减弱。

4. 传言与诉求

村民对拆迁的不满之处主要有以下几点。第一，村民一方面对故土有着眷恋，另一方面对搬迁后的生活有所担忧。第二，除了对村子的依依不舍外，村民对新安置房产权问题表示忧虑。由于政府始终未写明新村房屋的性质，所以许多村民也对此表示担忧。第三，村民对于政策里规定的补偿方案不满意。王师傅对笔者说："我们现在在四环以里，要给我们弄到五环以外，置换的比例还是1∶1，那我们坚决不能接受。"[③]

基于这些不满，从7月末开始，就经常有村民聚集起来讨论怎么表达全村人的诉求。老谭告诉笔者："我们都是从小一起长大的，虽然好久没像以前一样一起劳动了，但是要聚集起来还是特别容易。我家楼上为养鸽子有一大块空地，每个星期我们都过去讨论。"[④]由于在各类文件上负责拆迁工作的都是村委会，签订最终村落补偿方案的是村委会的村民代表，因此村民们也将目光落在了对村民代表和村干部的质疑上。

在村民代表的选举上，区政府始终坚持是村民自治行为。B区的工作人员说："我们的选举严格按照《中华人民共和国村民委员会组织法》进行，是村民自治行为。虽然区政府在发选票、介绍选举过程中会有人监督过程的公平性，但是绝对不会参与选举过程。选代表是

① 笔者访谈：原住村民［赵 ZZF－110930－55 男］。
② 笔者访谈：原住村民［胡 HY－120203－52 男］。
③ 笔者访谈：原住村民［王 WGQ－110807－55 男］。
④ 笔者访谈：原住村民［谭 TXL－110930－48 男］。

村民的意愿,村里原来每个大队按照人数比例选出一个代表。村委会自己也会有个推荐的候选人,然后让村民按照自己的意愿投票。"①然而村民们却对选举有着另一番认识,他们认为自己并没有参与到村民代表的选举中,并形成了一定的共识。在这些共识的基础上,在拆迁初始的一段时间内,村中流传着许多传言。其中有两个关于村委会和区政府领导的流传得最为广泛。据笔者了解,这些传言有一定的事实基础,但是也有很大的夸张成分。

传言之一:关于拆迁之前的村民代表大会。据B区政府的工作人员称,《L庄搬迁腾退方案》是由村民自己投票通过的。并在7月7日召开的村民代表大会上,由三分之二以上村民代表投票通过了该方案。然而在村民之间对这次会议有着另一番描述。村里流传的说法是这样的:当天有镇里、区里和村委会以及WL公司的领导一起去聚餐,一边喝酒一边谈方案的事情。最后,就把协议给签了。据笔者了解,《方案》的确是由村民代表大会通过的,但是吃饭的事情村委会干部和镇政府工作人员却一再否认。

传言之二:关于村委会书记YLH,和村委会的相关事宜。由于村委会是负责村内拆迁的重要参与者,成为对拆迁行为负责任的主体,因此对村委会书记的质疑也被当作质疑拆迁中众多问题的合法性。关于YLH的传说有很多,大多围绕着她在拆迁中拿到的利益。由于她是村委会成员和党员干部,因此属于率先搬走的一批人。有人说:"她一共就两间房,我从小就在她家旁边长大,天天走她们家那院子,原来有100多平方米,现在可能有个200多平方米。我听她婆婆跟一个女的说,她的两间房子给了400平方米。"还有人说:"YLH她签完协议以后按理说房子应该拆了,但是一直在对外出租。"

在传播和评价这些传言时,村民主要希望用村委会或者村民代表腐败或者不合时宜的做法来降低拆迁的合法性。虽然相比于国家对意识形态的宣传,村民没有办法用一些更加惹眼的词语,但是他们运用

① 笔者访谈:镇政府工作人员[王WMM-120722-32女]。

一些平实的话语,通过传播一些事件和案例表达自己的态度。不论是口头形式的还是书面形式的,这些传言无疑在村中掀起了一定程度的波澜。

特纳(Turner,2006[1969])认为在阈限状态时,由于原有的社会结构被打破,原本可预知的未来结果不再明朗,便容易有谣言的产生。由此也可以看出,村落原本准阈限的状态随着拆迁的开始也逐渐进入了阈限状态。这些传言表面上看,只是一些没有根据的叙述,但是它有着很多作用。它不仅成为村民不满的一种发泄途径,还给了村民站出来为自己的诉求发声的勇气。更重要的是,它还使得许多村民意识到其他村民相同的处境和相似的诉求,并使村民集体认知感瞬间增强。村拆迁进入阈限状态时,由于原有的社会阶层被打破,村民被置于同一种状态,有着同一种体验,共同感增强,瞬间进入特纳描述的共融(communitas)的状态。集体认知感的瞬间增强与村落中旧时关系的积淀密不可分,而村中一些关系网络也成了他们面对拆迁时利用的资源和动员的对象。他们开始和朋友一起在村内的一些空旷的场所,或者是好友的家中聚集,并商讨如何可以满足他们自己的诉求。从2011年7月底开始,村民便多次来到村委会门口,并对村委会领导和村民代表诉说自己的诉求。村委会主任对村民解释说拆迁是政府的政策,他们也没有办法。还有村民代表说自己也不满意补偿的条件,但是也没有别的办法。于是从8月开始,村民就陆陆续续来到区政府门口求见区长,表达自己的诉求。

村内一位学历较高的村民说:"我曾经代表村民去找区里谈过一次,当时去会议室的有30多人,外面有100多人。我给他提了好多问题,首先是回迁的地区离L庄有七公里,从四环以里搬到四环以外,这有一个地区差价,两万四一平方米的补偿是怎么算出来的?其次这个房子盖好了以后是什么性质的?如果是经济适用房,以后要是转商品房,土地出让金谁来交?"①针对村

① 笔者访谈:原住村民[孙SL-121212-50男]。

民们的几个主要的疑惑，区里的领导表示，城市要发展建设，需要重新规划，而规划是市里和区里定的，因此他们也没有办法。补偿方案是市里、镇里和村里协调而定的。由于村民代表已经开会同意并且签字，所以已经不可能再更改。村民不闹事的诉求行为并未取得他们期待的效果。虽然许多村民心中仍有许多不满，但是在数次诉求无果之后，村民逐渐意识到拆迁是不可逆转的事实，而政策也无法改变，因此开始逐渐思考如何转换策略。集体诉求的失败也使得村民瞬间上升的集体认知感开始下降。很多人开始对集体行动的策略丧失信心，并转向"各自为战"。

（三）不羁的身体：拆迁措施与村民弈争

在L庄拆迁开始阶段，政府与村民的对垒和折冲主要在话语领域。随着实际拆迁工作的施行，双方进入更直接的接触互动阶段。本部分一方面考察国家如何采取各种措施诱使、促进村民搬迁，另一方面深入论析村民的弈争策略和方式。下文的论述主要从"身体"这一角度展开。

1. 国家权力对身体的时空诱推

由于拆除村落必须以村民身体的离开为前提，政府在制定相关政策时即考虑到身体的因素，国家权力在时空等多方面作用于村民身体，以贯彻其拆迁的意志。L庄在2010年被市政府定为重点村之后，于2011年7月起开始正式实施拆迁。上文已提到，为了促使村民尽早签订协议，政府规定从2011年7月31日至2011年10月31日的三个月为奖励期，这种利益诱惑策略起到了一定效果，共有近500户在奖励期内签订了搬迁协议，占全村总户数的三分之一左右。政府之所以选择7月份开始正式实施拆迁，并将冬季来临前三个月作为奖励期，极可能考虑到了村民身体的因素。每年8~10月是A市天气最好的三个月，从11月起，A市将进入寒冷期，平均温度只有几度，之后的天气愈发寒冷。由于村内没有安装城市的管道设施，无法统一供暖，寒冬不论对于继续在村内居住还是搬迁都会造成身体上的不便。正是考虑到气温对身体的影响，政府确定了开始拆迁的时间，并加以物质奖励，促使很多村民选择在入冬前签约搬离。如一位姓张的村民对笔者说："我先搬也是没办法，家里有位80多岁的老母亲，要是到了冬天再搬怕她身体受不了，所以就想先找个周转房安顿下来。"①

除了对拆迁时间的选择之外，政府也通过对空间的管理，促使村民尽早搬离。拆迁伊始，政府在《乡报》中对村落空间环境作批评，认为村中种种卫生和安全问题阻碍了城市的发展。随着拆迁的推进，政府的宣传口径发生变化，将村落空间的混乱和无序更多地与村民的生存状态相联系。8月16日，第16期《乡报》上一篇评论文章写道："L庄面临着严重的环境压力和安全隐患：一层的地基盖五六层的房子，形成无数'贴面楼'、'握手楼'；电线如蜘蛛网一般混乱不堪，随时有漏电引起火灾的危险；基础设施不完善，村（居）民生活面临种种不便……旧村改造，就是为了改善农民居住条件……让老百姓过上既有尊严又有生活质量的好日子。"②该文将村落的环境与村民的"尊严"与生活"质量"挂钩，将旧村"混乱不堪"的空间环境与新村的居住条件作对比，旨在使村民觉得搬迁后可过上更舒适的生活。该月月底，《乡报》上刊登了一篇文章——《早签协议　选好房　多收益》，称："L庄村搬迁腾退坚持'早签协议早选房'的原则，签订协议早的村（居）民，可优先选择房屋的楼层和户型。"③这篇文章所宣传的"早签协议早选房"政策，也是政府通过对新村住房空间的管理诱使村民尽早签订协议的一种手段，的确收到了一定的效果。老高是村里的一名老党员。按照乡里的政策，党员应该在搬迁腾退中起到带头作用。老高虽然不是十分情愿，但想到可以提前选房，最终选择了签约。在与笔者谈起搬迁时，他的内心十分复杂："我在村子里住了一辈子，说起来要离开这个地方，真是舍不得。但我是老党员，应该起到带头

① 笔者访谈：原住村民［张ZMS-110902-62男］。

② B乡党委宣传部．L庄村整体改造工作专刊第16期．载《B乡报》（内部刊物）．［2011-08-16］。

③ B乡党委宣传部．L庄村整体改造工作专刊第23期．载《B乡报》（内部刊物）．［2011-08-30］。

作用,而且先搬走可以随意选房子的户型。我想了想,既然早晚都要搬,不如早点搬走,还能选个朝向好、楼层好的房子,住起来也舒适。”①政府通过在政策上提供更早选择安置房的机会,利用村民身体的需要,诱使其中一些人较早地签订了搬迁协议。

与此同时,政府通过改变村落空间秩序的方式对村民的身体施加压力,以促进他们搬离。虽然 7 月底村中集体企业的拆除已使村民意识到拆迁近在眼前,但他们的日常生活尚未受到严重干扰。为了间接迫使更多村民签订协议,拆迁公司于 2011 年 8 月 4 日将村里唯一的大型菜市场拆除。这个菜市场为村民提供瓜果蔬菜、柴米油盐以及其他各式各样的日常生活用品。同时,在 8 月中旬进行几次连续不断的检查之后,许多商铺陆续关门,摊贩们也大多撤离。菜市场的拆除和小商贩的离开,无疑给村民带来了诸多不便。举例而言,早上在村里卖早餐的商贩没有了,影响到上班族的睡眠和起床时间;没有了小商铺,居住者就需要花更多的时间,走更远的路去别的地方购买日常用品。对于许多在附近打工的流动人口来说,这些不便使得在 L 庄租房的吸引力大打折扣。国家权力对村落空间的改变通过居住者的身体发生作用,使得这一时期流动人口数量急剧减少(见表 1),同时也迫使一些原住村民或因生活不便或因失去租户而签订了搬迁协议。

表 1　流动人口迁走日期与数量

日期	7 月 31 日	8 月 10 日	8 月 22 日	9 月 13 日
流动人口减少(累计人数)	一千五百余人	一万五千余人	两万余人	两万五千余人

数据来源:笔者根据《B 乡报》统计。

另一种影响村民身体的方式是不待村民全部搬离后拆除村落,而是提前拆除已签约搬出的房屋。按照规定,每位村民签订协议之后,有

① 笔者访谈:原住村民[高 GXL - 110829 - 56 男]。

10天左右的时间搬迁撤离。他们一旦搬走，拆迁公司就立即对其房屋进行拆除。虽然不一定全部推倒，但是房屋的门窗先被卸掉，并敲掉一些砖瓦，使人无法再入住。与集体企业不同，村民房屋并非集中分布，而是散落在村中各处。因此在进行拆除作业时，村内往往噪声四起，推土机和人工敲敲砸砸，尘土到处飞扬，对村民的生活起居和身体都造成了很大影响。有村民抱怨说："我们家后头那家搬走了，结果一大早上那大机器就来了，开始敲这敲那，搞得我们觉都睡不好。"① 拆迁公司的这种房屋拆除策略，对尚未搬迁的村民的身体和心理都造成相当大的压力，迫使一些人签约搬离。

即便如此，仍有多数村民不愿离开村落，并努力维持租房生意。有村民说："买菜不方便了，那我们就去别处买。不要以为菜市场没了我们就得搬走。"②村民王老太告诉笔者："我们家这会儿还满着呢，一直有人来住。虽然听说这有拆迁的，但是还是好多人在这里找房子住。这地方便宜又方便，挡不住人来的。"③虽然这一时期仍有新的客源来到村中，但是总量不断减少。

2. 以身弈争：利用政策

随着一部分村民陆续搬离村落，其余村民的心理受到一定影响，集体认知感也随之降低。同时，村民们也日益清楚地意识到政府不可能将异地拆迁的政策改为原地回迁或者大幅改变补偿方案，他们的抗争策略随之发生了转变。首先，村民的诉求由原地回迁改为争取更多的经济补偿，在不直接反抗政府决策和规划的前提下，谋求更多的安置房和补偿款。同时，由于国家力量的压制和集体认知感的减弱，村民们逐渐放弃了集体抗争的方式，转为"各自为战"的弈争，通过个人行动为自己和家庭争取利益。这些行动有的充分利用补偿政策（以及其中的漏洞），有的则越出了政策的范围，其目的都在获得更多的经济补偿。在这些行动中，身体是村

① 笔者访谈：原住村民［王 WJ－110927－55 女］。
② 笔者采访：原住村民［魏 WQW－110830－55 男］。
③ 笔者采访：原住村民［王 W－110915－70 女］。

民们最常用也十分有效的手段。

如前所述,L庄的拆迁补偿主要有两个标准,一是村民原住房的宅基地面积,一是家中的户数和人数,这两方面在确定之前都需要由村委会认定。按照宅基地面积的补偿比较容易确定,主要由评估公司对房屋进行丈量,并按照屋内设施和装修材质,计算补偿的金额和面积。一些村民会与评估公司沟通,请求其在面积测量和设施装修评估方面予以优待,以求多获补偿。相比之下,户数和人口的认定则较为复杂。按照《方案》的规定,对村民住房宅基地面积的补偿先按照新村与旧村1∶1的比例进行置换。如果村民家中人口较多,房子很小,则可以按照每人50平方米给补足安置房,补足部分需村民以每平方米4500元购买。另外,安置按照户计算,每户还有70万元的补偿,被村民称为“户钱”。[①] 在无法改变补偿方案的情况下,许多村民就开始寻找方案中可以利用的地方,尽可能地获取更多补偿,而对户数和人口的认定就是他们利用的重要条款之一。

老王家世居L庄。2010年时,家中三口人,一套二层的房子,每层面积150平方米左右。由于周围一些村落已陆续开始拆迁,老王便四处打听相关政策。一位住在另一个重点整治城中村的朋友告诉他,拆迁时人口越多,补偿越划算。在调查确认这一点后,老王就千方百计地劝自己的儿子结婚并很快怀了孩子。后来,老王对此颇为得意地说:“那时候我儿子还不乐意呢,现在知道好了,几代的房子问题都解决了。”[②]如果老王没有采取这种策略,按照当时的条件,全家只能拿到150平方米左右的房子,以及户钱、奖励金、装修费、转租费、地上物补偿等等,一共130万左右的补偿款。如果他的儿子不结婚,只能拿到几万元的大龄补偿。但结婚、孕育孩子之后,老王的儿子单独立户,一下子就多拿了70万元的“户钱”。最后老王全家一共获得250平方米的新建房和200多万元的现金补偿款。老王对这一结果显然十分满

① L庄地区腾退工作指挥部.L庄搬迁腾退方案;第三章 搬迁腾退补偿与安置。

② 笔者访谈:原住村民[王WSF-120728-58男]。

意，他并未直接对抗国家权力，而是根据相关补偿标准，通过对儿子身体的“运用”，为全家多争取到了巨大的经济利益。

为了增加补偿，吴师傅也想方设法增加家内人口。吴师傅家有3口人和150平方米左右的房子。按照政策，只能拿到两套70多平方米的安置房。而且女儿没有结婚无法单独立户，70万元的户钱也只能拿一份。吴师傅嫌补偿太少，因此把已经出嫁到别的地方的小姨子叫了回来。由于村委会鉴定一户人家的房屋最少为10平方米，因此老吴将家里10平方米的房子划分给小姨子，自己家三口人占140平方米。这样三口人仍然可以得到两套70多平方米的房子，小姨子则再可分一套50平方米的房子和70万元的户钱。

此外，“病体”也会被村民用来争取利益，老张家即一个典型例子。老张家房子的一层共有140平方米，按照规定可分到两套70平方米左右的房子。然而老张认为两套房子如果自己住一套，再给女儿一套就没有房子可以出租了，这意味着丧失收入来源。在和爱人商量之后，他们决定设法争取多获得一套房子。自从9月份起，老张的爱人就经常到村委会和拆迁办游说。她对我说：“我就跟他们（按：村委会的人）说，我长期患病，不仅高血压还糖尿病。你拆了我的房子我就没有进钱的道了，你给我这点补偿款总有花完的时候，等以后没有了，我怎么生活？”[①]她在村委会软磨硬泡了一段时间之后，村委会最终帮她向镇政府打了报告，并且多批给她家一间两居室。其实，老张爱人的疾病或许没有自己说的那么严重，但她成功地利用自己的“病体”，在拆迁过程中获取了更多经济利益。

采用这种“病体”策略争取利益的并不止老张一家。这种方式在村中很快流传开来，到最后几乎每家都凭此多获得了补偿。这种抗争与斯科特（Scott，1985；1990）所描述的“弱者的武器”有相似之处，村民并非直接与国家进行正面的冲突，而是通过日常方式抗争。村民和国家之间达成了一种默契，即村

① 笔者访谈：原住村民［陈CQ－121021－52女］。

民只要不挑战政府的底线,愿意搬迁,即便采取某些明显的非正式手段,政府也可不做计较,适当地增加补偿,促使村民尽快签约搬迁。

这种诉求方式的出现与拆迁过程使得村民与流动人口的出租承租关系受到破坏有关,这与村民在集体诉求失败后集体认知感减退也有重要关系。由于支撑村内正常运行的结构和秩序不再起作用,村落陷入匮乏阈限状态。也正是在这种状态下,日常生活中的道德标准和行为规范受到破坏,因此村民在弈争中也有了许多不合规矩的做法。可见,在国家通过对身体的诱使推进拆迁进程的同时,村民也利用自己的身体与国家讨价还价。

3. *以身弈争:公开展示*

村民利用身体争取利益的策略并不总是利用既定的赔偿政策,有时也会超出甚至对抗这些政策。这往往表现为通过公开展示身体进行抗议,很具表演性质。与利用政策者一样,抗议者也并不直接对抗政府拆迁安置的基本决策,而仍然是为自己争取更多利益,因此也属于弈争的范畴。但通过这种方式进行弈争,效果具有不确定性,身体展示的主体和对象都会影响到其结果。

老余是村中为数不多通过公开展示自己身体获得更多补偿的例子。2011 年老余已经 82 岁,是村里的几位高龄居民之一。老伴已去世,两人共育有 5 个女儿。老余自己身体不好,时常住院治疗。他家里原本只有 100 多平方米的房子,但是后来由于自己家旁边是块空地,老余又在那里建房占出 200 平方米的地。8 月 23 号这天,区政府官员到 L 庄开会,同时视察村内的拆迁进度。据老余的一位朋友称:"那段时间他一直在医院住着,听家里人说区长要来视察,就特意提前回到了村子里。当天领导视察的时候,他就一直跟在领导后面走,身上一直挂个尿袋,手里拿个盆,一边敲一边骂,没人敢惹他。"①9 月底,老余签订了搬离村子的协议,在上级领导的认可和村委会的认定下,拆迁公司和评估公司给老余家确定了 900 平方米的面积。他最终拿了

① 笔者访谈:原住村民[黄 HZC - 120324 - 60 男]。

大约 11 套两居室和 1500 万元的补偿款。

老余公开展示身体的策略之所以获得成功，至少有两个方面的原因。一是他选择区领导视察的时候用身体进行诉求，时机和对象都十分特殊。二是老余自己年老多病，生命十分脆弱。他利用政府极力避免因拆迁造成村民死亡的心理，以极其老弱之躯展示在政府官员面前，收到了显著的效果。

正是这些特殊的因素，使得老余的这种策略很难被复制。如村中曾有一些村民利用身体去村委会抗议但未能奏效的案例。老孙家有五口人，分别为自己一家三口，一个未婚的姐姐，还有一位老母。老孙是家里唯一的男性，其父亲去世之前将房子留给了他，因此他是房屋的产权人。家里的房子共有 130 平方米，盖了三层小楼，日子本来还算滋润。但是在拆迁时，家里发生了纠纷。不仅姐弟都想要更大的房子，家里的老母也想自己要一间房子。最后姐弟两人背着老母分了房子，并签了协议。其老母知道后在村委会门口大哭大闹，跪在地上说什么也不肯起来。村委会的一位干部告诉笔者："她就往门口的地上一跪，说什么也不起来。一边哭一边说家里没人养她了，活不下去了。如果村委会不给把协议改了，自己就不走了，让村委会养着。"① 这位老人在村委会门前跪着不走，非要村委会改协议，然而这让村委会颇为为难，据这位干部说："家里都已经签完字了，这个我们就没法改了，只能去她家里劝她两个孩子把她接回家，劝他们养着妈。"②

与此前的抗争形式相比，公开展示身体的行为较为激烈，有一点类似于董海军提到的"依势博弈"的抗争方式，即利用自身弱势群体的地位造成一种"势"，试图迫使对方让步，为自己谋取利益（董海军，2008/4）。在上述案例中老余在官员视察时的表现体现出一种对"势"的运用，而老孙的老母在村委会门口的下跪和哭泣也是一种造势的表现。他们都试图用"社会的身体"，即社会对于老人和妇女身体

① 笔者访谈：村委会干部［何 HY－121109－44 男］。

② 笔者访谈：村委会干部［何 HY－121109－44 男］。

的理解,将自己的弱者身份显现出来。然而与依势博弈不同的是,老余和老孙母亲利用更多的是当局害怕闹事的心理,而并非村民的同情。

如老余虽然通过向政府官员展示自己的病体为自己争取了巨大的经济利益,却引来了不少村民的不满。他们有的因此认为拆迁过程极不公平,还有的认为老余多获得的利益是从自己的拆迁款里克扣出来的,心里很不平衡。而老孙母亲的事情最终也未能得到解决,因为协议已经签署,超出了当局可以增加补偿的底线。上述其他行动者也极少获得村民的声援。这导致村民的集体认知感进一步减弱。通过公开展示自身的方式进行弈争,也反映出村民不再对集体抗争有任何期待,只关注自己的利益得失。因此,能通过个人弈争为自己争取到足够利益的村民,便会选择搬离村落。有些原来关系很好的村民,也因为补偿多寡而产生了隔阂。吴师傅的老婆对我说:“住我家隔壁那家原来跟我们关系特别好,昨天我还跟他们一起打牌呢,今天就把协议签了,人也不见了,连招呼都没跟我打。”①

4. 当地政府的软硬兼施

8~10月的奖励期结束后,虽然已有近一半的村民离开村落,但还有不少村民或认为现有补偿政策对己不利,或以为继续拖延可能获得更多的补偿,因此仍未离开村落。针对这些村民,政府一方面放宽了对补偿的一些限制,并延长了奖励期,另一方面也开始使用强硬措施来迫使村民搬迁。如前所述,政府最初制定的奖励期共分为两个阶段,第一阶段为8、9两个月,比第二阶段10月份的奖励共多30万元。为防止一些村民在10月犹豫观望,政府决定将第一奖励期延长,以促使他们搬迁。为此,2011年10月12日,村委会发布了《致L庄村未腾退村(居)民的一封信》,动员和督促村民尽快签约。同时,这封信也明确表现出当局强硬的一面,信中称:“L庄腾退的基础和原则就是我们的《腾退方案及实施细则》,在实施腾退的过程中L庄党支部、村委会自始至终坚决执行腾退政策,

① 笔者采访:原住村民[胡HQ-110927-52女]。

使广大村（居）民的利益得到保障，绝对不会让先腾退的人吃亏。政策已经实施不会改变，不会因为个别人想不通、不支持、不配合而作调整，更不会因为个别人不切实际的要求出台‘特殊照顾’政策。10 月 31 日是最后的腾退期限！”从这可以看出，政府已从此前的间接诱使转变为软硬兼施的策略，再次加强了对拆迁的推力。在前三个月的奖励期过后，政府软硬结合的措施更趋明朗。但由于一些“软”性政策与其宣传自相矛盾，因此《乡报》的报道也主要集中于对“硬”性方式的宣传。

2011 年 11 月 3 日，区政府主办的乡报上再次刊登《致 L 庄村未腾退村（居）民的一封信》，其中写道：“有个别的群众以为过了奖励期会有新的政策，能得到更多补偿，在这里我们重申，政策早已明确，不会因为个别人不切实际的想法和要求而改变，早腾退的不会吃亏，后腾退的也不会得到任何超出政策之外的利益。”[①]然而，在实际行动中，由于拆迁的进度比预期要慢很多，政府又将奖励期向后拖延了两个月，延至 12 月底，即 11、12 月搬迁的村民仍旧可以享受到之前搬走村民的奖励。不仅如此，每户的补偿“户钱”也从每户 70 万元增至每户 90 万元。为了不让先走的村民后悔或者回来要钱，政府并未在《乡报》上公布这些新政策，而是通过暗中补给村民的方式，让村民觉得自己占了便宜而同意搬走。

在 11 月、12 月这两个月中，政府虽在宣传中十分强硬，但在实践中相对宽松。在研究农民抗争时，斯科特（1990）提出“隐藏文本”（hidden transcript）的概念，将之与“公开文本”相对应，认为农民表面上跟政府公开的互动并非农民真正的观念，而可能是一种策略，其真正的想法发生在后台，以“隐藏文本”的方式躲避国家的监视。而通过这个例子我们也可以看到，“隐藏文本”并非抗争者才会使用。国家为维护拆迁补偿过程表面上的合法性和公平性，在公开场合和媒体上不断强调政策的确定性和不可抗拒

① B 乡党委宣传部．L 庄村整体改造工作专刊第 39 期．载《B 乡报》（内部刊物）．[2011 - 11 - 03]。

性,但为了推进拆迁的实施,在实际行政中又有另一套灵活的“文本”,其政策经常进行非公开的调整。由于政府在补偿政策上的暗中变化,原本透明的政策逐渐不透明起来,村民不仅不再参与集体抗争,相互之间的猜忌也越来越重。

总而言之,身体是我们观察村落具体拆除过程中政府与村民互动的一个重要视角。在拆迁时,政府为了避免麻烦,更多地通过间接的方式影响村民的身体,并促使其搬迁。然而在最后阶段也会采用压力的方式作为政策贯彻的保障。仔细分析政府在村落拆除过程中的各项措施,不难看出国家权力通过作用于村民的身体而产生效用,使拆迁的决策得到贯彻,例如对旧村生活环境恶劣的描述,对新村居住舒适的宣传;再比如对村中菜市场、商铺、公共浴室、公共厕所的拆除,对村民的日常生活造成巨大影响。这种直接接触村民身体的方式虽然对其他村民有一定的震慑作用,但政府极力避免采用,因为容易引发舆论风潮和村民更极端的抗争手段并造成遗留问题,有损民众利益。

与此同时,身体也是村民与政府周旋、为自己争取利益的重要武器。在不对抗政府拆迁决策的前提下,村民通过有意识地利用自己的身体,为自己谋取更多的补偿。在秩序被破坏后,他们的抗争从之前的集体行动转变成了个人行为,而且抗争的目标也从舍不得离开、要求回迁变成了安置房的大小和补偿款的多少。笔者将村民在拆迁过程中个体、离散、无序、自利的抗争方式称为弈争。弈争之所以成为村民争取利益的主要方式,是由拆迁开始后村落的匮乏阈限状态决定的。特纳(Turner,2006[1969])认为在阈限状态时,所有的社会等级都被暂时颠覆,传统的延续变得不确定,未来看似明晰的结果也开始被怀疑。在拆迁时,村落的秩序彻底被破坏,不仅对村落的认同和集体认同减弱,原来对村民有约束的一些观念也不再起作用,这时村民才开始利用耍赖等正常秩序下不会用的手段来争取自己的利益。必须指出的是,弈争方式之所以可能,一般要具备两个大前提。第一,村民的诉求不能挑战政府的基本决策,因为这是政府方面的底线。村民早期对拆迁的抵制和要求回迁的诉求，皆无效果，就是因为他们触碰了政府的底线。第二，政府除了公开颁布的政策外，另有一套更灵活的"文本"，可为村民的弈争诉求提供空间。在这两点上，大部分村民和政府形成了一定的共识，这也使得政府在村民本不愿搬走的情况下，平稳地对L庄实施了拆迁。

三、国家-社会关系视角下的村落集体认知感与拆迁弈争

L庄是当代中国城市迅速扩张中消失的众多村落的一个缩影。L庄村民们的经历一定程度上反映出无数在城市化过程中失去故土的农民的命运，他们的抗争行为也是中国农民抗争的重要组成部分。对L庄拆迁过程以及其中政府与村民的互动进行深入的考察分析，对于我们认识当代中国的城中村和城市化、国家—社会关系以及农民抗争方式都颇具启发意义。

（一）"腾退"中的博弈转向

从一个自然村落到典型的城中村，L庄的物质环境、生产和生活方式、社会关系、价值观念等都经历了巨大变化。首先，村落的耕地消失，村民的生产方式从耕种变成了出租房屋。这使得村民之间的交往日益减少，关系逐渐疏远，村民对集体的关注逐渐转向了个人自身，导致村民集体认知感的下降。在价值观念上，他们也从对"种稻能手"的崇拜和对村领导的尊重变成了对"能挣钱"者的羡慕和对贪污者的不满。不仅如此，由于流动人口众多而国家对村落的整体生态疏于管理，村落生存环境日益恶化。不仅生活条件较差，治安环境也不理想。村民竞相加盖房屋，道路狭窄，电线乱搭，存在不少安全隐患，偷盗抢劫现象也时有发生。这些都说明原有自然村落的社会秩序已被打破。随着流动人口的涌入，村民靠租房为生，流动人口获得廉价方便的住处，两者之间形成了一套出租与承租的相互依赖的体系。但这种体系本身缺乏稳固性，因此村落处于一种准阈限的状态。

正是变为城中村的L庄秩序不稳定，使得政府和村民以及流动人口对这种空间形态有着不同的解读空间。政府认为城中村土地利用率

低,生活和治安环境存在严重的问题,因此从经济发展和城市美观的角度出发,将其描述为“顽疾”,认为城中村是城市发展中的不良部分,应该被拆除。然而亲身在村内居住的村民和流动人口对村落有着不同的认识。村内的原住村民一方面出于对村落和村集体的感情,另一方面依赖出租房屋的挣钱方式,将村落视为提供生活来源、孕育村落集体的地方,是世代居住的家园。流动人口虽然无法影响村落的命运,却实际地参与了村落的生活和发展。对于他们而言,村落意味着廉价的住所和更多的净收入,因此他们将村落定义为一种合适的临时落脚点。对空间的定义过程是权力运作和再生产的重要手段。通过将村落定义成“顽疾”,政府为日后的拆迁决策提供了思想基础,而村民强调村落作为“家园”的意义也成为日后博弈的理由。在下一章中,笔者将进一步通过话语的视角,阐释拆迁中政府权力的运作和村民的抗争行为。

随着拆迁进程的推进,政府开始运用话语来推行其拆迁模式,宣传其意识形态和拆迁决策,并瓦解村落的秩序。在拆迁正式开始之前,政府通过用“腾退”等词语代替“拆迁”,使拆迁的决策和“政府主导、村为主体、企业运作”的拆迁模式合法化。在此模式下,政府将自己置于实际拆除工作的后台,然而村民对政府这种做法十分不满,认为没有政府的参与,自己的利益就没有保障。可见,村民抵制拆迁政策的同时,又依赖国家权力的存在,村民与国家的关系并非完全对立的。在拆迁初期,国家通过在村内贴标语、印发报纸、张贴传单等方式宣传拆迁并动员村民尽早搬走。政府将拆迁话语与集体主义的意识形态相结合,将村民的搬迁行为描述为配合国家城市化以及识大体顾大局的行为。此后又通过拆除集体企业和劝离流动人口的方式,试图瓦解村内的生产和生活体系。在国家的动员、分化以及奖励诱惑下,一些村民搬离了村落,村落的秩序日渐进入阈限状态。

但多数村民并没有顺从地接受国家的意识形态和宣传话语,而是用自己的一套话语理解拆迁,并通过揭露腐败、传播传言等方式质疑和挑战政府决策的合法性，抵制拆迁。在村落日常秩序被打破和传言四起的环境中，多数村民面临十分相似的处境，因此产生了共同的诉求和心理。这使得他们的集体认知感一度大幅提升，进入共融的状态，越来越多的村民加入诉求的队伍中。在诉求活动中，村民们并未直接反对拆除村落的决策，但他们集体回迁的诉求无疑挑战了政府的基本规划。在一次次诉求失败的经历后，村民清楚地认识到政府无意改变其基本决策，因此逐渐放弃集体抗争方式，转而采取个人行动的抗争策略，为自己争取更多的利益。

在L庄的实际拆除阶段，政府与村民一直是互动的。笔者认为，随着拆除工作的正式展开，国家权力不断深入村落，村中原有社会结构和生活秩序彻底瓦解，完全陷入匮乏阈限的状态，村民并开始与政府弈争。

身体是我们观察村落具体拆除过程中政府与村民互动的一个重要视角。在《规训与惩罚》一书里，福柯展现了国家权力对民众身体的统治从一种残酷的、直接惩罚方式转成了一种温柔的、不易察觉的间接控制的过程（福柯，[1975]2007：11～24）。在拆迁时，政府更多地通过间接的方式影响村民的身体，并迫使其搬迁。仔细分析政府在村落拆除过程中的各项措施，不难看出国家权力经常通过作用于村民的身体而产生效用，使拆迁的决策得到贯彻，例如对旧村生活环境恶劣的描述，对新村居住环境舒适的宣传；再比如对村中菜市场、商铺、公共浴室、公共厕所的拆除，给村民的日常生活造成极大影响。对于少数无法达成妥协而妨碍拆迁决策的村民，政府则动用了直接作用于身体的手段。这种直接接触村民身体的方式虽然对其他村民有一定的震慑作用，但政府极力避免采用，因为容易引发舆论风潮并造成遗留问题，有损政府形象。

与此同时，身体也是村民与政府周旋、为自己争取利益的重要武器。在不对抗政府拆迁决策的前提下，村民有意识地利用自己的身体，为自己谋取更多的补偿。在秩序被破坏后，他们的抗争从之前的集体行动转成个人行为，而且抗争的目标也从舍不得离开、要求回迁变成了对安置房的大小和补偿款的要求。而当村民的要求超出国家接受范围时，对身体的利用更是难收效果。笔者将村民在拆迁过程中个体、离散、无序、自利的抗争方式称为弈争。弈争之所以成为村民争取利益的主要方式，是由拆迁开始后村落的匮乏阈限状态决定的。特纳（Turner，［1969］2006）认为在阈限状态时，所有的社会等级都被暂时颠覆，传统的延续变得不确定，未来看似明晰的结果也开始被怀疑。在拆迁时，村落的秩序彻底被破坏，不仅对村落的认同和集体认同减弱，原来对村民有约束的一些观念也不再起作用，这时村民才开始利用欺骗、耍赖等正常秩序下不会用的手段来争取自己的利益。必须指出的是，弈争方式之所以可能，一般要具备两个大前提。第一，村民的诉求不能挑战政府的基本决策，因为这是政府方面的底线。村民早期对拆迁的抵制和要求回迁的诉求活动，皆无效果，就是因为他们触碰了政府的底线。第二，政府除了公开颁布的政策外，另有一套更灵活的"文本"，可为村民的弈争诉求提供空间。在这两点上，大部分村民和政府形成了一定的共识，这也使得政府在村民本不愿搬走的情况下，相对平稳地对L庄实施了拆迁。

（二）国家与社会关系下的认同感与匮乏阈限

1. 村落共同体与集体认知感

在中国高速城市化的过程中形成的城中村，是一种十分特殊的社区，不仅在形态上兼具城市和农村的特征，在建制和管理上也存在着两重性。李培林（李培林，2002/1）认为，城中村是一种"村落单位制"社区，存在牢固的社会关系网络，这一方面是基于村内的共同生活，另一方面则是源于集体经济产权下的股份分红方式。蓝宇蕴对这一观点进行发展，用共同体的视角对城中村进行研究，认为城中村中形成了一种"新村社共同体"。她将"新村社共同体"定义为"建立在'后工业化'之上、以物业出租为主、特殊非农经济结构基础之上、与城中村现象相伴生的都市村社共同体"。与传统的小农村社共同体相比，它"建立在非农化的经济结构基础之上，并在此基础上发展出一整套既具有历史绵延性又具有现实变异性的共同体生存体系"。她认为这种共同体的形成首先是人民公社时期集体组织架构留下的“遗产”,而我国的集体土地所有制对共同体的重新凝聚也起到了重要作用,最后,农村制度创新中推行的社区股份合作制起到了关键作用(蓝宇蕴,2005:7)。

然而笔者通过对L庄历史的考察发现,该村在成为城中村的过程中,并未形成新的稳固的村社共同体。在共同体研究以及“集体认同”的概念的基础上,笔者提出了“集体认知感”这一概念。集体认知感和集体认同之间既有区别也有联系。集体认同主要强调个体对集体的情感归属,而集体认知感则是指个体对于集体是否存在以及团结得是否紧密的一种感受和认知。在帝制晚期,L庄为自然村落,村中的历史与文化为村落共同体和集体认知感形成提供了基础。集体化时期,由于村民每天共同劳动和生活,集体认同和集体认知感都有所强化。但改革开放后,特别是L庄成为城中村以来,随着村落生产、生活秩序的改变,村民对集体事务的关心逐渐减弱,相互之间交往日益减少,价值观念也发生了深刻变化。很多村民个人虽然仍对村子保有较强的感情和认同,但他们对村集体的感知度已明显下降。

随着流动人口大量进入L庄,村民和流动人口之间形了一种相互依赖的共生体系。村民为流动人口出租廉价的住所,而流动人口则为村民提供重要收入来源。这些流动人口有的在村庄附近的ZGC打工,还有的在村中做小生意,为居住者提供食物、生活用品以及各种服务。村落这种结构和形态,已经与滕尼斯定义下建立在自然基础上一种生机勃勃的共同体相去甚远,却更类似于他笔下表面上虽然和平居住和生活在一起,实际上却分离的社会,因为村民的共同所有已经逐渐转变为个人的所有(滕尼斯,1999[1887]:54)。涂尔干则用“机械团结”和“有机团结”的概念来区分他定义下的共同体与社会,认为前一种团结虽然能为个人提供安全感和确定性,但个人依附于集体,没有自我,而第二种团结则依靠分工将人们联系起来,强调个人的特征。L庄在蜕变为城中村之后,原有的村民共同体日趋瓦解,村落在某种程度上形成了一种新的结构和秩序

（涂尔干，2013：71，89，90）。然而，与村落或城中村的状态类似，不论是原有的村民共同体还是新的结构和秩序都并非处于健全而稳固的状态。这也是导致村民集体认知感下降的重要原因。

集体认同和集体认知感无疑都会影响到村民的行动策略，但后者的作用往往更为直接。因为集体认知感是村民基于对村落共同体存在形态的理性认识而形成的，对他们的行为具有指导意义。从L庄这一个案可以看出，村民虽然对村落有感情，但很少“感情用事”。在拆迁的不同阶段，他们都根据自己的集体认知感和对形势的判断，选择抗争的策略和形式。因此，与集体认同相比，集体认知感这一概念更有助于我们观察当代中国城市化过程中村落共同体的变迁，也更有利于我们理解其中村民个体的心理和行为。

2. 拆迁与国家—社会关系

L庄从自然村演变为城中村后，国家为进一步推进城市化进程，将该村列为A市重点整治的城中村之一，计划完全拆除，将村民移居别处。但居住在其中的村民不愿离开世代居住的家园，许多流动人口也舍不得离开这个便于他们在大都市中暂时落脚的港湾。这使得整个拆迁过程极富张力，政府与村民互动频繁，为我们提供了一个观察当代中国国家—社会关系的极佳窗口。

L庄拆迁的决策是由政府做出的，但由于拆迁事件极易引起社会反响，政府在制定政策和采取措施时都十分谨慎，尽可能减少与村中居住者的矛盾和纠纷。为此，政府将拆迁定义为“自愿腾退”的村民自治行为，以“政府主导、村为主体、企业运作”的模式实施具体的拆除工作。通过这些策略，政府有效地回避了与村民的直接冲突，并规避了一些法律问题。在拆迁初始阶段，国家通过宣传极端现代主义意识形态和集体主义价值观，为拆迁决策提供合法性，劝说村民离开。由于村民迟迟不愿签约搬离村落，政府命令村中党员干部先搬，并设置了签约奖励期，分化村落集体，利诱村民搬迁。同时，政府通过拆除村内公共菜市场、整治小商贩等手段，破坏村内的基础设施和生活秩序，间接向村民的身体施压，迫使他们签约搬离。但政府的这些初期政策受到了村民的抵制，效果甚微。村民对拆迁有自己的理解，并制造和散播有关补偿政策、官员腐败等问题的传言，以此质疑和对抗政府的拆迁宣传。村民们还自发组织了集体抗争行动，于 2011 年 7 ~9 月间进行了多次上访，希望政府变更规划，允许村民回迁到村落原地，或改变补偿政策，不要用新村楼房1∶1的面积置换宅基地。但村民的集体抗争挑战了关于 L 庄拆迁和补偿的基本决策，是政府所不能接受的。

在意识到政府不可能更改其基本决策后，村民们基本停止了集体抗争，转而通过个体行动为自己争取经济利益。政府与村民的互动关系因此进入另一阶段。这一时期，政府一方面继续通过拆除公共设施、迫使流动人口搬离、尽快拆除已签约村民的房屋等手段破坏村落的生存环境，另一方面则适当放宽了补偿政策，不仅延长了奖励期，而且默许村民在不反对拆迁决策的前提下，通过各种方式谋取更多的安置房和补偿款。虽然政府在表面上仍极力宣传补偿政策的公平性和确定性，但与尚未签订协议的村民协商时，却经常暗中调整补偿政策，甚至是“一户一策”。这种策略收到了显著的效果。由于流动人口被迫搬离，村民失去了重要的经济来源，加之村落环境急剧恶化，许多村民争取到自认为满意的经济补偿后，陆续签约搬离了村落。在拆迁的最后阶段，尽管政府进一步放宽了补偿政策，但仍有少数村民因无法达成协议或家庭纠纷无法解决而没有搬迁。对此，政府开始对其中一些采取强制搬迁的措施，这对其他尚未签订协议的村民起到了威慑作用，使他们改变立场，搬离了村落。但国家的强制手段并未能完全奏效，且产生了一些遗留问题长期难以解决。直到 2014 年初，仍有极少数被强拆的村民因未获得满意的补偿，继续在已是一片废墟的村中搭棚居住着。

在 L 庄具体拆除过程中，政府基本上都居于后台操控的位置，而由村委会、开发公司、拆迁公司等在前台进行操作，与村民周旋和协商。由于政府力量异常强大，不容村民挑战其基本决策，所以真正意义上的抗争行为无法获得成功，而只能在政府默许的范围内与之进行利益博弈。通过这种策略,政府虽然规避了一些法律上的责任和现实中与村民的直接矛盾,较为成功地贯彻了拆迁的决策,却使自己的权威和公信力受到很大的损害。许多村民对政府在拆除过程中的“缺位”十分不满,担心这会导致他们拆迁后的补偿和安置房都得不到有力保障。尽管地方政府在表面上有效压制了村民对其决策的抗议和挑战,并极力宣扬其补偿政策的地方合法性和公平性,但为了推进拆迁进程,地方政府先是采取利诱手段,后又屡次公开或暗中调整补偿政策,默许村民“不择手段”为己谋利,甚至“一户一策”,这都有损地方政府政策的权威性。此外,地方政府的一些具体措施,如破坏村中基础设施、限制流动人口入村等,也都不利于地方政府形象的维持和提高。这些逃避责任的做法和不守信用的措施,无疑都会影响人们对政府的观感。

村民虽然因为拆迁而获得了巨大的经济利益,但我们决不能因此忽视拆迁过程对村落社会的巨大伤害。实际上,强力推行的拆迁计划,完全打破了城中村原有的社会结构和生活秩序,村民们不仅被迫搬离了世代居住的家园,村落共同体也从此瓦解。更重要的是,地方政府压制村民的回迁诉求,但默许村民采取各种手段为己谋取更多的经济利益,使得村民一些不符合日常道德规范的行为变得十分普遍,见怪不怪。同时,地方政府在与村民协商过程中的不透明做法和补偿政策的不完善,导致村民相互之间日益猜忌和疏远,甚至家庭内部也因此纠纷丛生。这些都不利于社会的和谐与进步。从L庄这一个案,我们可以推论,虽然当代中国各地的拆迁工程极大地加快了城市化进程,但对国家和社会以及两者之间的关系,都造成了很深的损害。

3. 匮乏阈限与弈争

本文尝试从“结构—秩序”的角度来理解L庄拆迁过程中村民的抗争行为。如前所述,L庄成为城中村之后,原先自然村社会的结构、秩序和价值观念都逐渐消解,村民和流动人口之间形成了一种缺乏稳定性的共生关系。笔者借用特纳反结构理论中的“阈限”概念,将城中村的状态称为“准阈限”（Turner，2006［1969］）。拆迁期间，由于国家通过破坏公共设施、诱迫和分化村民等方式推进拆迁进程，村落彻底失去正常秩序，成为特纳所说结构性差的群体匮乏状态下出现的阈限，笔者称之为“匮乏阈限”。这一概念非常有助于我们理解村民们的抗争形式和行为。

特纳指出，在阈限阶段，由于社会阶层之间的区别变得不再重要，因此很容易形成共融（communitas）形态，即人们之间不存在等级之分，是一种具有积极意义的状态。L庄拆迁初期，村民曾一度团结起来，进行了多次集体上访活动，其主要要求是回迁到村落原地。这一时期村民的抗争行为，并不完全是由村民的不安或者相对剥夺感造成的，对其行动也不能仅从经济利益或理性的角度去理解，而是当村落突然进入匮乏阈限时，村民之间短暂形成的共融形态。但当多次上访无果，村民们意识到政府不可能改变其基本决策，加之国家的分化和诱迫措施，共融状态很快结束。村民们放弃了集体抗争的方式，转而通过个人行动与区政府周旋，为自己谋取更多利益。

笔者用“弈争”这一概念概括村民这种个体、无序、离散、自利的抗争方式。在L庄村民的弈争行为中，包含了“弱者的武器”、“依法抗争”、“依势博弈”、“以身抗争”等多种抗争形式。村民们灵活地运用各种策略，既有公开的也有隐蔽的，既有利用政策的也有不守政策的，皆以获得更优厚的补偿条件为唯一目的。由于村民可利用的资源十分有限，身体成为他们最常用也十分有效的弈争武器。村民的弈争行为有一个必要前提，即不能挑战国家的基本决策。在此前提下，国家默许村民通过各种手段，在国家可接受的范围内为自己争取利益。由于仅以一己私利为目标，与他人无涉，弈争行为必定是个体的且无序的，这也是造成拆迁过程中“一家一策”的重要原因。

弈争之所以成为L庄拆迁过程中村民抗争的主要形式，一方面是缘于国家对集体抗争活动的打压，另一方面则是因为村落的匮乏阈限形态。随着拆迁开始后村落秩序的彻底瓦解，加之国家的分化策略，集体行动越来越难以组织。同时，由于村落处于匮乏阈限状态,日常的道德观念和行为规范对村民的弈争行为基本丧失了约束力,平时可能会受到道德谴责甚至法律处罚的一些行为,在拆迁过程中却变得十分常见,人们不以为怪。当轰隆隆的挖土机推倒L庄的一栋栋房屋时,村民们失去的岂止是一个家园?

参考文献

[美]本尼迪克特.1983. 想象的共同体:民族主义的起源与散布[M]. 吴叡人,译. 上海:上海人民出版社.

[法]达尼洛·马尔图切利.2007. 现代性社会学——二十世纪的历程[M]. 姜志辉,译. 南京:译林出版社.

[美]杜赞奇.2010. 文化、权力与国家:1900~1942年的华北农村[M]. 王福明,译. 南京:江苏人民出版社.

[英]弗里德曼.2000. 中国东南的宗族组织[M]. 刘晓春,译. 上海:上海人民出版社.

[法]福柯.2007. 规训与惩罚[M]. 刘北成,杨远婴,译. 北京:生活、读书、新知三联出版社.

[美]格尔兹.1999. 尼加拉:十九世纪巴厘剧场国家[M]. 赵炳祥,译. 上海:上海人民出版社.

[德]马克思.1995. 哲学的贫困:马克思恩格斯选集(第1卷)[M]. 北京:人民出版社.

[美]裴宜理.2011. 研究底层社会运动的基本方法和策略[N]. 裴宜理教授在哈佛燕京学社、中国社会科学院以及香港大学合办培训项目"底层社会与民众文化研究"上的主题发言.

[英]斯科特.2001. 农民的道义经济学:东南亚的反叛与生存[M]. 程立显,等,译. 南京:译林出版社.

[德]斐迪南·滕尼斯.1999. 共同体与社会[M]. 林荣远,译. 北京:商务印书馆.

[法]爱米尔·涂尔干.2013. 社会分工论(第二版)[M]. 渠东,译. 北京:生活·读书·新知三联出版社.

陈鹏.2004. "城中村"改造的策略转变[J]. 规划师(5).

代堂平.2002. 关注"城中村"问题[J]. 社会(5).

董海军.2008. "作为武器的弱者身份":农民维权抗争的底层政治[J]. 社会(4).

费孝通.2004. 乡土中国[M]. 北京:北京出版社.

郭于华.2011. "道义经济"还是"理性小农":重读农民学经典论题. 载于郭于华. 倾听底层:我们如何讲述苦难[M]. 桂林:广西师范大学出版社.

韩潮峰.2004. 我国"城中村"问题的研究[J]. 经济师(1).

黄宗智.2000. 长江三角洲小农家庭与乡

村发展[M]. 北京：中华书局.

敬东.1999."城市里的乡村"研究报告——经济发达地区城市中心区农村城市化进程的对策[J]. 城市规划(9).

赖淑春.2008. 农村集体土地房屋拆迁法律问题探讨[J]. 山东大学学报(哲学社会科学版)(5).

蓝宇蕴.2005. 都市里的村庄——关于一个"新村社共同体"的实地研究[M]. 北京：生活·读书·新知三联书店.

李怀.2005. 城市拆迁的利益冲突：一个社会学解释[J]. 西北民族研究(3).

李津逵.2005. 城中村的真问题[J]. 开放导报(3).

李俊夫.2004. 城中村的改造[M]. 北京：科学出版社.

李俊夫,孟昊.2004. 从"二元"向"一元"的转制——城中村改造中的土地制度突破及其意义[J]. 中国土地(10).

李立勋.2005. 城中村的经济社会特征——以广州市典型城中村为例[J]. 北京规划建设(3).

李培林.2002. 巨变：村落的终结——都市里的村庄研究[J]. 中国社会科学(1).

李钊.2001. 城中村改造途径的思考[J]. 安徽建筑(3).

李钟书,翁里.2004. 论城市拆迁中社会利益和经济利益的博弈[J]. 安徽大学学报(4).

刘伟文.2003."城中村"的城市化特征及其问题分析——以广州为例[J]. 南方人口(3).

刘雨婷.2011. 关于申请法院强制拆迁设立听证程序的探讨[J]. 改革与开放(4).

吕德文.2012. 媒介动员、钉子户与抗争政治：宜黄事件再分析[J]. 社会(3).

彭小兵,巩辉,田亭.2010. 社会组织在化解城市拆迁矛盾中的作用研究——给予利益博弈的架构[J]. 城市发展研究(4).

秦晖.2003. 传统中华帝国的乡村基层控制：汉唐间的乡村组织[M]. 载于传统十论：本土社会的制度、文化及其变革. 上海：复旦大学出版社.

唐杰英.2012."司法强拆"可否走出征收困局[J]. 法学(4).

田莉.1998."都市里的村中"现象评析——兼论乡村-城市转型期的矛盾与协调发展[J]. 城市规划汇刊(5).

王宏伟.2010. 当代中国底层社会"以身抗争"的效度和限度分析：一个"艾滋村民"抗争维权的启示[J]. 社会(2).

魏立华,闫小培.2005"城中村"：续存前提下的转型——兼论"城中村"改造的可行性模式[J]. 城市规划(7).

吴晓.2004."城中村"现状调查与整合——以珠江三角洲为例[J]. 规划师(5).

线多峰.2011. 农村集体土地拆迁中的问题及其对策研究[D]. 沈阳师范大学公共管理硕士论文.

徐征,冯黛虹.2010. 海淀老街巷胡同寻踪[M]. 北京：学院出版社.

薛超群.2012. 集体土地房屋拆迁政策研究[D]. 华东政法大学硕士论文.

应星.2007 草根动员与农民群体利益的表达机制[J]. 社会学研究(2).

于建嵘.2005. 土地问题已成为农民维权抗争的焦点：关于当前我国农村社会形势的一项专题调研[J]. 调研世界(3).

于建嵘.2004. 当代中国的"以法抗

争"——关于农民维权活动的一个解释框架[J]. 社会学研究(2).

于敏捷 . 2011. 法院在执行强制拆迁案件中应注意的问题[J]. 法制与社会(11).

张建明,许学强 . 1999. 从城市边缘带的土地利用来看城市可持续发展[J]. 城市规划汇刊(3).

张小军 . 2004. "反抗"还是"共谋"——"阿米巴效应"和人类变形虫[J]. 社会学家茶座(3).

赵鼎新 . 2006. 社会与政治运动理论:框架与反思[J]. 学海(2).

郑静 . 2002. 广州城中村:形成、演变与对策[J]. 规划师(2).

Blumer, Herbert. 1946. *Elementary Collective Behavior*, edited by Alfred McClung Lee. New York: Barnes &Noble, Inc.

Cohen, Jean. 1985. Strategy or Identity: New Theoretical Paradigms and Contemporary Social Movements. *Social Research*.

Elizabeth, Perry. 1980. *Rebels and Revolutionaries in North China*. Stanford: Stanford University Press.

Furet, Francois. 1981. *Interpreting the French Revolution*. Cambridge: Cambridge University Press.

Gurr, Ted. 1970. *Why Men Rebel*. Princeton University Press.

Habermas, Jürgen. 1996. *Between Facts and Norms: Contributions to a Discourse Theory of Law and Democrac*, Translated by William Rehg. Cambridge, Mass: MIT Press.

Hobbes, Thomas. 1651. *Leviathan*. Harmondsworth: Penguin.

Inglehart, Ronald. 1990. *Culture Shift in Advanced Industrial Society*. Princeton: Princeton University Press.

Kevin, J. O'Brien and Lianjiang Li. 2006. *Rightful Resistance in Rural China*. Cambridge: Cambridge University Press.

Lebon, Gustave. 1979. *The Crowd. In the Man and His Works*, translated and edited by Alice Widner. Indianapolis: Liberty Press.

Mann, Michael. 1988. *The Autonomous Power of the State: Its Origins, Mechanisms, and Results. in State, War, and Capitalism*. Oxford: Blackwell.

McCarthy, John(and) Mayer Zald. *The Trend of Social Movements in America: Professionalization and Resource Mobilization. Morristown*. N. J: General Learning Coperation.

Melucci, Alberto. 1989. *Nomads of the Present: Social Movements and Individual Needs in Contemporary Society*. Philadelphia: Temple University Press.

Popkin, Samuel. 1979. *The Rational Peasant: the Political Economy of Rural Society in Vietnam*. Berkeley: University of California Press.

Scott, James. 1985. *Weapon of the Weak: Everyday Forms of Peasant Resistance*. Yale University Press.

——. 1990. *Domination and the Arts of Resistance: Hidden Transcripts*. Yale University Press.

Swidler, Ann. 1986. Culture in Action: Symbols and Strategies. *American Sociological Review*(51).

Tilly, Charles. 1978. *From Mobilization to*

Revolution. New York: Random House.

Turner, Victor. 1974. *Dramas, Fields, and Metaphors: Symbolic Action in Human Society*. Cornell: Cornell University Press.

Zhao, Dingxin. 2001. *The Power of Tiananmen: State – Society Relations and the 1989 Beijing Student Movement*. Chicago: University of Chicago Press.

（责任编辑：刘娜娜　上海师范大学行政管理学系）

“需求—条件—信任”:社区居民参与模式研究

——以 F 市 NH 区 L 街道为例

申可君

摘　要:自 2000 年全面推进城市社区建设以来,通过社区管理与服务的不断发展,居民参与社区建设的程度在日益提升。十多年间,学者们对居民参与现状、问题及对策等方面开展了多学科的研究,并取得了丰富的研究成果。然而随着经济体制改革的深入推进,我国的基层社会治理模式、社会组织方式、价值观念和行为方式等正发生更加深刻的变化。这对于基层政府推进社区居民参与的探索与实践已产生了巨大的影响,带来了更多的机遇与挑战,使居民参与呈现新的特点。本文结合四个城市社区的实地调查情况,分析了居民参与的要素及其现状,并构建了推动居民参与社区建设的

* 作者简介:申可君(1982－　),女,汉族,重庆人;民政部政策研究中心博士后,社会学博士。本文系申可君博士论文《城市社区建设中的居民参与研究——以 F 市 L 街道为例》的摘要剪辑版;原博士论文在华中师范大学向德平教授指导下完成并顺利通过博士学位论文答辩;本文系上海师范大学行政管理学系常国富、胡媛媛协助编辑完成并顺利通过上海师范大学《政治人类学评论》编委会审核定稿,在此一并鸣谢!

机制,剖析了参与机制的形成、分类及其影响因素,提出推动居民参与机制运行的条件,及针对居民参与行为的发生动机提出了一种可能的解释框架:"需求—条件—信任"。

关键词:城市社区　居民参与　参与机制　"需求—条件—信任"　发生动机

改革开放多年来,随着经济和政治体制改革的不断深入,我国的社会结构、社会生活都发生了深刻的变化,尤其是城市经济的飞速发展与逐步转型,使得基层社会管理体制开启了改革之路。在一过程中,变革最深刻的方面就是城市管理体制中的“单位制”逐步被“社区制”所取代(魏娜,2003/1),“单位人”逐步转变为“社区人”,社区建设便应运而生。从1986年国家民政部推行社区服务到1991年5月民政部明确提出“社区建设”这一概念,再到2000年全面推进城市社区建设,社区建设的实践与理论研究已在全国各城市逐渐兴起。党的十八大报告提出,要加强和创新社会管理,加强基层社会管理和服务体系建设,充分发挥群众参与社会管理的基础作用。社区成为管理社会的一个重要载体,居民对于社区公共事务管理和各项活动的有序参与便成为发挥群众参与社会管理作用以提高整个社会治理水平的基础和关键。至此,无论是在社会实践的发展还是在理论研究的探索中,如何推进居民参与社区建设已经成为一个亟待深入讨论的议题。十几年来,伴随着社区服务和社区建设的不断发展,政府的新型管理与服务体制已初步建立起来,公共服务正向社区覆盖,城市社区重塑和城市管理体制改革的动力使得居民的社区参与程度在日益提升。然而,我国城市社区居民参与从总体上来看仍处于起步阶段(陈雅丽,2002/3),居民参与不足是一个不争的事实。面对这样的情形,要进一步适应社会主义市场经济的快速发展以及社区治理主体与利益诉求的多元化趋势,更加需要大力发挥居民参与对社区建设的积极作用,激活社区的治理功能,探讨城市社区建设中的居民参与问题,这不仅已成为一种共识,更是目前社区研究的重点和难点。综上可见,居民参与城市社区建设的研究是目前关于居民参与理论发展与实践探索的迫切需要。

一、社区建设与社区居民参与

(一)社区范畴与社区建设的复兴

与我国的社区建设历程相比,

西方发达国家的社区建设是基于社区复兴与重建的理念,并受到工业化的影响而逐步发展起来的(陈文茹,2007/2)。总体而言,从19世纪末起,西方发达国家的社区建设经历了三个主要发展阶段,分别以社区救助、社区发展以及社区治理为主要内容。尽管,每个阶段的社区建设内容与重点各有不同,但它们都通过对社区民间资源的利用,团结社区内的不同组织,建立社区福利中心,以提升社区自助力量,并体现了政府相关机构与社区内的民间团体、合作组织、互助组织等各方力量的配合与协作。他们把社区内的不同部门、社会组织、中介组织以及各类志愿者团体的力量都发动起来,促进公民自发地投入社区共建中去,实现了依靠社区自身的力量与资源去提升大众生活质量的效果。由此,不仅提高了社区的公共服务水平,还科学地定位公民参与社区建设,有利于培养公民的社区归属感与认同感,加大公民参与社区治理的力度。可以说,西方发达国家在社区内培育的公民参与跟我国目前培育的社区居民参与在内涵上是一致的。

直到20世纪初,英、法、美等国掀起了"社区福利中心"运动和"睦邻运动",更加深入地推动了社区建设中的公民参与。可见,从西方社区建设发展的实践来看,社区治理的过程也是公民参与社会管理的过程,并在这一过程中与地方政府形成良好的合作关系。对此,公民参与城市社区建设一直是西方学者研究的热点,并对居民参与的条件与影响因素进行了研究,如社会科学家大卫·希尔斯指出了促使社区居民自愿参与社区发展的重要因素是居民自身是否具有"义务"感,即是说他们是否认为自己有责任参与到社区建设中去,一旦他们拥有了这样的自我要求,他们就会积极、主动地参与社区发展的相关事务(David Sills,1966/1);菲力普·隆在研究如何激励公民主动参与社区公共事务管理时则提出了六大条件,即适当的组织、获取相关的效益、在组织中的舒适感、丰富的社会知识、义务与责任感以及过往的生活方式需要调整(Philips Long,1978:357-366);麦考·查尔斯则认为居民对社区事务的参与需要对社区建设的相关问题拥有足够的了解,这需要政府部门做好充足的宣传与准备(Clusky,1980:243);马修·费勒则指出第三方组织在政府与公民之间的关系建立过程中将发挥极为重要的桥梁作用,并主张通过培育和发展第三方组织来提升公众的参与热情(Malthew Filner,2001:22-25)。而关于公民参与社区建设的经典代表作则是帕特南的《使民主运转起来》和《独自打保龄》两本著作。前一本著作从社会资本与治理的理论视角出发,采用实证研究方法,对意大利各地区公民生活的基本方面进行了个案分析,阐释了意大利民主机制的构建;后一本著作提出了可以根据公民社会的情况来评价民主质量或民主制度的绩效,如公民意识、公民组织、公民行为等内容的变化。此外,值得称颂的就是美国学者凯勒通过实证研究对新泽西州双子河社区业主自治权获得的探讨,并研究了社区领袖、社区积极分子和普通居民参与维权的斗争情况,指出社区自治的实现需要公民参与社区的政治博弈。

随着公民资格理论与治理理论的兴起,西方学者关于居民参与的最新研究热点一是通过社区治理的机制构建来推动居民参与,或者说参与将成为其社区治理中的重要机制,二是通过在社区治理过程中的分权来实现公民参与社区的发展建设。由此,为数不少的学者与政府管理者都开始关注地方公共治理中公民参与的作用,并在实践中进行探索。如弗兰克·贝内斯特探讨了如何重建公民间的联系,并主张地方政府应该扮演应有的角色,发展调节机构和邻里组织,以重要的社会问题为中心组建机构,以促使邻里组织开展自我服务,重建代际关系(Benest,Frank,1999:6-11);艾梅·L. 富兰克林和卡罗尔·埃布登探索了城市预算过程中实现公民参与的途径、效能及模式,并指出了由机构、参与者、过程和参与机制组成的四个公认的影响性因素(Frankin, Aimee L., Carol Ebdon,2005:168-185);勒妮·A. 欧文和约翰·斯坦斯伯里分析了公民参与的代表性问题,认为公民委员会的决策意志往往受到狂热参与者和有产阶级这两类人群的政策偏好的严重影响(Irvin, R. A., John Stansbury,2004:55-65)。艾尔弗雷德·何和保罗·科茨讨论并主张公民参与地方政府的绩效评估工作，并提出一种“公民发起的绩效评估”模型（Ho，Alfred，Paul Coates，2004：29－50）。

还有学者对社区治理模式与公民参与的相互关系进行研究，如理查德·博克斯则在《公民治理：引领世纪的美国社区》一书中主张通过建立社区治理模型来改变传统的角色定位，赋予公民决策者的身份与权力（理查德·C. 博克斯，2013：57）；还有学者倡导通过立法去保障社区居民的需求，如乔治·S. 布莱尔的《社区权利与公民参与》（乔治·S. 布莱尔，2003：176）。

（二）我国社区建设的发展与理论反思

在我国全面推进城市社区建设十多年的历程里，随着经济体制改革的深入推进，以往城市基层社会的治理模式已难以适应基层社会生活的需要，社区建设亟须向自治的方向发展，居民参与社区建设的研究也越来越受到相关学科的重视，有的学者就主要从基层民主自治的角度来分析政府在进行社区治理与推动公民政治参与等方面所取得的成绩和存在的问题（梁璧，王飞，2010/3），而社会学者从国家与社会的关系视角，运用社会结构与社区组织等理论，分析居民的社区意识和社区情感，探讨他们在从单位人转变为社区人之后如何参与社区公共事务的管理及社区权力秩序重建（郑杭生，2005/4；杨敏，2005/5）。同时，从理论研究的角度看，学术界大多是用西方的理论范式来解读和分析中国的实践，主要的研究视角及其所运用的理论大致有社会管理体制变革、自治制度变迁、民间组织发育、内外权力关系、社区民主居民参与、社区服务体系建构、社区公共产品供给等方面。其中，城市社区建设中的居民参与是近几年来我国社区建设中受到高度关注的问题，研究成果颇丰，大致可以从以下几个方面来进行总结。

1. 对居民参与的要素研究

关于居民参与的要素研究，主要从参与主体、参与内容、参与方式等三个方面来总结我国城市社区居民参与的程度与水平，即由哪些居民参与，参与社区建设的什么内容，以什么样的方式或渠道进行社区参与。

第一,对居民参与主体的研究。胡慧指出目前居民参与的主体结构不均衡,在许多社区参加社区活动的主要是"一老一少",并且其实际参与率也较低(胡慧,2006/4)。白柯认为作为社区成员主体的中青年人具有较强的参与意识,但由于工作生活繁忙和社区参与渠道不健全,这部分居民很少参与社区组织的活动,这决定了社区居民的总体参与率偏低(白柯,2005:18)。彭惠青通过对城市社区建设中居民参与的历程进行分析,提出了参与主体的多元化构成,并强调通过理性行动增加参与主体的互信与合作(彭惠青,2009:47)。陈文指出居民的社区参与存在性别失衡现象,由于社区领导的性别意识和社区资源的性别差异,女性居民的参与率远高男性(陈文,2010/4)。

第二,对居民参与内容与领域的研究。孙柏瑛等和陈雅丽把社区居民参与的内容划分为社区政治参与、社区经济参与、社区文化参与(含体育、教育等精神参与)、社区社会参与(生活参与、环境参与)等方面(孙柏瑛、游祥斌、彭磊,2001/2;陈雅丽,2002/3)。张亮和陈笑认为居民社区参与在大多数情况下只是参与社区事务的运作,而很少参与决策和管理(张亮,2001/1;陈笑,2010/8)。

第三,对居民参与方式和途径的研究。孙柏瑛等把居民参与的途径分为三类,即以个体的身份参与社区选举或建设规划,以组织或单位成员的身份参与社区建设,以非正式组织的形式参与社区事务,如志愿者团体或其他中介性机构参与社区的福利服务和保障性工作(孙柏瑛、游祥斌、彭磊,2001/2)。杨贵华指出目前居民的自组织参与还主要局限于社会空间相对较小的社区民间组织、业主组织以及地域空间较小、人数较少的居民楼栋单元或院落,公共性还不够高,呈现社会化程度不高、制度化渠道不畅的局面。这就需要实现居民社区参与方式由他组织为主导向自组织为基础的整体转换(杨贵华,2009/1)。

概言之,学界就我国目前城市社区的居民参与水平基本达成了共识,如陈伟东、高永久等认为目前我国城市社区居民的参与程度与水平还远不能适应社区建设的需要,居民参与呈现总体参与率低、参与主体构成不均衡、参与途径单一以及参与数量较少等特征,而社区居民在大多数情况下的参与行为都只是参与较低层次的社区事务运作,例如社区的公共环境卫生保护、治安管理等(张大维、陈伟东,2008/2;高永久、刘庸,2006/1)。

2. 制约居民参与的因素分析

城市居民社区参与受限的原因是多方面的,有宏观和微观方面的原因,即社区管理体制落后、社区组织发育不足、居民自身素质较低等,也有客观和主观方面的原因,即社区公共设施建设不足、居民参与意识较低等。

首先,单位体制的持续影响、社区管理体制及管理方式的缺陷、经济体制转轨对社会生活的冲击等是居民社区参与不足的主要原因。姚华、王亚南认为改革措施不配套是居民社区参与不足的深层次原因,只有真正恢复居委会"基层群众性自治组织"的社会属性,使其能够在社区自治中发挥主体组织的作用,才能推进居民的社区参与(姚华、王亚南,2010/8)。黎熙元、童晓频则认为社区制度设置与资源调配方式将影响居民的社区参与积极性,而参与的方式要在社区重建非私人性质的邻舍关系上,才能真正有效(黎熙元、童晓频,2005/1)。

其次,李建斌和李寒指出在社会转型期,社区自治组织的"准行政化"及社区内的社会关联度较低,致使社区参与严重不足(李建斌、李寒,2005/6)。胡慧认为居民参与不足的原因是缺乏便捷有效的居民参与机制,目前的社区参与机制还没有从实质上将居民行为完全纳入进来,居民从一定意义上讲仍然游离于这一机制之外。(胡慧,2006/4)

再次,涂晓芳和汪双凤研究指出,居民参与社区事务需要拥有一定的条件,这既包括一定的时间、知识、能力,还包括一定的经济基础和基于信任、合作的社区资本量(涂晓芳、汪双凤,2008/3)。孙柏瑛、游祥斌以及彭嘉就认为社区居民受教育程度与社区参与意识呈正相关性,但与对社区居委会的认同呈负相关性(孙柏瑛、游祥斌、彭磊,2001/2)。

概言之,原有体制下形成的"单位参与意识"、行政化的社区管理方式、社区居民参与意识与条件不足、与社区利益相关程度低等因素是造成居民社区参与不足的主要原因(张苏辉,2006/5)。然而,居民社区场域的客观存在消解了凝聚社区居民的共同利益,导致了社区参与的冷漠。加之单位人惯习与社区居民的文化资本差异制约了居民社区参与的积极性,影响了居民社区参与的价值取向和主动性(黄荣英,2010/3)。此外,梁莹指出基层政府信任与居民参与社区社会政策之间存在着矛盾和冲突的困境使当前充分实现社区“参与式民主”还只是一种理想(梁莹,2009/3)。

3. *激励居民参与的对策研究*

为了提升居民参与的程度与水平,需要从参与内容与渠道、组织化程度、法律制度、社会资本、福利体系、政府和社区的回应度及效率等方面进行探讨。彭惠青认为公共服务型政府的塑造、非营利组织的发展以及自治组织的成长将推动居民参与的提升,进一步拓展参与的广度与深度(彭惠青,2008/3)。张伟兵认为积极探索社区服务运营的模式,在保证服务机构生存的同时,不断提高社区服务同公众生活的关联度,这是实现居民参与运作的政策调整(张伟兵,2002/2)。崔彩周指出要从发挥政府主导作用、社区体制、社区整合、改善社区生存环境、解决居民实际问题等方面着手解决居民社区参与不足问题(崔彩周,2002/6)。张晓霞认为需要从培养和塑造居民社区意识,完善社区参与机制和渠道,改革社区管理体制,强化社区居委会的自治职能和人才队伍建设,鼓励和提倡社区精英的带动和示范等方面着手去提升社区居民的参与行为和效果(张晓霞,2011:67)。

总之,研究者们针对居民参与不足所提出的对策都是综合的,即涵盖从社区管理体制改革到社区民间组织的培育,从社区建设的配套政策到居民参与的法律保障,从居民参与的条件创造到社区教育的深入开展等多方面。

4. *居民参与社区建设的功能与意义*

徐永祥认为,参与是社区发展与居民安居之间的联系桥梁,通过居民对社区公共事务管理和各项活动的直接参与,不仅整合了社区内的各项资源,还逐步培育起居民的社区归属感与认同感,促使社区居民的参与力量成为社区建设的一股动力源泉(徐永祥,2000/4)。张伟兵指出提高居民参与的程度将极大地有利于推动社区公共服务社会化的形成,同时居民积极、广泛地参与社区建设事宜是衡量社区服务建设成效的重要依据之一(张伟兵,2002/2)。杨荣主张居民的社区参与是推动社区发展的重要力量之一,是促进社区自治的有效保证,它是确保社区稳步、健康发展的重要标志之一(杨荣,2002/2)。潘小娟认为居民的有效参与将对社区发展的各方面都起到十分重要的推动作用,如社区民主政治建设、社区精神文明建设、社区公共服务提升等(潘小娟,2005/10)。

5. 居民参与的动力、模式及机制研究

关于居民参与的动力,刘华安和孙璐认为居民参与社区事务管理与各项活动的内在动力主要来自两个方面,一是对共同利益的追求,二是对社区情感、归属感的价值认同,即利益驱动与认同驱动(刘华安,2002/10;孙璐,2006/5)。张宝锋也认为居民参与社区事务多半出于对切身利益的保护和通过参与获得更大利益的预期(张宝峰,2006/2)。

关于城市社区建设中的参与模式研究及政策建议,杨敏指出由于不同阶层居民的社区生活需求各不相同,居民的参与动机与策略也存在差异,这直接导致了四种居民参与的行为模式,即依附性参与、志愿性参与、身体参与以及权益性参与(杨敏,2005/5)。另外,姜晓萍和衡霞主张从参与机制的成熟度与居民参与自主性的关系出发,将居民参与社区治理的模式分为机制完善的自主参与、机制完善的假性参与、机制不完善的自发参与等(姜晓萍、衡霞,2007/1)。

关于参与机制,孙清、李波提出了构建城市社区治理多元参与机制的设想,并从模式选择、网络构建、权力分配、制度建设四个方面进行了阐述,提出需要政府、居民、居委会、社会组织、团体等社区各主体的共同努力(孙清,2012:72;李波,2007:31)。杨乐则指出从培养居民参与意识、加强社区服务建设、激励居民参与社区建设等方面来构建居民参与机制(杨乐,2011:87)。

（三）社区建设中居民参与的现实困境

西方学者在公民参与社区治理方面的研究起步较早，理论成果及实践经验都颇为丰厚，实证研究也非常成熟。可以说，这些学术成就跟西方社会实践的成功密不可分。他们的公民参与研究与实践都远远地走在我们的前面，但根据我们的现实国情，很多研究理论虽可以借鉴，却绝不能照抄照搬，不然不仅没有任何现实效果，反而事倍功半。故此，对西方在推动社区建设中的公民参与方面的研究成果，我们批判地吸纳。不可否认，他们目前已经比较成熟的做法，也是我们将来要去完成的改革和转变。同时，国内学术界对于城市社区建设中的居民参与研究也取得了丰硕的成果，对我们更加深入地研究该问题具有重要的参考与借鉴意义，但在以往研究中也存在着一些问题，值得进一步探讨：目前对社区居民参与不足的认识是一致的，都指出了居民参与存在参与主体的结构不均衡，参与的内容局限于休闲娱乐和社区公益服务范围，参与的方式和途径较为单一，尚没有形成较为成熟的组织参与方式，参与意识不强等问题；而分析影响居民参与的因素时，大致从社区管理体制、社区组织成长、法律法规制定、基层政治信任等几方面着手，并针对上述方面提出相应的对策建议。其中，也有研究者提出了完善参与机制，但所述内容都显得较为空泛，仅仅从社区管理制度、居委会职能转变、社区组织发展、培养居民参与意识等几个层面泛泛而谈。当然，也有研究者提到完善居民参与的立法与监督机制，但这是一个需要经历更为长久的过程才能实现的目标。

二、NH区L街道的居民参与

L街道归属于F市NH区，NH区地处珠江三角洲，是改革开放最早的地区之一，辖区总面积1074平方公里，人口259万。L街道是NH区下辖的一个街道，位于NH区中部，也属于F市的中心组团，辖区总面积44.64平方公里，下辖4个城市社区和10个行政村，户籍人口6.69万人，流动人口8万多人，下辖的四个城市社区，其户籍户数10409户，户籍人数28650人。该街道先后获得“全国双拥模范镇”、“国家卫生镇”、“G省教育强镇”以及“F市文明镇”等荣誉称号。[①] L街道与NH区的其他镇街相比较，其突出的特点不仅是经济发展水平较高，拥有自己独特的产业优势，更在于街道政府对社区建设工作高度重视，财政投入力度大，加强社区组织建设和活动设施建设，积极培育民间组织以打造居民参与的渠道。自2008年创新社区管理体制以来，L街道便开始探索一条深化社区服务之路，以构建平安和谐社区为目标，以服务居民为重点，以居民自治为方向，以文化活动为载体，在推动社区居民参政议政、积极投入社区公益及文娱活动等方面大胆尝试，获得了许多宝贵经验与好评。近几年来，L街道通过发动居民参与社区建设，社区管理在服务、治安、环境和风尚等方面均迈上了一个新的台阶。

本次调查的A、B、C、D四个社区均为L街道的城市社区[②]：A社区的地理位置距离L街道中心城区最远，被誉为L街道的东大门，辖区面积1.6平方公里，总人口13700人，常住户籍人口8473人，共2885户，非本地户籍人口4412人，党员志愿者108人，居民代表60人，街坊组长16人，信息员2人，义工962人，社区内有1个社区服务中心，1个社区理事会，2个邻里中心。该社区的特点在于地处城乡结合部，人口结构中多半是外来人口，治安与卫生环境等治理工作难度很大，居民的社区融入感较低。B社区总面积1.03平方公里，总人口数约为19300多人，居住户数5219户，常住户数3546户，常住人口9721人，流动人口约9586多人，辖区内共有大型花园小区4个，高层楼宇约300栋，党员志愿者117人，居民代表80人，街坊组长20人，信息员20人，义工502人，社区内有社区服务中心1个，文化公园1个，大小活动场所10多个，社区理事会1个，邻里中心1个。该社区是L街道的老城区，社区内居民相互熟悉，社区活动丰富，居民参与积极性相对较高。C社区总面积0.87平

① 资料来源：L街道办工作资料中的街道情况简介。

② 资料来源：L街道社工局工作资料中的社区情况简介。

方公里,户籍人数4292人,户数1665户,常住人数8300人,党员志愿者62人,居民代表50人,街坊组长13人,信息员13人,义工780人,社区理事会1个,邻里中心3个。该社区是L街道的传统老城区,其人口特点为老年人居多,在推进居民参与时的项目设置多为提供老年人慰问和探访。同时,该社区通过全方位打造"服务活力型"特色型社区,于2007年成功创建成为"G省城市体育先进社区",2008年被评为G省"六好"平安和谐社区,2009年被评为F市首批志愿服务爱心社区。D社区现有常住人口10015人,3328户,本地户籍人口5311人,1976户,党员志愿者63人,居民代表50人,街坊组长15人,信息员15人,义工850人,社区理事会1个,邻里中心3个。该社区虽然也是外来人口较多的社区,但地处街道中心城区,外来人口的整体素质较高,参与能力较强,参与热情高。

2010年11月,我加入"城乡社区服务均等化研究"课题小组,去G省F市区进行调研,这不仅是我所参与的关于社区建设的第一次田野调查,也是对我触动很深的一次调研经历。当走进街道的三个城市社区时,我看到居民代表们在会议室共商社区事务,居民们在活动中心运动健身,志愿者们走进居民家中慰问帮扶孤寡老人,社区生活很丰富,居民的参与积极性比较高。于是,我就在思考,街道的居民参与热情如此之高,街道的领导干部们是怎么做到呢?经过干部座谈和个案深度访谈,我们了解到L街道在2007年成为NH区首批社区改革试点单位之一,在完成"政社分离"之后,居委会的工作职能得到彻底的转变,由原来单一的行政管理转为社区服务优先的管理新模式。同时,领导十分注重借鉴各地的先进经验,借鉴到新加坡学习到的经验,在每个社区成立了社区理事会,制定了社区联席会议制度,最大限度地整合社区资源,调动辖区内的企事业单位和居民一起为社区居民提供服务,一起协商社区事务,投入"共建美好家园"的社区建设中。对此,我很受启发,撰写了一篇从公民参与网络视角来分析F市NH

区L街道社区居民自治经验的文章。该文章用帕特南对社会资本理论阐述中所提出的“公民参与网络”这一概念诠释了街道居委会如何通过“去行政、搞活动”来构建起居民的密集横向参与网络，并使其发挥有效作用来调动居民参与社区事务管理的积极性，以此推动社区自治的发展。虽然，当时调研的主题是关于城乡公共服务均等的问题，但同时我已经开始关注并研究社区建设与居民参与的相关问题。

2011年7月，学院与F市NH区合作共建了社会管理创新博士后研究基地。同年10月，我有幸被选派到该研究基地参与驻站调研工作。这期间，研究小组就农村综合体制改革、城市社区整合、社会组织培育、社区理事会建设等研究内容走访了NH区八个镇街中的近20个城市社区和30多个村居，不仅全面掌握了NH区基层社会管理创新的做法和成效，还深入分析并探讨了如何破解在改革中所遇到的难题。通过一系列关于社区建设问题的调研，我深刻地感受到NH区政府相关部门的领导特别重视与社区居民的沟通与交流，对居民的意见或建议都认真对待，并且尽其所能地采用各种方式邀请居民为社区建设献计献策。其中，我主要负责跟进的“完善社区理事会建设”的研究使自己获得了一次非常宝贵的机会，能够再次以社区理事会建设为切入点，深入研究社区建设的难点问题之一：如何调动并整合社区资源，使辖区居民以及企事业单位的代表都参与社区建设，为社区建设服务。调研小组在完善社区理事会组织架构、理顺社区内各组织关系以及设计相关制度等方面给当地政府提出了切实可行的意见和建议。同时，我们也发现社区理事会的发展存在成员的参与热情还不够高、参与效果无法达到预计等问题。于是，除了参加座谈会之外，我又找到一年以前做过访谈的社区干部和居民代表，跟他们细致地聊起社区理事会这一年多以来的运作情况和他们参与其中的体会和感受。我发现有相当一部分居民都很有参与社区事务的愿望，对社区理事会的评价也不错，但是存在很多主客观原因限制了他们的参与行为。其中,人口结构和生活方式是居民们提到最多的关键点。由于工业化和城市化进程的加快,城市社区的人口密度越来越高,外来人口的进入导致人口异质化程度也越来越高,加之生活方具有多样性,邻里之间的交往非常少,全靠社区居委会组织活动把大家聚在一起。对此,L街道的领导干部对已经干出的成绩并不满意,他们在实际工作中非常重视居民参与的问题,所做的一切工作几乎也都是在如何最有效地激发居民参与社区事务管理和社区建设的热情上,以期能引导居民更多地参与行为,促进社区建设的发展。

然而,在推动居民参与社区建设的工作中,当地区镇领导与社区干部着实遇到了很多困扰,如何激发个体公民的参与热情?如何扩大居民参与以及增强其主体的代表性?如何建立多种渠道来推动居民参与社区公共事务的管理和各项活动?如何通过制度设计来培育民间组织的发展以推动居民参与?这一系列亟待解决的现实问题,引发了我深深的思考。在城市社区建设过程中,不论是国家的社区建设政策目标,还是城市地方政府的治理方式都发生了主动性变革,这为广大居民参与社区建设提供了广阔的空间。事实上,居民参与的路径与方式也发生了较大变化,为社区建设的推进注入了诸多动力。

(一)居民参与的主体、路径、特点等概况

1. 主体

居民参与主体既有独立的个体,也有个体结成的组织。但随着社会流动的加快与社区建设的发展,居民参与主体在不断扩大,其代表性也在日益提升。

居民参与主体是由拥有参与需求的社区居民组成的,它既包括作为个体的居民,也包括由个体居民组成的自治性群众组织(如社区居委会、业主委员会)、社区群众文体组织、公益服务类组织、社区社会组织等。同时,如果对居民参与的主体构成进行细分的话,还可分为积极参与者、被动参与者与不参与者。其中,积极参与者主要以社区精英、居委会群体、社区理事会和邻里中

心成员、街坊组长、信息员、志愿者等为主。[①] 而对社区内的被动参与者和不参与者的划分则是相对的,因为有些参与者参与到社区各类事务时并不十分清楚参与事项,是被动的、强迫的。对于那些根本不参与的居民而言,他们大多认为居委会的工作与自己关系不大,就算参与了,也对社区发展没有任何影响,而参与居委会选举或居委会动员的各种活动都是毫无意义的,仅仅是在浪费时间而已。也有的不参与者则直接指出居委会的选举纯粹是形式,没有实质性的效果。因此,居民的社区参与行为在社区居委会选举等政治性事务中呈现被动、消极等特点,但在社区建设的各项文体活动中的表现则是相对积极、高效的。所以,对于居民参与主体构成中的积极参与者,被动参与者和不参与者的划分并不是那么明确。随着外来流动人口的迅速增长,社区参与工作的不断加强,居民参与主体也在朝着个体化与组织化两个方向日益扩大。

A 社区 WQG 书记就回忆说:

"以前就少些,现在参与的居民就越来越多了。像 2009 年的时候,我们还成立了 2 个邻里中心,1 个社区理事会,在不同的地方,通过这种方式可以组织起许多居民。还有,没有把握的,我不做。并且现在,我承接了政府这么多工作,都没时间没精力去做了,一般这些组织我们都不去做的。但是我觉得邻里中心和社区理事会这些组织,真的帮到我们好多喔。你好比说是,通过邻里中心的主任去开展各种活动,政府补贴,我们补贴。我们居委会派一个干部去指导他们的工作,但是实施的、落实的,都是他们。"[②]

① 这些积极参与者一般还是社区各类组织的骨干,并承担着一定的社区公共事务管理的职责。通常情况下,积极参与社区建设的居民对社区事务感兴趣,他们中有的还是社区精英。除了社区居委会的干部以及工作人员是政府与居民之间的桥梁、直接与社区居民打交道、掌握着社区的社情民意之外,社区民间组织的领导者也在协助社区居委会的工作,并发挥着积极的作用。

② 来自对 A 社区 WQG 书记的访谈记录。

L街道社工局ZLH副局长也谈到了居民参与主体日益扩大的过程：

“这个我们一直在做，像早期的党员代表啊，街坊组长，居民代表，现在慢慢我们成立了志愿者组织，发掘更多的公民去加入志愿者的行业啊，小区里设立邻里中心啊，社区理事会啊，我们都是在扩大他们的范围，挑选一些精英出来，通过精英来带动更多居民参与管理。我们的切入点，一个是服务，一个是活动，他们才能认可我们的做法。这样营造一个大的氛围，来带动，所以我们说现在最好是全民义工，我们就不愁了。2008年，我们社区改革，加上社工只有3、4个人，服务都很单一的，怎么做工作啊，它是有一个过程嘛，先是慢慢开展小型的活动，先是户内的，就集中那几个人参加，后来就通过粘贴啊，参与的活动就更多更广了，有义工的骨干啊，这些加入进来，被调动起来，现在还是3、4个人，但是服务却越做越好了。这是有个规律的嘛。所以，几年我们都没有增加过人手。”①

总结起来，按照参与主体的划分标准，街道城市社区的居民参与主体仍然有两类：第一，以个体名义参与的主要有居民代表、党员志愿者、街坊组长、信息员等；第二，以组织形式参与，并具有一定规模和认可度的参与主体有青年社会工作协会、义务工作者(志愿者)联合会、社区理事会、邻里中心以及各类群众性文体组织等。

2. 路径

所谓参与路径，是指居民参与社区公共事务管理与各项活动的渠道和路线。虽然大多数社区的参与率低、热情不高、参与的层次低等现状是由被动执行式制度性参与所造成的，但是仍然可以通过成立社区成员代表大会、社区协商议事会等方式完善民主参与制度，培养居民有序的参与意识，拓宽民主渠道，从

① 来自对L街道社工局ZLH副局长的访谈记录。

各个层次、各个领域扩大居民对社区公共事务决策的参与,保障居民的知情权、参与权、表达权、监督权。目前,大多数时候,居委会都通过非正式的方式搜集居民意见。

在本次调查中,有21%的居民表示自己是通过社区网站了解到社区各项信息,10.7%的居民是通过社区宣传栏来了解社区的相关信息,25.8%的居民是从学校宣传中获得社区信息,还有7.2%和9.3%的居民是居委会通过电话、短信或口头传达等方式以及居民间相互告知的方式得知社区信息。总的看来,信息化的发展提升了居民使用网络的方式了解信息比例,快捷、方便,但这样的方式大部分是由年轻人掌握,对于社区的其他居民仍然需要传统的方式进行信息宣传。较之以往,居民反映问题多。解决问题或获得权利保护的有效途径首选是打电话或向有关主管职能部门写信(占56.3%),其次为利用私人关系(占15.6%),利用群众性组织的占14.2%,通过人大、政协组织的占4%(孙柏瑛、游祥斌、彭磊,2001/2)。

A社区居委会主任WQG说:

"没有正式的形式。多下基层,聊一下天啦,问问啦。有的人认识我,知道我是居委会什么人,但是我不会说自己是居委会什么领导。我觉得要真的为居民群众去多想。然后告诉政府居民的所需,然后得到他们的支持,必须要得到支持啊,给钱,多搞点文化活动场所啊。我们居委会的经费都不会大量给你嘛,需要你打申请啊。一般都会批的,肯定批,群众需要的有的是政府的资源嘛,有的是社区的资源嘛。有些装点水电啊,都不是好大的事情嘛,然后居民来这里玩嘛。所以,真的是需要居民群众的共同参与啊。"①

可见,全靠居委会的工作人员下基层,走访群众,当面了解情况,听取居民的想法,这样的方式一方面效率低,另一方面代表性不足,不

① 来自对A社区WQG书记的访谈记录。

能听到更大众化的声音,属于比较传统的非制度性的方法。L街道在促进居民参与社区事务决策和活动方面积极做到制度性方式与非制度性方式相结合,努力探索居民参与的组织化渠道。

在本次调查中,有18.2%的居民曾经参与由政府机构组织的活动,18.8%的居民参与过居委会组织的活动,4%的居民参与过事业单位组织的活动,而有20.3%的居民参与过商业机构组织的活动,17.2%的居民参与过由社区民间组织搞的活动。可以说,组织化渠道的参与行为越来越多地被凸显,也在居民参与中起到了重要作用,有利于不同行业、不同领域、不同兴趣爱好的居民凝聚在一起,表达自己的意见。

在本次调查中,除了工会、共青团以及妇联这类政治领导类社团和各种学会、研究会(如营养学会、建筑学会、城市科学研究会)之外,文体联谊类社团(如足球协会、网球协会、乒乓球协会、围棋协会等)与公益服务类社团(如社区互助组织、环保组织、扶贫组织等)仍然是居民参与的主要社团组织类型。这一结果离不开L街道近年来不断推动社区各类民间组织发展的努力。

(1)引导各类社区民间组织

一直以来,街道政府积极探索如何凝结个体居民的力量,以正式的组织方式或者非正式的组织方式参与到社区公共事务的管理和活动中来,尽量多地发挥居民在社区民主治理中的作用。对此,L街道自2006年起就成立了"爱心慈善超市",广泛聚集社会力量,把可以利用的分散资源整合统筹起来,帮助有困难的群众更好地度过生活的难关。L街道的爱心超市自运作以来,社会反响良好,收到各类捐款共计110万元,油、米、灯具、书刊、衣服、日常用品等慈善物资一批。发放的救助物品包括油、米、棉被、毛毯、棉衣、洗涤用品、小家电、学习用品等超过100多个品种,金额近57万元,救助困难家庭500多户(次)。爱心慈善超市不但具备社会捐赠的窗口、扶贫救困的全新平台,还是就业安置的重要渠道、筹集资金的有效机制、便民利民的服务网、弘扬传统美德的教育基地等,是以解决困难群众生活及其子女学习困难为目的,有针对性地筹集和发放慈善物品为主要形式的经常性社会捐助和社会救助的一种补充形式。接受捐赠物品范围:文化学习用品、小家电、大宗物品、生活品及其他物品。接下来,从2008年开始L街道政府就在四个城市社区创建社区联席会议,后来几经努力、逐渐成熟,成长为在NH区全区推广的和谐社区理事会。接下来,创办社区邻里中心,由邻里中心开展一系列以社会生活为主题的分享、交流座谈会,动员社区居民广泛参与社区的事务管理。在本次调查中,在参与由社区组织的活动方面,11%的居民是以组织者的身份参与社区活动,63.8%的居民是普通的参与者,21.6%的居民仅仅是观众,没有亲自参与其中,仅有3.6%的居民是完全没有参与过。

A社区居委会主任WQG说:

> “比如,防盗、防抢的座谈会,像是同乐花园就搞得很好,大家分享啊,大家聊下天啊。这次我去开会,像治安啊,这个问题都好严重,我都不怕讲的。根据数据来讲的话,你知道的,这些事情,整个市场都是大问题,偷东西啊,飞抢啊,等等。你人员有限的,治安队都不可能做得很厉害的,三十几个人,按人头比例来算,都算少啊。”①

(2)利用网络技术和大众传媒的居民参与渠道

互联网的虚拟性决定了权威不拥有话语权、等级不拥有支配权以及资历(年龄)不拥有决断权(钟慧婷,2009/2),这一系列特征也使网络技术成为推进居民参与行为的有利因素。

截至2012年12月底,我国网民规模达5.64亿,全年新增网民5090万人。互联网普及率42.1%,较2011年底提升3.8个百分点。②面对如此高的互联网使用率,NH区充分利用这一高科技的优势,促进民主建设,推动居民的社区参与。

首先是NH区政府倡导开设官方微博,其一是微博问政,“L微政”2011年5月申请注册,是L街道实

① 来自对A社区WQG书记的访谈记录。

② 中国互联网络信息中心(CNNIC)第31次中国互联网络发展状况统计报告,2013。

行微博问政的管理方式,部门和基层更贴近,更能互通有无的沟通平台;其二是加强文化建设,搭建互动平台——“孝德L”。

居民可申请新浪微博进行关注,并交流互动、留言等,同时,官方微博发布街道近期的各方面讯息,也转发其他相关资讯。每个社区也申请自己的微博,进行及时的信息传递。如L街道B社区开通官方微博“红色阳光-B家园”,D社区“小城大爱-D社区”,A社区“L安居乐业”。

其次是利用QQ群的建立编制了一张交流网络。再次是建立和完善L社区网站。L街道的社区网设有社区风采、社区党建、社区论坛、便民服务、义工专栏等栏目,方便居民及时了解社区的信息动态、共同参与社区建设。完善社区网站内容,定期对网站进行维护和更新。各社区通过网站实时发布各种活动信息,包括事前的通知、事后的总结、社区建设资料等,扩大各社区的宣传,居民也可以通过网站进行咨询,加强了居委与居民之间的互动交流。通过对网站便民服务的完善,为居民生活提供了方便,加强了社区服务。

最后,通过大众传媒的力量,创办了L街道社区周刊。据了解,L街道的社区周刊于2010年10月29日正式试刊,而社区记者的概念则在2011年2月提出,并在3月正式成立了“L周刊社区记者群”。将近半年的时间里,社区记者队伍随着L社区周刊影响力的提升也在日益壮大,现在已有将近100人。加入L街道的社区周刊记者群的人全部是关心L街道发展的普通居民。他们来自社会的各个阶层,遍布L街道的14个社区,即4个城市社区和10个农村社区,形成了强大的信息搜罗网络。借助L街道社区周刊的平台,社区记者通过投稿、爆料、Q群讨论等形式对发生在的身边的人和事进行深入报道。

总的来看,居民参与社区建设过程中主要是通过政府政务公开、听证制度、信访制方式参与社区公共事务的决策。同时,随着社会的日益进步和科技的快速发展也出现了参与的新途径,如民意调查制度、智库利用、非政府组织参与以及网络参与等。

3. 特点

自改革开放以来,“机制”这一

概念开始被广泛运用到对经济、文化、社会等领域的研究中,如"市场机制"、"分配机制"、"经营机制"、"社会运行机制"等等。在社会学领域,默顿可以说是最早对机制进行研究的社会学家,他通过吸收马林诺夫斯基在社会人类学中所倡导的功能主义思想和迪尔凯姆等人对社会进行结构分析的方法,在师承帕森斯的基础上建立了他的结构功能理论,并把社会看作一个由不同部分组成的结构系统,各部分之间依照某种相对稳定的形式结成一定的关系,这些关系则表现为功能并对社会现象有决定性影响(罗伯特·K. 默顿,2001:87)。而他对社会进行功能分析的范式当中包括了对满足功能的机制的研究。在我国,郑杭生先生以其四本著作:《社会学对象问题新探》(1987)、《社会学概论新编》(1987)、《社会指标理论研究》(1989)以《社会运行导论——有中国特色的社会学基本理论的一种探索》(1993)为代表,系统地阐释了他所提出的社会运行论,并将社会运行机制作为社会运行论中的重要概念之一(郑杭生,2004/5)。

那么,何为居民参与机制呢?要回答这一问题,我们需要讨论居民参与机制形成的前提,也就是说要把握居民参与机制形成的前提基础。众所周知,居民参与是在我国社区建设中逐步发展起来的。社区建设是一个动员、组织社区成员参与的过程,它的主体是居民群众,从主体的要求来说,必须依靠社区成员自己的积极参与来实现,通过培养居民的社区意识,激发出居民参与社区建设与发展的积极性(李玮,2004/1)。在这样一个背景下,居民参与对社区建设的功能作用是很明显的,它是社区发展的强大动力来源。政府通过引导居民群众积极参与社区公共事务的管理和各项公益、文娱互动,促进社区资源的利用和社区关系的融洽,打破长久以来的"陌生人"社会,使小群体的分散利益转向社会化的共同利益,从而进一步增强社区的凝聚力(杨荣,2002/3)。概言之,居民参与机制是指在基层政府引导下形成的一整套关于居民参与社区公共事务管理和各项活动的规范化、制度化方式。在一定意义上,居民参与机制表现出的是政府在推动居民参与社区建设时所采取的措施与效果之间的因果联系。居民可以以个体的身份或结成组织的形式,在社区居委会的统筹下,以合法、有效的方式参与到社区建设中去,以实现参与行为的积极引导和高效整合。

如上文所述,居民参与机制的形成需要经历一个过程。同时,其形成也需要一定的条件。我们知道,一般意义上的机制形成通过建立适当的体制和制度可以实现。那么,居民参与机制的形成需要哪些条件呢?或者说,居民参与机制是通过什么形式建立起来的?

第一,社区管理体制的改革和组织结构的调整是居民参与机制形成的制度条件。就社区管理体制而言,"上海模式"是通过"两级政府、三级管理、四级网络"这一城市管理体制改革,去推动社区的建设与发展,强化街道办事处的权力、地位和作用,将社区定位于街道,形成"街道社区",注重政府在社区发展中的主导作用,强调依靠行政力量,整合多方资源和力量刺激居民的参与行为;就组织结构而言,"沈阳模式"模仿国家政权机构的设置方式,在社区内开创性地设置了社区成员代表大会、社区协商议事委员会和社区居民委员会,并将其作为社区自治建设的几大主体组织,通过建立章程进一步明确、规范了三者之间的关系。在这种权力结构的设置下,一方面议事权和决策权分离,形成一种权力制衡机制,同时引入了不同的自治主体,明显突出了居民参与机制的激励和约束功能;另一方面,就管理结构而言,应该贯彻精干、高效的原则,合理规划社区的组织结构,进行科学的部门和岗位职能配置。社区组织结构发展的实践演变至今,多种组织形式在社区管理体制改革中都出现过,至于社区治理到底应该采用哪一种结构形式,则需要根据当地政府的改革思路和社区资源配置的具体情况来确定。总之,社区管理体制的改革和组织结构的调整是居民参与机制形成的首要条件,它决定着居民参与社区建设的内容、途径以及有效性。

第二,社区资源与相应的政策措施是居民参与机制形成的重要保障。一方面,社区资源主要指影响并保障社区居民健康的自然环境和社会环境,其中包括社区公共设施或场所(Kareu Witten, Daniel

Eneter, Adrian Field, 2003: 161 – 176),它包括物质资源和精神资源两大类。从宏观层面来看,社区内的教育机构、医疗单位、宗教组织、商业场所、金融机构等都属于社区资源;从微观层面来看,诸如基层政府对社区建设的资金投入,修建居民活动场所,购置的公共设施与活动器材,发掘民间人才,设立参与的奖项等属于社区资源。调查发现,社区资源中的居民活动场所、设施、资金以及民间人才等是参与机制形成的基础资源。另一方面,基层政府在引导居民参与社区事务管理或各项活动时,会实施一些方案或措施去保障居民的参与行为产生应有的效果,也会采取或物质或精神的手段去激励更多的参与行为,但这些政策与措施之间联系密切,层次分明。理清其中的脉络,才能使参与机制的构建具有较强的目标性,以获得事半功倍的效果。

第三,居民的参与需求与认知既是参与机制形成的动力,也是参与机制形成的目标所指。居民的参与行为不是一蹴而就的,尤其是推动居民参与到社区的公共事务管理和公益活动中去,需要的不仅仅是社区管理制度的创新、社区社会组织的培育以及一定量的物质资源和人力资源,更需要居民拥有参与意识和参与精神,认同社区的共建文化和社区建设的目标,与基层政府倡导的行为方式和价值观念相一致,这两者是相辅相成的。在这一过程中,政府为推动居民参与社区建设而打造渠道和平台,通过居民的有效参与而培育居民的参与意识,反过来居民的参与意识促使社区内拥有更好的参与氛围,使政府出台更多有利于居民参与社区建设的政策措施。但总的来看,目前我国城市社区居民的参与意识在逐步提升,但是政府的行动滞后于居民参与的需求。

综上可见,居民参与机制的形成需要从宏观到微观的三个基本条件。只有这些基本条件具备的情况下,参与机制的构建才有所保证,其运行也才具备相应的现实基础,还可以充分体现来自政府和居民的两种力量在共同推动居民参与机制的形成。

(二)居民参与机制运行基本因素

1. 社区自主权力的强弱

社区内是谁在决定要不要举办

某一次活动,是谁有能力找到需要的资源,是谁宣传最得力,又是谁说话比较有说服力?面对这些影响社区生活者的权力动态的问题,社区权力模式的经典理论研究给出了回答:精英控制论认为,社区政治权力掌握在少数社会名流手中,他们支配着社区生活的各个方面,控制着社区内的大部分资源;而多元论则认为社区权力不是由极少数人或一个小群体控制的,是分散在多个团体或个人的集合体中,它们都有自己的权力中心。那么,如果说正在转型中的中国社会将是一个自主社会,这一社会的日常生活领域会以不同类型的共同体形式建构,在共同体的日常生活领域维持社区生活秩序的权力究竟是什么?换句话说,在失去了单位庇护之后,居民在共同体的日常生活中究竟需要一种什么样的权力进行行动整合,并推进社区居民参与社区事务及活动?一直以来,由于我国城市社区制度建设是由政府强制实施的制度变迁,所形成的社区权力结构具有行政化的特点(彭健,2010/4),这导致了目前我国城市社区已经成为多种利益主体博弈的公共空间,在彼此博弈过程中,社区权利关系出现了多重形态,即社区党组织对居委会由外在干预转入内在介入,居民代表大会与居委会从形式上的行政层级转向实际上的协商参与,政府行政吸纳居委会,辖区单位冷处理居委会(陈伟东、孔娜娜、卢爱国,2007/6)。然而,这样的权力形态不利于居民参与机制的构建,社区居民亟须获得属于自己的民主权利。就前面两种社区权力理论主张来看,以往基层政府在主导社区建设过程中更关注社区政府职能的承接而不是自治功能的发挥,这直接造成了当前城市社区建设过程中社区组织、职能和权力出现行政化倾向,权力多集中于社区的精英群体手里,由一小部分人控制并支配着社区的各项资源。而走到今天,社区建设的发展趋势是走自治的道路,也就是说要实现居民自己管理自己的社区相关事务这一目标,通过居民参与机制的有效运行来拓展居民参与的广度与深度。

那么,何谓社区自治权力?首先可以肯定的是,它不属于政治权力,而是对社会生活的一种管理资格。其次,在通常情况下,人们所投入的价值资源并不是由所有人来共同支配,所产出的价值利益也不是由所有人来共同分配,而是由一个人(即领导者)或若干人(即领导集体)按照相应的法律、制度、规章或伦理道德,根据集体的基本意志或利益要求,对投入的价值资源或产出的价值利益进行支配(陈兴云,2011:52)。为了充分利用集体的各种价值资源,使集体的公共价值资源能够充分代表集体的意志或集体的利益价值观,从而产生最大的价值增长率,就必须推选一些领导能力强、道德品德好、利益相关性强(股份数多)的人来支配这些公共价值资源,并赋予相应份额价值资源支配份额的资格,这种资格就是权力。由此给出权力的本质,就是集体赋予领导主体(领导者个人或领导团体)支配公共价值资源份额的一种资格。那么,社区自治权力就是指社区建设脱离强制性干预的外部力量,社区内各利益主体通过民主协商的方式来处理社区公共事务(陈伟东,2004:41),并使社区呈现自我教育、自我管理、自我服务、自我约束这一发展状态的资格。而这样一种资格是政府通过法律赋予社区居民的权力,它的获得与增强直接决定着居民参与机制运行环境与条件的优劣,成为参与机制中的动力机制的最强来源,有力地推动居民更好地参与社区公共事务的管理和各项活动。

总之,社区是各种社会人群、各种资源聚集的节点,研究社区权力的来源、分配和履行必然就成为分析影响居民参与机制时的一大因素。经过十多年全面建设社区的努力,城市社区权力已从居委会单一中心转向多元权力组织并存的格局,社区居民通过社区管理者的选择、社区权益的保护、社区问题的解决等路径表达公民性(闵学勤,2011/4)。故此,社区建设强调参与,基层政府在积极动员居民参与的同时,要及时而充分地授权给居民,增强他们参与决策的机会,尽可能把社区层面与居民直接有关的公共事务交给居民自己来决定,逐步使居民从认可具体事务上的自我决定,进而到认可自我决定的方式,认可做出自我决定的权力,最后形成和尊重自我决定的习惯和制度。也只有主动的同意才是真正的同意,在这种同意基础上的权力,才能得到广泛的认可和服从。由此，群众自我管理的“草根民主”就有了基础，就可以比较顺利地建立起来（夏树人、曾海龙，2005：186）。值得指出的是，虽然政府现在提放权，放权并不表示失控，浮出水面来管理才是更有把握的一种方向，一旦放权就需要很多民间团体来承接政府的公共服务工作和职责。而现实的状况是现有的民间团体力量很弱小，并没有那么多的社会组织来承接政府的部分公共职能，需要一些枢纽型社会组织支持政府的社会管理工作。

2. 社区资源的利用效率

社区资源总的来看分为人力资源与物质资源。从广义来看，社区资源指一个社区内一切可运用的力量，包括人力、物力、财力、知识与资料、历史传统、生活习俗、发展机会、地理与天然物质、人文社会环境等。从社区资源开发与整合的角度来看，任何社区资源都不是孤立存在的，大多依附于社区中的社会组织或社会网络。因此，对社区资源开发与整合可以从两个层面来考察：一是对社会组织资源的开发与整合，二借助社会网络的建立达到利用资源的目的（林闽钢，2002/9）。

首先，居民参与机制能否很好地构建与该地区的经济发展水平以及居民自己的社会经济地位密切相关。许多研究表明，在不同的经济条件下，居民参与的程度及政策偏向可以极不相同。虽然经济发展的程度与居民参与的程度不存在简单的对应关系，但从我国各地区发展的长远过程来看，一般而言，经济发展程度越高，社区居民的参与程度也越高，当地政府对于居民参与的一整套机制的打造就越完善。其次，特别重要的是，居民参与机制的状况还与其所在地区的民主环境直接相关，特别是当地政府所倡导的民主精神和公民意识。居民的参与必须有相应的政策保证和宽容精神的支持，否则就难以有真正的民主。地方政府要为居民参与机制更好地运转提供合法的渠道、方式、场所，并且当居民的参与行为受到非法侵害时，保护居民的正当参与权。接下来，场所、技术性的手段、工具等也会影响居民参与的质量和后果，是居民参与机制运行的重要保障条件之一。例如，社区内有没有可供居民活动的场所和设备，大众媒体和现代通信技术能够在多大程度上服务于居民参与,这些都直接关系到居民参与的效率和效果,更加关系到参与机制的最终实现。最后,终归到底,人才是所有资源中最为核心的资源。居委会在多大程度上使用好本地的人力资源便成为居民参与机制能否顺利运行的关键因素之一。换句话说,居委会能否最大限度地发挥骨干的作用,现有的人是不是用到极限了,能否挖掘更多的人才,这需要居民和居委会平时通过观察、推选来了解,这也是促进居民参与机制良性运行的重点所在。

L 街道社工局副局长 ZLH 说:

> "早期是只有几个人,现在是好多人都有这样的意识,参与的意识是慢慢地培养起来的。对于社区建设也好,社会管理也好,这个是需要非常鼓励的。这几年,我就是一直在想,利用我们身边的资源,为我所用,人的资源就是最大的资源。"①

此外,很多地区保护本地人利益的方式,直接影响着资源分配的方式,影响着参与机制的构建。

L 街道社工局副局长 ZLH 说:

> "我们社区是管理跟服务,也不存在什么秘密问题。说老实的,有些策划也不是完全能先去征求意见。因为我们的人手很有限,时间也很紧张,工作量大,不能及时去做相关的事情。其实,私底下我有去征询大家的意见。像是这次的社区整合,他们是不大愿意的,主要是因为之前的工作已经很熟悉了,打乱了重新来,人员之间的配合很难,加上服务也不能那么细致了。关键看到时候大家的磨合了。作为政府,我们也不赞成。其实社区管理,最科学的是 2000 户,但是我们领导的思路是'大社区、大管理、大服务、多资源',但是从管理精细化的角度来看的话,从贴心的服务来说,小的还是有小的好。我觉得社区建设事

① 来自对 L 街道社工局副局长 ZLH 的访谈记录。

无大小,也应该跟居民公开。”①

值得指出的是,NH区在社区建设的过程中非常注重社区内资源的利用效率,并通过资源整合的方式来提高对社区资源的利用率。其中,L街道就于2012年5月上旬正式对街道的B、C、D三个社区资源进行整合,并作为试点探索了一条整合现有社区资源的方式。整合后,撤销原B、C、D三个社区,合并成立新的B社区,同时设立社区党委办、社区事务办、社区居民服务所等,L社区行政服务站更名并升级为B社区服务中心,取得法人资格独立运作,不再依托居委会。三个社区整合后,原服务点不变,社区居委会对群众服务质量不减,居民依然享受十分钟服务圈生活,同时公共场所、设施利用将实现最大化,新的B社区内拥有中心广场、文化公园、城中公园、状元公园等场所,同时还保留原C社区活动中心、原B社区活动中心和原D社区活动中心。城区社区居民可以到更多公共场所开展文体活动或使用公共文体设施,以往居民在活动场地方面受到的限制被打破。② 居民反映,过去L虽然实行多社区一站的试点,设立了社区行政服务站,负责处理社区内的行政服务工作,但由于该服务站没有机构代码证,所盖的公章不被其他部门承认,因此很多群众到服务站办理相关证件后仍然需要回居委会盖居委会的公章。如今升级为社区服务中心,三个社区居民的行政服务都集中到中心办理,盖的公章将会是B社区居委会的章,可减少群众跑来跑去的麻烦。

总之,我国城市社区的建设一直缺乏资源,基层管理人员与居民的能力都不够,这些方面的改革都是针对当前的问题,意义重大。不过也要注意,在推动社区建设的资源整合方面不能片面,需要综合考虑政府的行政行为力度是否过大,人事安排是否合理,居民是否能接受等因素,否则会带来一些负面的影响。概言之,社区自治权利的获得将直接影响参与机制中动力机制

① 来自对L街道社工局副局长ZLH的访谈记录。

② L街道三社区整合成为“B社区”。

的设置，而社区资源的利用效率将决定参与机制中保障机制的设置。

3. 社区社会资本状况

在社会资本理论的相关研究中，“参与”指的是个人的社会关系网络以及参与社会事务的机会，通过社会事务的参与从而加强对个人关系网络的认同和归属感。在实践里，自20世纪90年代我国拉开城市社区建设序幕以来，社区发展中的基层民主建设与社会资本两者紧密联系、相依相存，既相互制约，又相互促进。一方面，社区居民的广泛参与有助于加强社区内邻里之间的沟通与团结，编织居民的社区关系网络，形成凝聚力，增进彼此的社区社会资本；另一方面，社会资本的增量是在居民的人际互动以及居民参与社区建设中逐渐实现的。因此，在构建居民参与机制时，需要考虑通过推动居民参与社区公共事务的管理和各项活动，培育起居民的社区社会资本，反过来，居民拥有良好的社区社会资本也将促进居民的参与行为，如果，居民没有从社区交往中获取丰富的社会资本，居民的参与行为也不会得到增强。可见，社区社会资本对社区建设有着积极的作用，很多学者从推动社区发展的角度来研究社区社会资本功能和作用。赵坤阳认为社区资本的积累及其功能的发挥可以推动社区自治的真正发展，并最终促进整个社区的和谐发展（赵坤阳，2009/9）。就社区建设而言，社会资本总量的大小与分布情况，将决定社区居民的参与活力度与效率大小，以及社区的凝聚力强弱。社会资本存量丰富且分布均衡，居民的社区归属感就强，社区参与度就高，社区建设的效果就好；反之，社区就会因居民不愿参与社区公共事务的管理与各项活动而缺乏认同感，社区发展的目标就很难实现。从这个意义上说，社区是社会资本存在与发展的基础，社区建设也依赖于社区社会资本的高存量和均衡分布，社区社会资本对社区建设与居民参与起着明显的促进或制约作用。概言之，居民的社区社会资本是居民参与机制的内在动力和源泉，居民在参与社区各项公共事务管理和活动时所拥有的社会资本将直接影响居民参与机制的良性运行。居民社区社会资本的不足将直接导致参与机制中动力机制的减弱和保障机制的增强，这将影响参与机制构建的内容重点。

(三)居民参与机制运行的主要成效

1. 创新社区管理体制

为了提升社区服务,2008年L街道结合社区党支部、居委会换届选举工作,按照“政社分离、服务优先”的原则,通过建章立制,先后由街道办事处出台了9份配套性文件,推进社区管理体制改革,搭建起“两委一站”的社区管理新体制。“两委”即社区党支部和社区居委会,“一站”即社区政务站。同时,各社区党支部书记兼任社区行政服务站的站长或副站长职务,各社区党支部的支委成员既可以通过竞争上岗担任社区行政服务站的工作人员,也可以留任社区居委会,从事社区党支部和居委会的工作。L街道按照地域及片区管理的原则,在A社区采取“一站一居”的形式,由社区居委会书记、主任兼任政务站站长,政务站有社区雇员和综合协管员14人;居委会专职“两委”4人,兼职委员3人,合计7人;在B、C、D三个社区按片区采用“一站多居”的形式,即设置一个社区政务站,合理统筹政府在B、C以及D社区的政务工作,共有社区雇员和综合协管员21人,下设4个工作组,分别是:行政事务组4人、民政事务组1人、综合管理组7人、计生管理组6人。B、C以及D社区分别设立社区党支部、社区居委会,每个居委会各有5人,专职“两委”3人,兼职2人。从2009年6月起,各政务站与居委会在人员管理、工作职责、经费预算及办公场所上开始实施真正的分离。可以说,通过社区行政服务站来为居民提供“一站式”的政务服务,保证党和政府各项工作在社区基层的落实,是解决社区居委会行政化问题的重点,也是建立新型社区架构的基础,为社区居委会集中精力服务居民群众创造条件。另外,社区党组织领导社区政务站、社区居委会工作;社区政务站履行政府在社区的行政职能,协助社区居委会处理居民公共事务;社区居委会依法开展社区自治和服务活动,代表居民对社区政务站提出建议、进行监督评议。截至2012年5月,L街道对四个城市社区的管理进行了调整,实施了社区整合,将B社区、C社区以及D社区合并为B社区,以便实现资源共享。

可以说,通过社区管理体制的改革,街道的城市社区理顺并完善了组织架构,明晰了各部门的职能,逐步构建起居民民主自治的平台。同时,街道还加大了社区硬件基础设施的投入,提供了社区综合服务,以丰富居民生活,满足居民需求。L街道的城市社区试点工作通过了NH区政府的验收,并且国家、省、市、区社区建设的专家、领导先后多次到街道调研、检查社区工作,L街道多次获得“省六好平安和谐社区”称号。街道也被NH区推荐成为F市唯一申报全国和谐社区建设示范街道的单位,开展创建“省六好平安和谐社区”及“省体育先进社区”的工作。

L街道社工局副局长ZLH说:

“政社分离这条路,应该是我们走得比较准。2007年的时候真的没有这个概念。政社分离,服务优先。这个是搞了好多稿子,才提出来的。我也赞一下我们的领导,他们真的是很有魄力,要么不搞,要么就搞彻底一点。当时,我们也是在讨论是一站一居,还是一站多居的问题,怎么分。如果是一站一居,可能就会换汤不换药,就可能分得不彻底。相互调换人手,人财物不能独立的话,就很麻烦。虽然A是一个账目,没有分开,但是一个账目下是分作2个分账的,居委会的是居委会,与政务站的经费,是不能交叉的。现在,我们改革啊,一定要坚持,工作一定要专。居委会你就一心搞活动,不能走回老路,居民也认可。我们有更多的精力来搞活动,搞服务了。中央办公厅,2010年年底,出台了加强社区建设的意见,就不赞成政务站独立出来。我们当时就想,把政务站作为政府的一个行政派出机构来搞,后来说,这慢慢来,工作上独立,但是行政作为社区服务的机构这样子。反正我们的指导思想是做好服务,我们的行政服务也很专业,居民服务也很到位。虽然,我们说我们一直在争取将政务站作为事业单位来管理,关于定性的问题,我想最主要、最迫切的,我们现在改成‘社区服务中心',需要区里面的指引。属于哪类组织都好,反正是一定要做好居民服务。我们社区的分管领导换了好几任了,我就一直没有换。我就常常跟领导说,我们不能走回老路啊,一定要确保人员的本位回归。"①

2. 发展社区民间组织

民间组织的动员机制建构,应充分考虑组织与个人在工具理性与价值理性两方面的诉求,借助正式组织结构与非正式关系网络两种沟通渠道,使用现实与网络两种平台,建构法律制度与文化氛围两方面的社会背景。具体来说,包括如下几方面:完善民间组织登记备案制度、制定民间组织促进政策、完善民间组织的内部治理机制。

(1)打造社会组织的孵化基地

NH区社会组织的孵化基地位于桂城怡翠花园的创益中心内,是全市第一个社会组织孵化基地。建立近半年来,已有11家社会组织进驻。在这里,社会组织每年只需象征性地缴纳1元场地租金,而且可以利用政府搭建的平台承接公共服务项目。着重培育公益服务类社会组织,鼓励社会组织提供医疗、就业维权、体育文化等公共服务。通过建立孵化培育基地,为社会组织提供办公场所、政策咨询、项目策划等服务,可以让社会组织集中资源走专业化路径,提升社会组织的主运作和发展能力。2012年3月15日佛山市社会组织孵化工作现场会在桂城创益中心举行,NH区社会组织孵化基地被确定为F市社会组织孵化示范基地。经过评估后,可成为具备承接政府职能转移和购买服务资质的社会组织。2013年1月,L街道计划成立"邻里空间",打造具有示范作用的社会组织培育基地,进一步推动创新社会管理。"邻里空间"将基于"邻里·帮、邻里·助、邻里·缘、邻里·爱、邻里·情"五大板块,针对外来工、老人、青少年、妇女、困难群体开展关爱帮扶等服务。

(2)简化登记程序

国际上多数国家对社会团体的登记程序,基本上是"一次申请",

① 来自对L街道社工局副局长ZLH的访谈记录。

有关部门审批时间也较短。而我国对社会团体的成立登记程序要求比较严格,规定必须经过申请筹备和申请成立两个阶段。其中申请筹备的时间为60日,申请成立的时间目前为30日,简化登记只是针对公益慈善类等特定类型的民间团体,如社区内服务老人、儿童的组织,但很多其他类组织没有得到一些真的优惠,包括一些手法比较先进的倡导性机构,或者服务于外来工、艾滋病人的组织。民间组织的登记简化与管理科学化将是促进民间组织更好发展的重要措施之一。

(3)加大资金扶持力度

G省财政从2012年起设立培育发展社会组织专项资金,用于支持社会组织有效承接政府职能转移、购买服务和授权委托事项,支持社会组织培育服务品牌、提供公共产品和公益支持。同时,2012年度申报专项资金扶持的社会组织共1084家,发挥枢纽作用的社会组织18家,通过资格审查的社会组织共1009家,终审报告提出专项资金扶持360家,其中发挥枢纽作用的社会组织1家。[①] 按照省级培育发展社会组织专项资金管理相关规定,省财政厅、省民政厅拟对终审报告提出的360家社会组织按照行业协会类30万元、公益类20万元、学术联谊和公正仲裁及群众生活等类10万元,其中发挥枢纽性作用的社会组织不分类别按30万元予以扶持。2012年5月,NH区民政和外事侨务局今天发布了《关于公益服务类社区社会组织财政补贴的实施细则》。按照细则,该区将对在成立阶段确有困难的公益服务类社区社会组织给予1万元开办费补助,同时对每个社区公益服务类社会组织每年补助财务审计费用1000元。目前,NH区登记在册的公益服务类社区社会组织有22个,其中今年新成立8个,均为L街道的邻里中心。

(4)购买公共服务

从2007年开始,L街道采用政府购买服务、项目管理的方式,将部分公共服务委托社区居委会组织社会力量承担,减轻社区居委会的工作压力,提升社区服务的专业化水

① 广东省财政专项资金扶持社会组织[EB/OL],[2013-01-04]。

平,还承担起居委会工作人员、义工、社工等的培训工作,起到较好的传帮带作用。2008年6月,L街道共出资28.57万元,向社会3家服务机构购买社区服务,更好地满足社区居民的各种不同需求。其中,向G省仁爱社会服务中心购买社区综合服务项目,包括青少年、长者社区支援、家庭及社区、社区康复4个方面共计41项服务,并对街道居委会工作人员、社工、义工起到传帮带的培训作用。向NH区福利中心购买居家养老服务,为33名长者提供生活照料、家政服务、康乐活动、精神慰藉和医疗护理等居家服务。此外,还积极开展居民喜闻乐见的各类活动,包括专题讲座、街头义诊、咨询服务等,开展居民调查,发挥桥梁纽带作用,积极向政府部门反映居民意愿心声等。通过前几年的经验积累,2011年政府购买服务在形式和内容上进行了调整,务求服务更专业,更具效益:一是向NH区福利中心为社区10名老人购买居家养老服务;二是拟向F市春晖社区服务中心购买社区服务技巧培训和个案督导服务,由资深的社区服务导师现场向社区邻里中心传授社区服务的初级技巧,并开展社区各个个案服务;三是继续向火龙科技有限公司购买网站维护服务,配合创建全国文明城市及A社区、D社区创建“全国综合减灾示范社区”,社区网站开辟了“创文”及“防灾减灾”专栏,及时宣传“创文”及防灾减灾知识和活动动态,极有效地推动两项创建活动的开展;四是街道与华中师范大学社会学院合作,共同开展“社区建设与社区发展调查研究”,总结L城乡社区建设与社区发展的经验,思考L城乡社区未来的定位和发展方向,探讨进一步挖掘和整合社区资源,打造L社区建设品牌,提升社区服务和形象的路径和方法。

总之,一方面多培育一些民间组织,用团体去发声。如果仅仅鼓励社区居民以个体的名义一个个地站出来提意见的话,效果也不是很明显,除非他们彼此都有一致的利益诉求,不然也很难出来。但是如果有组织的话,一般情况下他们都会有一些共同的诉求,起码是有一些共同的生活追求,或者是利益,或者是兴趣、目标什么的。对此,目前正在逐步实施的社区参与孵化措施就显得尤为重要。要为社区孵化民间组织提供法律、政策、财务、社会保障等方面的咨询服务,要不断提高社区工作者和民间组织负责人的管理水平和能力,毕竟社区组织是最重要的参与平台。另一方面,正在创新居民参与形式,因地制宜地探寻适合本区域的居民参与模式,也给居民参与机制的运行加大了马力。特别是在信息时代,社区参与渠道方面的创新正在加强,充分借助信息化平台,拓展参与渠道。此外,社区民间组织的发展在我国城市社区建设过程中表现出许多的先天不足,目前还是一个新兴事物,处于发展的初期。然而,随着我国社区建设的不断深入,社区民间组织的作用日益凸显,成长轨迹越来越清晰,发展前路也更加明朗。所以,在新的历史时期,政府要承担的社会责任从未减少,而是更加重大。要唤醒民众的市民意识,整合“单位制”解体后的个体行为,使社区民间组织成长为可以与政府协作并共同完成基层社会事务管理的伙伴,还有一段较长的路要去探索。

3. 提升居民参与能力

在居民参与机制的运作过程中最为核心的因素就是人,任何一个二级参与机制的设置都是围绕着参与主体展开的。社区民众参与意识和民主意识的逐步增强是推动社区建设与发展的主要力量(邓正来,2008:7~9)。

(1)加强社区宣传

除了传统的社区宣传栏设置、社区活动开展之外,L街道切合现代都市人的生活方式与习惯,使用了多种宣传渠道和手段,利用网络、媒体的新优势。例如,《L社区周刊》的创刊,这是L街道和《珠江时报》的重要合作,派驻记者扎根社区,报道社区内发生的大小事情,不仅成为政府与群众沟通的一个良好平台,更在宣传基层文化与社区建设方面做出了贡献。

B社区居委会兼职委员、社区理事会理事KZP说:

> “我的感受就是,以前虽然是不了解,其实是没有宣传啊,居委会的模式啊,怎么操作,居民就不知道啊,大家也没什么感情啊。我退休之前那个时候对社区的事情真是没有什么了解。以为就是大妈啊,什

么搞搞，巡逻啊、治安啊，或者居民的投诉、家庭矛盾的调解啊，下水道的投诉，就是以为那些工作。我真的还没想到。现在，我们应该是对他们的任务了解得比较透。”①

D社区邻里中心主任GCL说：

“我们不可能去调查这个、那个的。我觉得，邻里中心，其实也是个可以宣传、协助政府的工作，比如说居委会的工作，把一些政策做些宣传，社情民意诶，我们收集一下。都有哪些选出诶？其实，诶，也是，都是说，什么孝德诶、宜居社区的创建诶。比如，民政工作，低保户的审核诶，需要你们帮手不诶？这个是行政服务站的工作。我们也有去问过，上次去探访，居委会原来已经调查到的，我们也知道的两户，我们也去问，这栋楼啊，有没有特别困难的，需要帮助的诶。”②

(2)深化社区教育

社区教育指的是以社区人员为对象所实施的教育活动，目的是为社区服务和有利于社区发展(邓伟志，2009：261)。目前，社区教育的内容和形式都比较丰富，对象也在逐渐扩大，包括外来务工人员也可以接受社区开展的各项免费培训活动。这有利于异地务工人员消除在生活中经常有的受排斥、歧视等心理感受，突破他们和本地居民之间的文化壁垒，进而减少受到户籍制度所造成的权利不平等的影响。

A社区居委会书记WQG说：

“居民的参与能力是有的，没有他们的参与的话，就没得搞啊。除非是全部由政府操纵，不关群众的事，轮不到你讲话。现在不同了，很多事情还给群众了嘛，社会透明度都好高。”③

---

① 来自对B社区居委会兼职委员、社区理事会理事KZP的访谈记录。

② 来自对D社区邻里中心主任GCL的访谈记录。

③ 来自对A社区居委会书记WQG的访谈记录。

C社区邻里中心副主任LY说:

> “还是希望像春晖啊这些,不定时来看看,帮个手什么的,或者一个月一次。看看我们有什么需求啊。虽然走上正轨,但是还有很多情况需要指引。”①

A社区居委委员、专业社工HXF说:

> “如果居民的素质都不高,你搞些超前的东西,就不行。你看,我们都是中等收入,打工族、做小买卖的,他们五湖四海,素质偏低,我走访的时候,看到她们在搞刺绣喔,年尾的时候,我就搞了个刺绣展,参与度很高啊。”②

总而言之,社区建设的硬件是必要的,但是软件更重要。要使社区真正成为一个守望相助的共同体,还得依靠居民的共识,共识来源于共同的需要和活动,我们要面向有着不同需求的居民,找到大家共同的生活内容和共同的活动方式,为居民的共识建立一个现实的基础,也需要创造条件,帮助居民形成集体生活的行为习惯和道德意识。如何结合居民的生活,开展道德建设,帮助他们提高自己的素质,培养自己在社区中的自主安排事务的观念、能力和习惯,仍是社区建设和社区研究的一个重要而紧迫的课题。社区建设的目标之一就是要建设一个基于中国优秀文化传统的守望相助、尊老护幼、知礼立德的现代文明社会,这实际上也是社会主义道德建设的一部分。坚持党的领导是“草根民主”建设的基本保证,在居民经济已经自立,在社会生活上也开始逐步自理的情况下,如何改进党组织对各类社区组织的领导方式和工作方式,如何充分发挥社区党员的示范和凝聚作用,如何在尊重居民的意愿和要求的同时,促成全社区的互相合作,协力安排共同生活的格局,建设起多样化的、充满生

① 来自对C社区邻里中心副主任LY的访谈记录。

② 来自对A社区居委委员、专业社工HXF的访谈记录。

机活力的、以群众自我管理为主的新型社区(夏树人、曾海龙,2005:188)。

4. 培养居民参与意识

居民参与意识的强弱取决于社区意识,这种社区意识包括居民的自治观念和社区归属感(周伟文、赵巍,1999/11)。长期以来,社区行政化的管理造成了社区建设力量单一的局面,主要依靠政府自上而下的推动。因此,居民对于社区参与的认知和态度都不足,社群意识更是比较淡薄,一方面产生了对政府权力和资源的强烈依赖,但另一方面也对基层政府排斥居民参与产生了不满。另外,在现阶段人们"单位人"的角色定位也没有得到根本转变,对社区的归属感很弱、社区参与程度不高,对社区的发展表现出一种观望甚至漠不关心的态度。

共同的社区意识是社区强大的凝聚力,社区居民出于对本社区的强烈关注而积极参与社区事务的管理。如何在居民中形成强大的社区凝聚力呢?这需要一个长期努力的过程。但可以肯定的是,社区凝聚力的大小取决于居民如何看待"社区",也就是说,政府正在建设的"社区"究竟是什么。在本次调查中,有39.6%的居民认为"社区"就是居委会,这是一个非常传统且符合我国社区发展实际的认知,有14%的居民认为"社区"就是自己的住宅区,这是一种典型的地域理解,也有43.4%的居民认为"社区"应该是有归属感、认同感以及人际关系融洽的地域性生活共同体,仅有0.8%的居民不清楚什么是"社区",2.1%的居民没有思考过这个问题。可见,居民对社区的认识在提升,这应该得益于L街道的社区宣传活动和特设社区的建设开展。

此外,社区意识的另一个重要方面就是社区认同感的增加。调查显示,有59.1%的居民很乐意向别人正面评价自己所居住的社区;有33.7%的居民表示就算有条件,也不愿意搬出现在的居住社区,对目前的社区生活很满意。可见,居民对社区的认同感在增强,越来越感到自己所居住的社区管理良好,社区服务也不错。

总而言之,社区居民的参与意识是一个多层次、多结构的复合体,而非简单地来自某一两个因素。一般来说居民的参与意识来源于其社区认同感与归属感,决定于居民的社会责任意识,与社区整体环境包括社区公共管理职能的完善有关(贺研,2004/9)。基层政府和居委会在推动居民参与社区建设的事务和活动时应该从社区认同感着手,开展切合实际的工作,给居民更多、更真实的参与感受。

三、新社会背景下的居民参与行为与机制

随着基层社会治理模式的转变,城市社区建设取得了很多成绩,在搞好社区服务的同时积极推动各方力量参与社区建设,使社区工作逐步实现社会化(冯晓英、魏书华,1998/3)。在这一过程中,长期以来存在的居民参与不足、参与效果不佳等状况得到了一定的改变,同时居民在参与社区公共事务管理和各项活动时的参与广度、深度、路径以及方式等都在发生明显而深刻的变化。本文通过对城市社区居民参与情况的调查,分析了居民参与在新的社会发展背景下所呈现的特点和发展趋势,构建了城市社区居民参与机制,并阐述了居民参与机制的形成、分类、运行及成效,提出了推动居民参与机制良好运行的基础保障。通过前文的分析,本文对城市社区居民参与行为的特点、参与机制构建的问题进行了如下的总结与思考。

(一)城市社区居民参与行为的特点与发展趋势

在城市社区,居民总体的参与率低下、参与主体不平衡、参与热情不高、参与效果不足可以说是一个全国性的问题。然而,随着经济体制改革的深入推进,我国的基层社会治理模式、社会组织方式、价值观念和行为方式等正发生着更加深刻的变化(宋林飞,2002/6),如政府的管理与基层社会的民主自治日益结合,社会组织的快速成长以及居民权利意识的增强等,这一系列变化给基层政府推进社区居民参与的探索与实践已产生巨大的影响,带来的机遇与挑战使得居民参与呈现以下特点与发展趋势。

首先,居民参与行为倍增。外来人口的增加,一方面给社区的有序管理增加了难度,外来人口的部分参与受到当地基层政府的限制,如在政治性事务的参与方面;但另

一方面他们对社区归属感的渴望更强，促使他们更多地参与社区活动，其积极性比本地居民更高，给居民参与增添了活力。从个体居民的参与情况来看，参与主体在不断扩大，但主体结构不均衡，参与人群的分布较为集中。参与的居民从性别、年龄、文化程度、收入、户籍情况和所处社区类型来看，参与率不尽相同。在性别方面，女性的参与度仍然高于男性，尤其是在文娱活动和公益服务这两方面；在参政议政方面，男性居民在对居委会提出意见或想法的时候表现出了与女性不相上下的参与度；在年龄方面，表现为老年人和青年人参与的人数较多，中年人参加的较少，呈现两头大中间小的状态。但较之以往，中年人参与社区义务服务的热情和行动率越来越高；在文化程度方面，高收入与低收入的居民参与度相对较低，中等和中上收入水平的居民参与度最高，呈现两头小中间大的状态；在户籍方面，外来人口的参与活力较大，参与文体活动的热情、积极性和特长甚至高于本地户籍居民；在所处社区类型方面，传统老城区的老年居民参与度高，新开发楼盘的外来户籍居民参与度高。此外，参与主体在不断扩大，数量有所上升，参与愿望日益强烈，活力度在提高，参与的主体在意见表达方面具有一定的代表性，无论是青年、中年还是老年人，各行各业和不同阶层的人均热情高涨地参与社区自治管理，如定期召开社区会议，提前向全体居民公开议题、时间、地点，就某个重要或比较重要的决策召开社区听证会，竞选社区专业委员会委员、志愿者服务等。从组织参与的角度来看，由个体居民组成的参与主体主要有社区非营利性组织和志愿组织、社区民间自治组织、专业性社区组织等。在这些组织化的参与主体中，表现最突出的是社区非营利组织、志愿组织以及社区民间自治组织。它们成为推动居民参与社区建设时很重要的渠道和载体。其中，社区非营利组织和志愿组织的宗旨是关注社区中低收入居民的利益，通过共同参与，提升社区生活品质。专业性社区组织的出现为增强社区话语分量和提升专业度贡献了重要力量（臧雷振，2011/4），如社工机构，它们为社区居民的参与行为提供了各种指导和帮助。社区民间自治组织更是充分调动起居民的参与热情，发挥他们的才能，为社区的建设与发展建言献策。总之，以社区组织形式组成的参与主体，虽然规模各不相同，规范程度也有差异，有的组织以单独行动为主，有的组织与其他组织相互协作，但是定期的活动与交流，扩大了参与的影响，提升了行动的成功率和效果。相较于传统的个体参与，社区组织的参与更加强调组织性与团体性，有利于培养居民的参与能力、提高居民参与的成效，便于居民和政府之间的沟通与合作。同时，组织化的合作还强化了个体的社会性本质，进而增强了个体居民的社区意识和参与意识。总的来看，参与主体的开放性与代表性均有所提高，并且居民对社区的积极认知在增多，大部分居民都意识到，更多的居民参与社区公共事务管理和活动将有利于社区建设与发展，也有利于满足自己的个人生活需要，故都表现出较高的参与热情。但居民在生活中所实施的参与行为与其参与意愿不成正比，远远少于参与意愿中的行为预期。造成这一局面的主要原因在于保障居民参与的社区物质条件不足和居民对基层政府的信任度低。此外，社区不是单位，更不是大家庭，我国的城市社区建设基本上是以法定社区作为操作单位，在实际确定社区这一实体的过程中，最为关键的标准是地域界限，居民之间没有太多的直接经济利益和血缘关系。在社区里，个人凭什么接受管理或制约，又为什么要“管闲事”？故此，要让大家接受管理，愿意管理，主要还靠文化认同，在价值观、思想方法和生活方式上找到同一种感觉，寻找一种基于传统的共同观念和心理基础，并深挖其文化内涵，使之与居民的生活联系得更加紧密，甚至将其内化于生活方式，重新培养认同感、增强凝聚力，需要促成从地理性的小区向有足够的互动和认同感的社区过渡。这样，社区认同的作用就会得到凸显，通过居民的同心协力来建设一个互助互爱、知礼树德的精神文明社区，共同营造一个邻里和睦的美好生活环境，实现社区认同的最大效应，这需要一个较为漫长的过程。从客观上来讲，需要建立起共同的生活价值观，即有一种共同的责任感，发生大小事情，大家都有一种责任感，要一起去面对和解决,这是参与社区建设事务的良好基础和前提条件。L街道在城市社区建设过程中,通过培育邻里关系,逐渐使居民拥有共同体的生活感受和社区观念。当然,强化居民的参与意识的最终目的在于优化社区服务,通过居民自身的参与来丰富社区服务的内容,提升服务的效果。反过来,社区服务的提升又需要培养和强化社区居民既服务自己又服务于社区的意识和能力(夏树人,曾海龙,2005:90),两者相辅相成。

其次,参与内容涉及社区建设的各个方面,正逐渐从部分参与转向全面参与,包括政治性事务、社区服务、环境与治安以及公益与文娱活动等内容,但参与的程度并不深,力度不大,尤其在社区的政治与经济建设方面的居民参与较少,呈现出参与内容不平衡、参与层次不高的特征。同时,性别因素对居民参与社区公共事务讨论和社区文化活动的影响是显著的,女性居民的参与远远多于男性居民;户籍状况对居民参与社区治安保卫和环境卫生维护的影响是显著的,本地居民比外来人口更多地参与到社区治安和环境的维护工作中;年收入与居民参与社区公益活动的程度呈正相关,居民收入越高,参与社区公益活动的频率越高。

再次,在居民参与路径与方式上,基层政府开始大力培育社区民间组织,为居民参与探索了新的途径,使居民参与呈现组织化状态,促进参与行为越来越协同化发展,并且广泛运用互联网的手段,大量增加新闻媒体的介入,打造了更多的参与渠道和平台。随着社区民间组织的发育与成长,居民参与行为开始从个体参与转向组织参与。而我国文化的思想内核是群体意识(易中天,2003:119)。然而,这样的群体意识基于血缘关系的维系,还需要走向契约关系。

最后,参与意识逐渐增强,参与热情有所提升,开始从被动参与转向主动参与。但整体而言,居民的参与仍然是被动的。综上可见,居民参与的渠道呈现多元化、组织化的状态,参与方式也十分多样化。首先,根据居民参与的程度、作用方式及权力分配等(李立,2010/2),参与方式可分为直接参与和间接参与两大类。前者主要是举行社区居民会议、社区文化与体育活动、公益服务类活动以及维护社区环境卫生等行动,后者主要有选举社区决策人员、选举居民代表、评议社区干部等方面的内容。其次,根据居民参与的组织化渠道来看,如居民参加到这些由基层政府培育的社区民间组织中去,通过向组织表达意见、反映情况,大家凝结集体智慧的力量,不但其意见的代表性广,而且效果佳。同时,政府也非常鼓励这样的组织化参与方式,不但可以提高基层管理的效率,减少大量的人力、物力投入,更重要的是居民的参与度在提升,居民的参与是在政府可控范围之内的。再次,参与的具体方式呈现多样化,如各类意见征集会议、主题论坛、刊物(社区报纸、黑板报等)、意见箱、电话、互联网为参与提供了重要的物质条件。此外,当居民有很高的参与热情和参与需求时,如果缺乏通常的合法参与途径,正常的参与受阻,而居民在参与过程中又缺乏足够理性,则会出现居民的非法或非正常的参与行为,例如,居民在政治参与中与政府发生冲突,通过示威、静坐、暴力等方式在基层社会制造剧烈的冲突,从而引发参与危机。总体而言,社区建设的可持续发展有赖于政府、社区自治组织和社区民间组织三大结构性力量的共同努力、通力合作,有赖于整合一切可以整合的资源。但社区建设的现状呈现"两头强、中间弱"的态势,即过分重视政府的"行政化推动"与基层民主自治建设,而忽视社区民间组织的培育发展和功能发挥。因此,为了促进社区建设健康有序发展,政府必须大力培育和发展社区民间组织。但就目前的情况看来,我国社区民间组织的发展还处于发育和成长的起步时期,其力量和作用效果还比较弱小,要使社区的民间组织真正成为社区建设与发展的主力,并充分发挥其作用,成为居民参与的新渠道,以此调动居民的参与积极性,培养居民的参与意识,还有一段较长的路要探索。但最终,我国要建立起政府主要负责、各类非政府组织大力支持、社区成员广泛参与的模式,以民间性为特征之一的非营利组织是市民社会的主体性力量,随着非营利组织在社会结构中所占的位置日益重要并最终形成与国家相平衡的力量时,就产生了新的结构性平衡(郑杭生、章谦,2005:64)。

总之,社区作为一个“微型社会”,它会集中体现当前社会转型的一些基本特点,而社会转型的一个重要方面也就是传统社区转变为现代社区,其表现是多方面的,首先是同质性向异质性的转变,即指由体制改革导致了社会经济、文化、心理、人际关系等各个方面从同质向异质的调整与转变;其次是封闭性向开放性的转变,随着各社区之间的界限日渐模糊,其相互的渗透性、交流性、依赖性正逐渐增强;再次是生活方式的变化,主要表现为人们更加注重效率,拥有了新的时间价值感,生活节奏越来越快。另外,在经济发展的助推之下,人们的生活水平普遍提高,消费行为亦呈现多元化的特点。现代社区的社会生活无疑是朝着特殊化、分化和个体化的倾向在发展,而这种倾向必然产生于原来相同的和普遍的东西对于各种不同的生活条件的适应(斐迪南·滕尼斯,2006:19)。现代社区的这些特点在很大程度上刺激着社区居民对社区事务和活动的参与行为,有正面的促进作用亦有负面的影响,但总的来说,表现得更多的是其积极的推动作用。

(二)居民参与行为的解释框架:“需求—条件—信任”

近年来,社区居民参与不足的集中表现在于缺乏对社区政治性事务和公共管理事务的参与。调查结果显示,绝大多数居民有参与社区公共事务管理的意愿,却没有采取相应的行动。究其原因,一方面是由于对社区建设和参与的了解不够,信息不足,自身能力有限;另一方面更为重要的原因是居民对基层政府不信任,不相信自己的建议或意见能够被重视或采纳,认为政府所倡导的民主治理都流于形式,没有实质性的意义。对此,居民在参与社区公共事务管理时所进行的行动决策将有一种可能的解释框架“需求—条件—信任”:

首先,居民对于参与社区公共事务的管理和各项活动是有需求的。居民权利意识的觉醒使社区成为多元利益主体博弈的交汇点,觉醒的利益主体急需权利的表达,包括与居民权利密切相关的政治权利(选举与被选举权)、经济权利(产权)、社会权利(社会保障、小区环境、文体活动、子女教育)等,实现这些权利都需要民主参与和民主表达的渠道(李腊生、李金红,2010:102~107)。但从根本来说,居民参与对其权利的维护最具有效果的主要是参与社区的政治生活和政治决策。因此,在居民的所有参与中,政治参与尤其重要,最具有实质性的意义。然而,实际上政治参与并不是社区居民参与社区事务的核心部分,居民参与的范围远远超出了政治参与的范畴。除了政治生活外,居民参与还涵盖公共的文化生活、经济生活和社会生活。特别是在城市化进程越来越快、市场经济越来越发达以及市民社会越来越发展的今天,居民参与的范围正在日益扩大,已经从基层政府规定的正式领域,扩大到社区生活的非正式领域。可以说凡是有集体生活的地方,就有居民参与的领域。按照制度性与非制度性的标准来划分,主要包括以下几个方面:首先是参与社区的政治生活,如参加社区内人民代表的选举、讨论基层政府的决策、评估社区工作人员、举报社区内的违法行为、管理社区公共事务等;其次是参与社区的经济、文化以及公益活动,如积极推动社区的互助合作、参与社区的环境保护行动、加强社区的治安保卫组织、参与社区内的公益文化活动、救助弱势群体等;最后是参与社区的休闲娱乐生活,如参加社区内的各项文娱活动、体育项目比赛等。

其次,有参与的需求还不能决定居民一定会有参与的行动,政府是否创造了参与的条件成了第二个关键的因素。这需要政府提供一定的参与条件,包括投资修建活动场所与设施,配备素质较好的工作人员,搭建参与的平台,聘请专业督导支持活动的开展等。一方面,社区资源主要指影响并保障社区居民健康的自然环境和社会环境,其中包括社区公共设施或场所(Kareu Witten, Daniel Eneter, Adrian Field,2003/1),它包括物质资源和精神资源两大类。从宏观层面来看,社区内的教育机构、医疗单位、宗教组织、商业场所、金融机构等都属于社区资源;从微观层面来看,诸如基层政府对社区建设的资金投入,修建居民活动场所,购置的公共设施与活动器材,发掘民间人才,设立参与的奖项等属于社区资源。调查发现,社区资源中的居民活动场所、设施、资金以及民间人才等是参与机制形成的基础资源。另一方面，基层政府在引导居民参与社区事务管理或各项活动时，会实施一些方案或措施去保障居民的参与行为产生应有的效果，也会采取或物质或精神的手段去激励更多的参与行为，但这些政策与措施之间联系密切，层次分明。理清其中的脉络，才能使参与机制的构建具有较强的目标性，以获得事半功倍的效果。在这一过程中，政府为推动居民参与社区建设而打造渠道和平台，通过居民的有效参与而培育居民的参与意识，反过来居民的参与意识促使社区内拥有更好的参与氛围，使政府出台更多有利于居民参与社区建设的政策措施。但总的来看，目前我国城市社区居民的参与意识在逐步提升，但是政府的行动却滞后于居民参与的需求。

最后，在参与需求与条件都具备的情况下，居民理性的参与选择在于精确地预知参与效果。正如前文所述，居民对政府的不信任最终使得居民放弃了参与社区建设事务。那么，为什么会有这样的不信任呢？一直以来，城市社区建设的经济来源主要是政府的财政投入，与居民切身经济利益无直接关联，加之社区法定组织与民间组织等社会力量都还很弱小，地方政府仍是城市社区最大、最强的治理主体，社区的各项事务基本上还是在地方政府的控制之下（钟裕民，2010/4）。这导致居民对于参与社区公共事务管理的积极性和热情都很低。甚至出现居民从最初使用平和的手段表达意见转为最终采取一些非常规的手段，如静坐、示威等。可见，地方政府管理影响政治信任程度，而基层政治信任则主要涉及民众与地方政府之间的被动关系。总之，虽然地方政府在基层社会治理模式上开始了转变，但是要深入地推动社区居民的参与行动，需要彻底改变内部的管理思维。从某种意义上讲，地方政府是把自己的手脚束缚起来了。因为在地方政府的内部行政工作中有很多考核，甚至用和谐、稳定来压倒一切。这就导致其不能容忍社会发出不同的声音，包容不了不同的声音，这个是最大的束缚。如果地方政府不能听取基层的不同意见，那么在老百姓眼里无论它怎么推动社区参与都是假的，都是虚的，是为了树立"民主"的形象而已。可以说,是地方政府的管制思维的局限造成了推动居民参与的困难。此外,我国的城市社区居民参与机制不像美国那样有正式的立法、大量优惠的政策和财政支持。对于我国而言,当前居民参与主要还是依赖于党和政府的推动及社区组织的动员,社区成员的参与力量还未发挥出来。只有政府职能进行转变,重构与民众的互动关系,居民的能动性与积极精神才会有所提高。

参考文献

[美]丹尼斯·库恩,约翰·米特雷尔. 2008. 心理学导论:思想与行动的认识之路(第11版)[M]. 郑钢,等,译. 北京:中国轻工业出版社.

[德]斐迪南·滕尼斯. 2006. 新时代的精神[M]. 林荣远,译. 北京:北京大学出版社.

[美]罗伯特·K. 默顿. 2001. 社会研究与社会政策[M]. 林聚任,等,译. 上海:生活·读书·新知三联书店.

[美]理查德·C. 博克斯. 2013. 公民治理:引领21世纪的美国社区(中文修订版)[M]. 孙柏瑛,译. 北京:中国人民大学出版社.

[美]乔治·S. 布莱尔. 2003. 社区权利与公民参与[M]. 伊佩庄,张雅竹,译. 北京:中国社会出版社.

白柯. 2005. 成都市居民社区参与行为及其方法研究[D]. 西南交通大学.

崔彩周. 2002. 试论中国经济体制转轨时期的社区参与[J]. 广东社会科学(6).

陈文. 2010. 城市居民社区参与中的性别失衡——基于武汉市百步亭社区的个案研究[J]. 江汉大学学报(社会科学版)(4).

陈伟东. 2004. 社区自治[M]. 北京:中国社会科学出版社.

陈伟东、孔娜娜、卢爱国. 2007. 多元博弈、多重形态:城市社区权利关系模式[J]. 社会主义研究(6).

陈文茹. 2007. 西方发达国家城市社区建设的现状及发展趋势分析[J]. 前沿(2).

陈笑. 2010. 居民参社区治理问题探析——以北京市为研究样本[J]. 社会(8).

陈兴云. 2011. 权力[M]. 湖南:湖南文艺出版社.

崔永军. 2003. 中国城市社区建设模式研究[D]. 吉林农业大学.

陈雅丽. 2002. 城市社区发展中的居民参与问题[J]. 科学·经济·社会(3).

邓伟志. 2009. 社会学辞典[M]. 上海:上海辞书出版社.

邓正来.2008. 国家与社会:中国市民社会研究[M]. 北京:北京大学出版社.
冯晓英、魏书华.1998. 大城市社区建设管理体制比较与借鉴[J]. 北京社会科学(3).
高永久、刘庸.2006. 西北民族地区城市社区建设中的各族居民参与研究[J]. 西北民族研究(1).
胡慧.2006. 社区自治视角下的居民参与有效性探析[J]. 社会主义研究(4).
黄荣英.2010. 我国城市社区参与不足的一种理论解读[J]. 求索(3).
贺研.2004. 对城市社区居民参与意识的实证调研[J]. 西南民族大学学报(人文社科版)(9).
姜晓萍,衡霞.2007. 社区治理中的公民参与[J]. 湖南社会科学(1).
李波.2007. 我国社会转型期社区参与的动力机制探析[D]. 吉林大学.
梁璧,王飞.2010. 居民社区志愿服务参与中的参与式民主[J]. 求实(3).
刘华安.2002. 城市社区建设与居民参与[J]. 学习论坛(10).
李建斌、李寒.2005. 转型期我国城市社区自治的参与不足:困境与突破[J]. 江西社会科学(6).
李莉、陈秀峰.2001. 城市社区组织管理体制改革探讨[J]. 中国行政管理(4).
李立.2010. 加强社区民主自治管理刍议[J]. 沈阳干部学刊(2).
李腊生、李金红.2010. 社区民主与社会和谐[M]. 北京:社会科学文献出版社.
林闽钢.2002. 社区资源的开发与整合[J].中国社会保障(9).
刘少杰.2005. 感性意识的选择性[J]. 学海(5).
刘书祥.2000. 城市社区法律制度体系建构的立足点——关于中国城市社区发展模式的探讨[J]. 中共天津市委党校学报(2).
李玮.2004. 论中国城市社区建设中的居民参与[J]. 云南行政学院学报(1).
黎熙元、童晓频.2005. 我国城市社区建设的资源调动实践模式比较——上海外滩街与广州逢源街的个案比较[J]. 学术研究(1).
梁莹.2009. 困境中的社区"参与式民主"——基层政府信任与居民参与社区社会政策的困境之思[J]. 学海(3).
闵学勤.2011. 社区权力多元认同中的公民性建构[J]. 社会(4).
彭惠青.2008. 城市社区自治中居民参与的时空变迁与内源性发展探索[J]. 当代世界与社会主义(3).
——. 2009. 城市社区居民参与研究[D]. 华中师范大学.
彭健.2010. 城市社区权力结构行政化与社会政策供给[J]. 湖州师范学院学报(4).
潘小娟.2005. 参与与自治的本质精神[J].社区(10).
孙柏瑛,游祥斌,彭磊.2001. 社区民主参与:任重道远——北京市区居民参与社区决策情况的调查与评析[J]. 国家行政学院学报(2).
孙璐.2006. 利益、认同、制度安排——论城市居民社区参与的影响因素[J]. 云南社会科学(5).
宋林飞.2002. 中国社会转型的趋势、代价及其度量[J]. 江苏社会科学(6).
司马云杰.2011. 文化社会学[M]. 北京:华夏出版社.

孙清 . 2012. 城市社区治理的多元参与机制研究——以浦江镇社区为例[D]. 上海交通大学。

涂晓芳、汪双凤 . 2008. 社会资本视域下的社区居民参与研究[J]. 政治学研究(3).

王佃利 . 2005. 政府创新与我国城市治理模式的选择[J],国家行政学院学报(1).

魏娜 . 2003. 我国城市社区治理模式:发展演变与制度创新[J]. 中国人民大学学报(1).

夏树人、曾海龙 . 2005. 费孝通九十新语[M]. 重庆:重庆出版社 .

徐勇 . 2001. 论城市社区建设中的社区居民自治[J]. 华中师范大学学报(人文社会科学版)(3).

徐永祥 . 2000. 试论我国社区社会工作的职业化与专业化[J]. 华东理工大学学报(社会科学版)(4).

杨贵华 . 2009. 转换居民的社区参与方式,提升居民的自组织参与能力——市社区自组织能力建设路径研究[J]. 复旦学报(社会科学版)(1).

姚华、王亚南 . 2010. 社区自治:自主性空间的缺失　居民参与的困境——以上海市J居委会"议行分设"的实践过程为个案[J]. 社会科学战线(8).

杨乐 . 2011. 我国城市社区自治中居民参与研究[D]. 郑州大学 .

杨敏 . 2005. 公民参与、群众参与与社区参与[J]. 社会(5).

杨荣 . 2002. 浅论社区建设中的居民参与[J]. 中国研究(3).

杨荣 . 2002. 浅论社区建设中的居民参与[J]. 北京工业大学学报(社会科学版)(2).

张宝锋 . 2006. 商品房小区居民参与的微观机制——对三个小区的实证研究[J]. 甘肃社会科学(2).

张大维、陈伟东 . 2008. 城市社区居民参与的目标模式、现状问题及路径选择[J]. 中州学刊(2).

郑杭生 . 2004. 中国社会的巨大变化与中国社会学的坚实进展——以社会运行论、社会转型论、学科本土论和社会互构论为例[J]. 江苏社会科学(5).

——. 2005. 和谐社会与新型现代性[J]. 学会(4).

郑杭生、章谦 . 2005. 社会转型理论视角下的中国非营利组织[M]. 北京:中国人民大学出版社 .

钟慧婷 . 2009. 互联网表达:民意选择和选择民意——从奥巴马当选美国第 56 届总统看互联网的作用[J]. 中国青年研究(2).

赵坤阳 . 2009. 社会资本视角下的社区发展[J]. 特区经济(9).

张亮 . 2001. 上海社区建设面临困境——居民参与不足[J]. 社会(1).

周林刚 . 2008. 社区治理中居民参与的制约因素分析——基于深圳 A 区的问卷调查[J]. 福建论坛(人文社会科学版)(12).

臧雷振 . 2011. 美国、日本、新加坡社区参与模式的比较分析及启示与借鉴[J]. 社团管理研究(4).

张苏辉 . 2006. 社区居委会行政化的社会学微观视角[J]. 求索(5).

张伟兵 . 2002. 社区服务发展中"居民参与"问题的思考[J]. 科学・经济・社会(2).

周伟文、赵巍.1999.培养社区意识　促进社区发展[J].社会(11).

周璇.2010.我国社区建设中的居民参与问题研究——以H市新建住宅E社区为例[D].东北师范大学。

张晓霞.2011.城市居民社区参与模式及动员机制研究[D].吉林大学.

钟裕民.2010.新中国成立以来我国城市社区建设模式之嬗变[J].社会主义研究(4).

Benest, Frank. 1999. Reconnecting Citizens with Citizens: What is the Role of Local Government? *Public Management*, (1).

Clusky, M. 1980. *The Social Construction of Community*. Chicago : University of Chicago Press.

Sils, David. 1966. Creating Good Communities and Good Societies. *Contemporary Sociology*, 29(1).

Frankin, Aimee L., Carol Ebdon. 2005. Are We all Touching the Same Camel? Exploring a Model of Participation in Budgeting. *American Review of Public Administration*, 35(2).

Ho, Alfred and Paul Coates. 2004. Citizen - initiated Performance Assessment: The Initial Lowa Experience. *Public Performance & Management Review*, 27(3).

Irvin, R. A. and John Stansbury. 2004. Citizen Participation in Decision Making: Is It Worth the Effort? *Public Administration Reviews*, 64(1).

Witten, Kareu and Daniel Eneter, Adrian Field. 2003. The Quality of Urban Environments: Mapping Variation in Access to Community Resources. *Urban Studies*(1).

Filner, Malthew. 2001. On the Limits of Community Development: Participation Power and Growth in Urban American. *the Department of Political Serene Indian University of Denver.*

Long, Philips. 1978. Neighborhood Interaction in a Homogeneous Community. *American Sociological Review.*

(责任编辑:常国富　上海师范大学行政管理学系)

一线项目社工的规制空间与行动边界

——以 S 市 L 社工机构三个项目为例

范雅娜

摘　要：本文以 S 市 L 机构的三个项目实施过程为基本材料，尝试探讨在项目实施场域这样一种行动空间层面，在由诸种约束条件构成的初始结构的基础上，一线社工的项目实施逻辑。研究发现，项目实施体系内各方力量通过不同的形式对项目的实施产生影响，在项目实施过程中，项目社工针对不同的力量采取不同的行动策略，以达到不同的目标，而其最终目标在于维系项目的可持续运作，这正是项目社工的行动边界。项目实施体系内的各方力量共同塑造了项目社工的权力边界。无论是从行动角度还是权力角度来看，项目社工都存在一定的可控边界，这正是其活动空间。

* 作者简介：范雅娜（1984－　），女，河北保定人，延安大学讲师，法学博士。本文系范雅娜博士论文《规制与自主：一线社工的项目实施逻辑——以 S 市 L 社工机构为例》的摘要剪辑版，原博士论文在 S 大学翁定军教授指导下完成并顺利通过博士学位论文答辩。本文系上海师范大学行政管理学系宋明协助编辑完成并顺利通过上海师范大学《政治人类学评论》编委会审核定稿，在此一并鸣谢！

本文得出以下研究结论:一,在政府购买服务机制中,政府的“控制”逻辑强于“改善”逻辑;二,由于政绩压力以及“对上负责”的逻辑,政府购买服务中出现了“政府的政绩导向与需求的被设计”现象;三,项目社工与服务对象之间的关系存在合理性与悖论性共存的特征;四,面对政府的强势干预等规制空间,项目社工在有限的空间内策略性地寻求并强化自身的专业性的行动边界。

关键词:项目购买　项目社工　项目实施体系　行动　权力　边界

一、一线社工社会工作服务的规制空间

（一）我国社会工作发展的历程及其特征、问题

1. 发展历程：政府选择的结果

早在20世纪20年代，社会工作便作为基督教在华传教的一部分从西方国家传入中国，当时的一些西方社会工作学者和在华传教士在中国创办社会慈善机构、开办教育，这也是国内最早的社会工作实务和教育形式。1949年中华人民共和国成立之后，为了恢复和发展经济、医治战争创伤，中国政府逐步建立计划经济体制。专业社会工作随着教会组织撤出、专业学科的取缔及社会工作实务的停止而不复存在。从当时的国情来看，为了创造经济发展的稳定环境，中国政府创建了一套稳定的社会福利与行政体系，与此同时，依靠政府的强大力量建立起来的行政社会工作占据了不可替代的位置。在此状态下，专业社会工作失去了其存在和发展的空间，而其新的发展机遇则始于改革开放。

20世纪70年代末以来，伴随改革开放及市场经济的发展，农村人民公社逐步瓦解，城市单位体制逐步松动，中国进入以经济转型为先锋的社会全面转型时代。有学者曾以“经济体制深刻变革，社会结构深刻变动，利益格局深刻调整，思想观念深刻变化”（王思斌、阮曾媛琪，2009/5）来形容这场变革。然而，这场变革却造成了诸多意外后果，伴随经济的持续快速增长，社会领域产生了如分配不公、贫富不均、人口老龄化、弱势群体等一系列关乎民生和社会稳定的问题。政府逐渐意识到，这些问题仅靠计划经济时期传统的社会管理方式难以得到有效解决，亟待体制机制的变革与创新，在此背景下，社会工作重新获得了发展空间。20世纪80年代，西方发达国家的社会工作被重新引入教育领域，并且得到政府有关部门的重视，此后，社会工作实务也在民政部门的积极推动下得以起步并迅速发展，主要体现为民政部门尝试运用专业社会工作方法解决民政领域出现的社会问题。随之发展起来的是在政府支持下的各种民办社会服务机构，政府希望借助此类社

会服务机构解决仅靠传统社会工作方法难以解决的社会问题。

2006 年是专业社会工作发展的重要转折点,这一年,中共十六届六中全会提出了“建设宏大的社会工作人才队伍”的实施意见,标志着我国政府开始从制度层面全面推动社会工作职业化与专业化。2007 年,民政部发布了《关于开展社会工作人才队伍建设试点工作的通知》,要求开展社会工作人才队伍建设试点工作。2008 年,开始实行全国社会工作者职业水平考试。2010 年,国家将社会工作人才列入国家中长期人才发展规划当中。在中央政府的一系列积极推动下,社会工作教育体系逐步完善,越来越多的高校开设社会工作专业,社会工作专业毕业生数量逐年增加。由此看来,政府通过发展专业社会工作的方式解决社会问题、发展社会福利的意图越来越明显。

通过对专业社会工作发展历程进行简要回顾,可以看出,我国专业社会工作的发展是政府选择的结果。专业社会工作的存在与发展,甚至消失,都离不开政府的干预和推动。计划经济时期,政府出于发展经济的需要使专业社会工作失去了存在的空间,改革开放之后,尤其是进入 21 世纪以来,面临严峻的社会问题,政府又出于“工具理性”的强烈动机,希望专业社会工作承担起解决社会问题、发展社会福利的责任,从而自上而下推动专业社会工作发展。正如有学者指出的,“专业社会工作是在这种‘政府选择’形式成为主导机制之后才得以发展的”(王宏亮,2013/3)。

2. 特征与问题:双重制约下的嵌入性发展

中国社会工作并不是在社会中形成的,可以说顶层制度设计对中国社会工作的发展起到了决定性的作用。有学者曾从理论视角探讨社会工作发展的必要性,认为在当前社会,大部分中国人脱离了原有的地方性社会关系,未能很好地“再联结”起来,而社会工作则扮演了这种“再联结”的角色(杨伟民,2012/2);还有学者以风险社会理论为视角探讨了社会工作的发展问题,认为中国的社会工作发展是应对风险社会来临的制度设计(田丰韶,2014/2)。但不可否认的是,在中国,无论发展社会工作如何重要,它必须能够顺应国家的政治制度及社会管理体制。近年来,社会工作所取得的进步有目共睹,但由于受到制度和资源的双重制约,其发展仍然面临诸多障碍,一些深层次的问题逐渐凸显出来,值得政府和社会深入探讨和解决。

文军将中国社会工作面临的挑战归结为十条:①理论研究滞后于实务活动;②专业教育与实务能力培养脱节;③政府主导有余而民间参与不足;④国家整体性推进与地区差别化发展;⑤专业认同与公众认同存在较大差异;⑥价值理念与实务技巧错位;⑦本土化社会工作模式培育困难;⑧城市社会工作与农村社会工作发展不平衡;⑨缺乏有效督导与评估;⑩社会工作机构本位与案主本位关系难以理清(文军,2009/7)。殷妙仲从理论角度探讨了中国社会工作面临的专业性、科学性和本土化问题,认为社会工作专业性与对政府的依赖性相矛盾,由于缺乏专业学科的理论和知识,社会工作的科学性受到质疑,本土的社会工作也被边缘化了(殷妙仲,2011/1)。文青指出,当前中国社会工作面临专业人才不足、专业化水平不高、发展不够均衡、缺乏成熟的社会工作理论和实践,以及缺乏良好的社会认同、管理体制不完善等问题(文青,2012)。

当然,社会工作所面临的上述问题,部分源自中国社会工作自身存在的不足,更为重要的原因是,专业社会工作的发展面临资源和制度的双重制约,在原本“外发后生”的专业社会工作的发展过程中,政府的影响占有绝对优势地位。专业社会工作的发展是在行政社会工作占主导地位的情况下进行的,尽管专业社会工作恢复重建至今已有三十多年的时间,但这种格局并未发生变化。对此,王思斌曾使用“嵌入性”这一概念来解释中国社会工作发展所呈现的“政府主导下的专业弱自主嵌入”状态,并指出这种嵌入性具体体现在四个方面:首先,社会工作的主动嵌入是在政府的主导下进行的;其次,社会工作的介入与拓展空间取决于政府所让渡出来的空间;再次,这种嵌入性还表现为社会工作承担任务的辅助性及所发挥功能的依附性;最后,这种嵌入性是一种发展(王思斌,2011/2)。钱宁通过回顾中国社会工作产生和发展的历史,同样指出社会工作的嵌入性发展特征,认为当前社会工作只能采取渐进式的发展,在政府体制逐步释放其职能空间的过程中,积累经验、提升能力,形成自己的发展模式(钱宁,2011/1)。

(二)传统:社会组织发展研究的两种取向

1."行政吸纳"取向的社会组织发展

这一类研究的中心点在于解释和说明在"强国家、弱社会"的特殊体制背景之下,国家在对待社会组织时所表现出的强大控制和吸纳特征,以及在与社会组织互动中所处的主导性地位。当前学术界关于社会组织的研究主要采取这一取向,无论是理论性研究还是实践研究,绝大多数研究者均强调政府力量对社会组织发展的影响,强调社会组织的运行和发展受到政府的限制及体制性约束。因此,笔者将这一研究取向称为"行政吸纳"取向。

这一类研究的典型代表为法团主义。法团主义的研究价值在于其对国家主导角色的凸显,同时,法团主义能够适用于多种政体形式,从而受到诸多研究学者的青睐。部分学者认为,法团主义因其强调国家控制社会组织的影响力而更适用于解释我国的现实(Whiting,1991)。陈佩华和安戈明确了国家法团主义成为我国政社关系的主体形态(Chan,1993/29;Unger,1996/147)。顾昕和王旭通过对专业社团的研究也证实了这一点(顾昕、王旭,2005/2)。张钟汝和范明林在法团主义和市民社会的理论背景下,通过对四个不同类型的非政府组织与政府关系的个案分析,提出非政府组织与政府关系的四种类型,即"强控性的国家法团主义关系"、"依附性国家法团主义关系"、"梯次性国家法团主义关系"以及"策略性国家法团主义关系",并明确指出我国的国家与社会的分离不是源自社会的力量,而是基于国家的主动撤离,二者的关系主导权始终掌握在国家一方(张钟汝、范明林,2010)。但法团主义在解释政社关系时也存在一些缺陷,其过于关注国家的主导性地位和绝对权力,从而可能低估或忽视了社会组织的能动性,此外,法团主义并不能完整体现转型时期国家与社会组织之间的关系形态,例如,它无法解释草根性社会组织的运作策略等(Chan,2010/3;Spires,2011/1)。

康晓光和韩恒通过考察国家对不同类型社会组织的控制程度差异,提出了“分类控制”理论,认为“分类控制”体系是国家在改革开放以来所采取的支配社会的新模式,国家根据社会组织的不同挑战能力和社会功能,采取了不同的控制策略及控制程度,从而更好地维护了国家权威(康晓光、韩恒,2005/6)。此后,又提出了“行政吸纳社会”的概念,认为在我国的社会转型过程中,由于政府积极应对,采取“社会的方式”进入社会,在社会自治不断扩大的过程中成功地重建了行政控制,从而形成以国家与社会融合为特征的“行政吸纳社会”的制度模式,限制、功能替代和优先满足强者利益被认为是此种模式的三大机制(康晓光、卢宪英、韩恒,2008)。江华等在康晓光等提出的“分类控制”理论基础之上,以行业组织政策参与为例,提出了“政府控制下的利益契合”这一新的分析框架,并指出,转型时期我国政府对社会组织采取的是“控制下的支持”逻辑,政府对社会组织给予支持还是进行限制,取决于两者之间的利益契合程度(江华、张建民、周莹,2011/3)。这是对康晓光等的“分类控制”理论的进一步拓展,因为康晓光等的理论仅仅解释了社会组织基于不同类型所导致的发展空间的差异性,而江华等则进一步揭示了,即使是同一类型的行业组织,政府也会根据利益契合程度而采取有差别的控制。江华等仍然从国家视角出发,将论述的核心放在“控制”上,并认为转型时期,国家依然在政社互动中处于主导地位,可以依据其强势地位及较高的自由裁量权,对社会组织采取策略性的支持或限制。

唐文玉通过对一个乡镇基层文联成立与运作的个案研究,发现当前中国国家与社会之间存在一种新的关系形态,即“行政吸纳服务”,这一关系形态强调国家与社会之间的融合,其核心互动机制是“支持”与“配合”(唐文玉,2010/1)。其后,该学者又以长三角J街道“睦邻点”建设作为经验分析材料,具体考察了国家介入对社会组织公共性生长的影响,研究发现,国家介入对社会组织公共性生长具有重要作用,但是“行政吸纳服务”的国家介入方式,会导致社会组织公共性的断裂,要促进社会组织公共性的良性生长,还需要在政治结构中进一步地导入民主价值(唐文玉,2011/4)。刘鹏使用“嵌入性监管”一词形容国家对社会组织的干预和调控行为,认为随着国家对社会组织管理水平的提升以及吸纳能力的增强,国家利用各种机制,采取多种手段,对社会组织的运行进行“嵌入性”的干预和调控,“嵌入性监管”模式的产生首先缘于政府职能转移的需要,因为政府具备较强的成本和风险控制能力;其次,社会需求的多样化与社会组织的自利逻辑为该模式的产生提供了良好的社会条件(刘鹏,2011/51)。肖小霞从社会政策的角度探讨了政府对社会组织的限制性问题,认为当前我国政府制定的关于社会组织的政策在很大程度上限制和约束了社会组织的生存与发展,使社会组织由于过度依赖政府而呈现“官民二重性”(肖小霞,2012/1)。张杰则将我国社会组织面临的制度环境概括为“宏观鼓励为主,微观限制居多”,“区别性对待,选择性支持”,“重目标设计,轻设计执行”(张杰,2014/2)。

此外,还有学者阐述了社会组织因受政府的控制和约束而呈现的特征。这部分研究虽然直接阐述社会组织的发展状况,其研究旨趣却落在政府对社会组织的影响上,所以本文也将其归为“行政吸纳”取向的研究范围。

费梅苹指出,在社会转型中,作为承接政府职能转换的社会组织主要有两种类型,一种是社会领域内已经存在并较为成熟的社会组织,具有一定的独立运作能力,它并不在政府原有的行政体制内,与政府的边界比较清楚,其与政府的关系是一种服务提供者和购买者的关系;另一种社会组织是政府为实现职能转换而专门扶持和创建的,这类社会组织因为承接政府职能转换而产生,由政府予以扶持成长,在理论上是可以与政府建立合作契约关系的自治组织。该学者通过对第二类社会组织运行的经验分析,发现政府与社会组织的关系呈现以下特征:政府的职能转移和政府机构设置及行政功能扩张并存;政府的服务购买和资源控制角色并存;社会组织的职能替代和关系依附并存;

政府与社会组织关系的契约合作和行政隶属并存(费梅苹,2006/3)。崔月琴指出,在我国新的公共性构造转换过程中,社会组织的发展面临严重的体制性障碍,包括管理制度的阻碍、社会组织成立的非竞争性及地区限制的阻碍、重大活动请示报告及年检制度的阻碍等。这些体制性障碍使我国的社会组织难以获得健康和良性的发展,从而导致其公信力缺失(崔月琴,2009/3)。王名和孙伟林在谈及我国社会组织发展特点时指出,"对党政机构的模仿"及"制度化过程的作用"是我国社会组织发展的明显特征(王名、孙伟林,2010/4)。夏建中和张菊枝同样指出,我国社会组织的发展呈现"强政府主导、社会力量不足"的模式,其表现为绝大多数社会组织由政府自上而下推动成立,其资金主要来源于政府经费支持,且社会组织领导人多由政府人员兼职或者任命(夏建中、张菊枝,2014/1)。

纵观"行政吸纳"取向的研究,学者基本上秉持两个核心观点:其一,在政社互动关系中,国家始终处于主导性地位;其二,国家在对待社会组织方面表现出强大的控制和吸纳特征。这符合我国目前的部分基本现状。但是,这类研究存在的不足也十分明显,因为过于关注国家的主导地位和对社会组织的控制,所以可能低估或忽视了社会组织的能动性,导致"控制性有余,能动性不足"。此外,这类研究难以解释政社关系的其他形态。

2."组织行动"取向的社会组织发展

这类研究从社会组织的角度出发,或描述性地谈论社会组织的发展趋势、重要性及促进社会组织发展的应然对策,或解释性地研究社会组织在宏观体制之下的行动策略。此类研究相较于"行政吸纳"取向的研究更具生动性和丰富性。当然,这一研究取向也会谈及政府对社会组织的控制与限制,但是并未将其作为核心内容来谈,而是为促进社会组织发展方案的提出做铺垫。在此,本文将从以下两个方面对此类研究进行总结和梳理。

(1)行动研究:社会组织的行动策略与逻辑

这类研究主要从行动视角出发,对社会组织自身的行动策略进行解释和说明,因此更多采取个案研究的方法,通过对某一个或某一类社会组织的行动策略和逻辑进行分析与阐述,得出一定的结论。这种研究方法对于揭示社会组织的行动策略十分有利,因为社会组织的行动策略是在行动过程中展开并得以体现的,所以,这类研究更为丰富和生动。当然,这也就决定了这部分研究所得出结论的有限性,由于是针对某一个或某一类社会组织进行研究,其结论并不具有普遍的推论意义。这类研究又分为两个研究方向,学者基于社会组织的不同属性,分别针对草根组织和具有官方性质的社会组织的行动策略展开研究。

早在20世纪90年代,王颖等便对浙江省萧山县的社会组织进行了经验观察,并提出"社会中间层"的概念,认为这种新型的社会组织在政府与社会之间起到了中介与沟通的作用,且这种社会组织与政府在观念、行为及目标方面具有一致性,并详细描述了其与政府在人事、经费及成立动力等方面的联系(王颖、折晓叶、孙炳耀,1993)。但这一研究仅对社会组织进行了不同类型的划分,并未上升到一定的理论高度,正如景跃进所指出的,这项研究的分类方法失之笼统,过于宽泛的研究对象损害了分析的焦点和穿透力(景跃进,1996/9)。后人的研究则逐步深入和丰富。

赵秀梅选取纯民间组织,从弥补合法性不足、实现自身组织目标及影响政府行为三个层面对纯民间组织改变与国家关系的种种手段进行了深入分析,这些手段包括:自我克制;通过国家权威的支持和认可来获得自身合法性;利用国家权威并借助政府的行政网络;利用制度性渠道或动员社会参与等。通过各种制度性和非制度性的方式,纯民间组织做到了与国家之间的积极互动(赵秀梅,2004/6)。张紧跟和庄文嘉以广州业主委员会联谊会这一草根NGO(non - governmental organization,非政府组织)作为研究案例,认为在制度和资源的双重挑战下,草根NGO采取非正式政治行动策略,想尽办法在"夹缝"中寻求生存空间(张紧跟、庄文嘉,2008/2)。和经纬等以珠江三角洲农民工维权NGO为例,探讨在制度和资源的双重约束下,草根性农民工维权NGO的一系列生存策略(和经纬、黄培茹、黄慧，2009/6）。陈天祥和徐于琳以广州启智队为例，运用资源依赖理论，探讨草根志愿组织为了获得其生存和发展所需的各种资源及提高自主性所采取的行动策略（陈天祥，徐于琳，2011/1）。上述研究的共同点在于，民间组织均采取了与政府部门及其他组织的“合作”方式，何艳玲等则指出，草根组织并不总是采取与这些组织“合作”的方式，在许多情况下，为了避免不必要的风险，草根组织往往会采取“不合作”的策略（何艳玲、周晓锋、张鹏举，2009/1）。唐文玉等以恩派（NPI）公益组织发展中心为例，探讨具有“合法”身份的民间组织的行动策略——“去政治的自主性”，主要表现为“回避政治”而专注公共服务，在公共服务领域培育和支持社会组织。由于NPI在公共服务领域具有较强的自主性，不仅能够获取生存空间，甚至可以对政府产生一定的影响力，因为政府对NPI也存在一定程度上的资源依赖，需要通过其来发展公共服务领域的服务力量。这种“去政治的自主性”的生存策略，既是对政府的“选择性支持”的适应，又是其获取生存和发展资源的结果（唐文玉、马西恒，2011/10）。

在体制内社会组织的行动研究方面，邓宁华认为，现有的社会组织研究忽略了体制内社会组织所具有的两个关键点——合法性和资源支持，以及一定的行动能动性。该学者未沿袭当前以市民社会或合作主义为理论基础的研究范式，而是以资源依赖理论和新制度主义作为研究切入点，对体制内社会组织的双重依赖逻辑进行分析和判断，并通过对天津市的两个体制内社会组织的个案研究，重点揭示其在对国家和社会的合法性与资源支持的双重依赖背景下的平衡策略。首先，社会组织为获得国家的合法性支持而采取了庇护性的策略，包括根据国家的规制要求建立组织，对政府使命的自觉表达等，以此展示与国家立场的一致性；通过对政府和社会各界的人事吸纳，使其更好地从国家和社会获得合法性和资源支持。其次，通过“国家合作主义”的行动策略，体制内社会组织进入并管理社会领域，从而实现对国家和社会的合法性和资源支持的双重获得。通过这种“寄居蟹”式的行动艺术，体制内社会组织更加适应了“国家－社会”环境(邓宁华,2011/3)。

(2)发展研究:社会组织的重要性、面临的挑战与应然对策

研究社会组织发展问题的学者主要对社会组织的发展趋势、特征、重要性进行较全面的梳理,并在此基础上提出应然对策,其研究的最终目的在于促进社会组织的发展,从而实现“形成现代社会组织体制”的应然诉求。当然,这也就决定了这部分研究主要是描述性的研究,在理论深度上有待进一步提升。事实上,“行政吸纳”取向的研究者同样认可这一点,只是其探讨的核心在国家的控制方面,而非突出社会组织的重要性和意义。

王名和孙伟林曾乐观地指出,改革开放30年来,社会组织发展呈现良好的态势,并对中国的经济、政治与社会发展产生越来越重要的影响。社会组织的内部建构也趋于成熟,社会组织能够和善于吸取国外NGO的先进经验与模式,并且通过不断的交流和学习,将国际上NGO的管理经验和模式消化、吸收到自身的组织建构中,从而逐步形成自身的制度形式。此外,为了增强社会组织的公信力,行业性的社会组织大胆创新并积极探索,通过各种方式搭建制度平台,创新自律形式,并预测“如同改革开放的历史趋势不可逆转一样,这已经启动的社会组织发展之巨轮,以及因之而繁盛起来的结社生态系统,也势必将继续发展和繁盛下去”(王名、孙伟林,2010/4)。

与王名和孙伟林的研究思路所不同的是,更多学者从当前社会组织发展面临的挑战出发,针对性地提出解决对策,以促进社会组织的发展。严振书认为,当前中国的社会组织发展面临四大挑战,即政府的支持与限制的两难,社会组织的准政府特征,管理体制的弊端以及社会组织自身的不足。为此,首先应当加大政府的扶持力度;其次,应逐步推进管理体制改革;最后,社会组织应当努力完善自身,树立良好形象(严振书,2010/1)。遵循这一研究思路的学者还包括:周春霞对社会组织面临的资金、人员和政府支持力度不足等问题的分析及对策建议(周春霞,2010/6);祝建兵和向良云关于社会组织面临的行政化困境及治理的研究(祝建兵、向良

云,2011/3);文军对中国社会组织发展的角色困境及其出路的探讨(文军,2012/1);胡薇对政府购买社会组织服务面临的制度现实的呈现(胡薇,2012/6);曾永和对近年来我国社会组织发展面临的观念变革、合法性和独立性及公信力等方面的问题的研究(曾永和,2013/3);等等。

也有学者从某一理论视角出发搭建理论框架,并进行相对深入的分析。石国亮在谈及我国社会组织成长困境时,以文化为基点,以资源、制度为两翼,以政党、政府、社会三者为主体,构建出我国社会组织发展困境的解释框架,将文化缺失和不足、资源供给不足、制度建构滞后分别对应于社会组织成长的先天困境、动力困境、发展保障困境,并从文化、资源、制度三个层次提出了相应的解决对策(石国亮,2011/5)。岳经纶和郭英慧借助福利多元主义的三维分析框架,从递送、融资、规制三个维度对G市政府购买服务过程中政府与NGO之间的互动进行分析。他们指出,在目前政府购买服务缺乏竞争的情况下,政府与NGO的互动在三个维度分别存在机构异化及服务投机化(递送)、制度缺陷与资源依赖(融资)、合同管理能力不足与行政干预(规制)问题。要突破这一困局,从政府方面来看,系统内各级政府间应就政府购买服务的目的、理念等重建共识;着力培养作为服务监督方的街道的合同管理能力;进一步完善资助制度并考虑将“蛋糕”切细;更重要的是转变观念,给予NGO足够空间与信任。同时,NGO应当回归和反思机构的使命,认清社会服务最终要回归人的需要和社会价值;转变观念,参与社会福利服务制度建设;以平等、尊重的态度进行跨专业合作(岳经纶、郭英慧,2013/7)。梁莹从社会政策视角出发,探讨了环保社区社会组织在社区建设方面的作用,认为环保社区社会组织在推动环境保护、参与生态社区建设中发挥了重要功能,但环保组织资金不足,缺乏相关法规的支持,与政府间存在资源的非对称性依赖,使其成长面临诸多障碍,并从双方角度提出相应解决对策(梁莹,2013/6)。

“组织行动”取向的研究,更多注重社会组织发展的趋势、重要性及应然对策,或对社会组织的行动策略进行解读和分析,此类研究相较于“行政吸纳”取向的研究更具生动性和丰富性。但是,这类研究似乎忽视了一个重要的关注点,即社会组织可能存在的负面作用,白平则曾指出,这容易使人们对社会组织产生不切实际的幻想,社会组织在政治功能方面具有两面性。当前的研究,尤其是持公民社会理论的学者,过于强调社会组织的积极作用,而忽视了社会组织所具有的政治上的负面作用,对此,相关学者提示,必须对社会组织有一个全面的认知(白平则,2011/2)。

从以上社会组织研究的两种取向来看,以“行政吸纳”为取向的研究,突出国家对社会组织的控制和约束,而忽略了社会组织自身的能动性和自主性;以“组织行动”为取向的研究,或突出社会组织发展的重要性及应然对策,或揭示社会组织的行动策略,而对于社会组织可能存在的负面作用忽略不计,容易对社会组织产生不切实际的幻想。与当前研究所不同的是,本文并非将“行政吸纳”取向或“组织行动”取向作为研究主体,而是将其作为研究背景,探讨在当前以国家控制为主导的制度环境中,在社会组织发展蔚然成风的趋势下,作为社会组织重要成员之一的项目社工如何采取行动,完成机构赋予的使命。在项目社工的项目实施过程中,作为一方重要力量,政府对社会组织的态度会直接影响到其对项目社工的态度,从而影响到项目社工的行动逻辑,从这一点来看,“行政吸纳”取向隐含于其中;而项目社工针对以政府为主导的影响力量,在有限的自主性空间内,采取行动予以应对,又在一定程度上体现了社会组织的自主性,从而对应于“组织行动”的研究逻辑。

需要澄清的是,本文将项目社工作为研究主体,而项目社工的行动并不等同于社会工作机构的行动,因为在项目实施过程中,社会工作机构实际上是作为影响项目社工行动的一方力量存在的。由此看来,以项目社工的行动逻辑这一微观视角为主体的研究,既可以在一定程度上透视当前我国社会组织发展所面临的体制性制约,又可以弥补单纯以社会组织作为分析主体的不足,尤其是对于社会工作机构这类实操性较强的社会组织而言。

当然，这也就意味着，本书需要一套不同于现有研究的分析框架和理论工具，以适用于项目社工这一新的研究主体和项目实施这一新的研究视角。

（三）创新：权力与行动研究视角

1. 行动的制约性与自主性：西方社会学行动理论的研究路径

从行动视角来看，项目社工被派驻到项目点之后，便进入由项目实施所构成的行动体系之中。项目社工的项目实施过程，就是项目社工围绕项目所展开的一系列行动过程。在此过程中，项目社工会受到购买方、社工机构、基层力量、第三方机构以及服务对象等多方力量的影响，从而产生一系列行动策略，这种影响既包括对项目社工的限制和约束，也包括有意或无意为项目社工提供的自主性空间和机会，由此，项目社工的行动既受到各方力量的制约，同时又有着一定的自主性。这会涉及行动的制约性与自主性、能动性的主题。而在整个西方社会学理论的历史发展中，一个重要的研究路向就是从社会主体的行动出发，研究由行动而形成的社会关系、社会组织、社会权力等等，从而建构出一种统一的社会学理论体系（刘少杰，2006：252）。从传统的社会学家到后现代社会学家，关于行动的研究基本上围绕“制约”与“自主”这两个关键词展开讨论与争辩。

早期的社会学家将行动的制约性和主体性割裂开来进行谈论，涂尔干、帕森斯等人强调结构对行动的制约性，对行动者的主观能动性避而不谈，韦伯、齐美尔等研究行动的理论家则更重视行动者的主观能动性，但对行动的制约性的一面则较少谈及。米德虽然看到了社会主体的能动性与创造性，但其理论仍然未能摆脱社会结构对个体行动者行动的约束与限制。如果按照上述传统社会学家的理论观点来分析项目社工的行动，则或单纯研究项目社工所受到的来自项目实施体系内的其他各种力量的制约，或强调项目社工单方面的行动，以突出项目社工的主体能动性。然而，无论哪一种研究理路，都未能摆脱主客二元对立的理论框架。那么，如何才能全面分析项目社工的项目实施行为？这就需要从后现代社会学家那里寻找答案。面对传统社会学家在分析行动时存在的二元对立的不足,后现代社会学家进行了理论综合,从而对社会行动理论进行了极大的丰富和完善。

在西方社会学发展史上,继帕森斯之后,吉登斯建立的结构化理论实现了社会学理论的又一次大融合。他的社会学理论的起点仍然是社会行动理论,提出“结构二重性”以超越主客观二元对立,认为以往的社会学理论关于行动和结构的理论缺点在于或是强调社会中的结构、制度、制约性,或是强调人的主观性、能动性、创造性,而这两者是不能被简单地对立起来的。因为在社会实践过程中,结构的制约性与人的能动性通过人的行动而相互作用并转化。社会结构通过制度和规则制约人们的行动,与此同时,人们借助自身的主观能动性认识社会结构并调整自己的行为、行为规则与制度,从而促使社会结构发生变化。在吉登斯看来,结构并非外在于行动,而是行动者可以加以利用的规则和资源,行动者利用这种规则和资源来改变结构。由于其关注具体的、特定时空中的社会行动,因此,时间、空间、定位、区域化等具有条件性和历史性的概念被引入其社会学理论中。关于行动者的能动性,吉登斯指出:“能动作用不仅仅指人们在做事情时所具有的意图,而是首先指他们做这些事情的能力”(安东尼·吉登斯,1998:69)。关于策略行为,吉登斯认为:“在对策略行为进行分析时,关注的焦点则是行动者构成社会关系时,以何种方式利用了结构性特征”(安东尼·吉登斯,1998:417)。由此,吉登斯侧重于探讨行动者“所做”的能动性,认为社会理论的研究重点应该放在行动者的行动及其结果的层面。这样一种综合而广阔的理论视野,将社会学关于社会行动的理论做了极大的丰富。

新功能主义的提出者亚历山大,在对传统行动理论进行批判性综合的基础上,从行动与秩序角度提出了自己的行动理论,将传统的行动理论进行了理性与非理性、宏观与微观的综合。在他看来,传统社会学家关于行动的理论纷争,实际上是在围绕两个问题进行:第一,应当以主观还是客观的方式对行动进行观察;第二,行动是自愿的还是受到约束的。而社会学家关于行动问题的典型做法就是取其一。理性的行动理论假设行动是工具理性的,行动者能够根据外在力量来选择某种行动,而在非理性行动理论学家看来,行动受到行动者内在力量的驱使,必须从主观角度了解行动者的主观动机,才能够对行动进行理解和说明。从秩序的角度来看,个人主义理论坚决维护个人自由,而忽视了社会结构对自由的限制和支持;集体主义则强调社会控制与秩序,主张或牺牲主体、消除自我,或将社会秩序“内化”为个人意志。在亚历山大看来,这两种方式都是片面的,人类行动在任何时候都沿着解释和策略性算计两个维度同时进行,前者是关于如何认识行动的问题,后者则体现如何改造行动的问题,并且策略性算计既以解释为基础和前提,同时又对解释产生影响。这样,行动就具有了权变性的特征,同时,这种权变性行动又受到社会、文化以及人格系统环境的限制。

纵观上述社会学家关于行动的理论,传统社会学家或强调行动的制约性,或强调行动的能动性,吉登斯、亚历山大等后现代社会学家看到了两者之间相互转化的一面,从而超越了传统社会学家关于行动的制约性与自主性两者不相容的认识。后现代社会学家关于行动的制约性与自主性的阐述为本研究提供了丰富的理论支撑。正如吉登斯所言,社会结构通过制度和规则制约着人们的行动,与此同时,人们借助自身的主观能动性认识社会结构并调整自己的行为、行为规则与制度。在项目实施过程中,实施体系内的其他各方力量作为结构性因素制约着项目社工的行动,但项目社工并非亦步亦趋,而是充分发挥自身的主观能动性,针对不同的力量采取不同的行动策略,从而使其行动具有权变性。本研究在此基础上需要进一步挖掘的是,在项目实施过程中,各方力量如何凭借权力、规则、资源等一系列制约性因素,以可见或不可见的方式制约项目社工的行动。项目社工又如何进行应对,其行动的自主性如何得到体现。

2. 主体性—关系性:社会学视角下权力理论的演进理路

从权力视角来看,项目实施系统是由项目社工、购买方、社工机构、基层力量、第三方机构、服务对象等共同构成的表现为权力特征的相互依赖关系,作为该系统的成员之一,项目社工拥有相应的权力,其权力的行使又会受到系统内其他各方力量的影响。如此,应当从何种视角看待项目社工的权力?西方社会学界关于权力的探讨或许能够为我们揭开谜底。自19世纪中叶社会学创立以来,权力便成为社会学界研究的热点问题之一,从现代社会学家马克斯·韦伯、帕森斯到后现代社会学家福柯、吉登斯,均对权力问题进行了不同视角的阐述和挖掘。在此过程中,关于权力的研究也经历了由宏观权力到微观权力,由主体性权力到关系性权力,由抽象的理性权力到具体可感知的权力的发展过程。由于研究主题的需要,笔者并不打算将社会学家的权力理论进行一一赘述,而是选取对本研究具有启发性的"主体性—关系性"的研究线路进行梳理。

早期的社会学家韦伯、马克思等人从支配——顺从的视角看待权力,强调权力的强制性和支配性的一面。韦伯认为,权力是某种社会关系中的一个行动者可以处于不顾反对而贯彻自己意志的地位的概率,而不管这种地位是建立在何种基础之上的。在其定义中实际上设定了冲突性的因素,一个人的权力与他人的权力是此消彼长的关系,一方得益是以另一方受损为代价的。韦伯将合法支配的权力划分为传统型、超凡魅力型和法理型三种类型,由于这三种类型的权力的合法性基础与程度不同,权力意志得到贯彻的机会与概率也不相同。由此看来,韦伯的权力观强调权力的强制性和支配性的一面。马克思将权力视为一种统治阶级的能力与持有,认为权力是社会关系的一种表现,即一方支配另一方的力量。在马克思看来,权力源于经济地位,更具体地说,源于对生产方式的占有。权力被用于一系列"消极"的目的,以挫败被统治阶级的阶级意识与反抗倾向,而国家则成为统治阶级实施此项权力的工具。除韦伯和马克思之外,彼得·布劳和达尔等人也从主体性、支配性的视角看待权力。彼得·布劳认为"权力的定义应该被扩展为,通过威慑……个人或群体不顾他人反抗,将其意志强加给他人的能力。……其根源是单方面的依赖。相等力量的相互依赖和相互影响标志着缺乏权力"(彼得·布劳,2008:178~179)。达尔将权力视为个人或集团之间施加的任何一种影响,“在现代社会科学中,权力这个词是指各社会单位之中的关系子集,在这些单位中,一个以上的单位的行为在某些条件下依赖于另一些单位的行为”(R.A. 达尔,1968:407)。

由此看来,上述学者遵循“主体性”的研究理路,从处于支配地位的行动者的角度看待权力,将权力理解为单向度的控制和支配行为,强调的是一种“支配——服从”的思维方式,强调了权力的主体性、强制性,但同时忽视了权力的关系性。事实上,按照这种权力观念,是难以理解项目社工的权力的。因为无论是相对于处于强势地位的购买方,还是作为管理方的社工机构,甚至是决定评估结果的第三方机构而言,项目社工似乎并不处于支配地位,其所拥有的权力也并不具有强制性和支配性。而且,单向度的权力也难以解释项目社工与其他各方力量之间存在的错综复杂的关系形态,因为,“如果我们将各种权力关系看作具有排他性的等级关系与单边关系,那么,我们就会忽视存在于个人与群体之间全部的关系类型”(Dennis H,1968/6)。除此之外,“权力不能被设想为可以固定不变的能力,不能被设想为某一单个的主体或者社会团体的长期的特质,而应被视为主体之间策略冲突的原则上多变的和未完成的产物”(阿克塞尔·霍耐特,2012:151)。

与上述学者的权力观相比,后现代社会学家更强调权力的关系性。布迪厄对权力的阐述在其场域理论中展开。在布迪厄看来,处在特定的场域中的每一位行动者都是权力的主体,他们不仅拥有权力,而且具有使用权力的合法性,与此同时,他们也都在进行着权力斗争从而满足自己的利益需求。罗德里克·马丁从社会活动或社会运行角度对权力关系进行考察,认为权力关系产生于相互依赖,这种依赖关系从个人、团体、组织为实现一定目的而对资源控制的分配中生产出来。对资源的控制权分配直接导致依赖,但是,这种不对称依赖并不会自然而然地导致服从,还有另外一个重要因素——难以摆脱控制。而且,权力关系产生于由各种因素组成的复杂网络,因此权力关系绝不是单线性的。吉登斯则以二重性的方式对权力问题进行了全面的探讨。在他看来,韦伯等人的权力观突出主体,而没有看到社会结构对主体存在的制约性,他将韦伯等人眼中所谓的支配能力看作狭义的权力。吉登斯指出,“权力概念并不像韦伯等其他主体主义者所认为的那样,它与意志或目的并不存在内在的联系”;“尽管权力与利益、冲突等经常联系在一起,但毋宁说这种联系是一种偶然联系,它们之间并不存在本质的联系”(Anthony Gidden,1979:92－95)。在吉登斯看来,权力一方面是主体自主性的表现,即转换能力;另一方面,权力又是主体在互动过程中存在的依赖性表现,即支配力量。而资源是权力得以实施的媒介,吉登斯将资源划分为权威性资源(authoritative resources)和配置性资源(allocative resources)两种类型,任何具有资格能力的行动者都能获得相应的资源,从而都具有自主性的一面,否则,他就不可能成为行动者。但是,由于行动者的生理特征和资源在时空当中的不均衡分布,不同行动者动员资源的能力是不同的。行动者能够获得资源的绝对性产生了权力的转换性一面,而资源动员能力的差异性则导致了行动者权力之间的支配性一面。法国社会学家福柯同样认为,权力并不是一种自上而下的单向性控制的单纯关系,而是一种相互交错的复杂的网络,每个人都运动于相互交错的权力网络之中,既可能成为被权力控制、支配的对象,又可能同时扮演实施权力的角色。

上述学者对权力的理解给予笔者很大启发,项目实施体系内,包括项目社工在内的各方力量之间并不是一种单向性的关系,每一方力量都处于一种交错的权力网络之中,项目社工在其中既作为被权力支配的一方,又作为权力的实施者而存在,因此,项目社工的权力更符合关系性的权力形态。当然,关系性只是项目社工所拥有的权力的一种特性。如果进一步追溯,项目社工的权力究竟是一种什么样的权力?组织社会学的权力观对这一问题做出了很好的回答。

权力,在法国组织社会学派看来,是指行动者通过自己的活动而创建的协商谈判的能力,抑或是在其他行动者那里能够调动资源、使用资源的能力。行动者的权力产生于相互依赖，在抗衡和交换中得以发展，这种权力关系是一连串因果复杂联系及其变化的结果。在这一学派看来，无论是保守学派还是批评家，都倾向于将权力等同于权威、国家、制度化了的秩序，都趋于拒绝深入其所有的丰富的资源和矛盾动力之中去考虑，最终将其作为事实本身进行分析，将制度化现象物化为运动的或静止的现象，说白了就是社会行动的某个不可变更的而且不可避免的维度。法国组织社会学派强调，必须放弃这种认为权力纯粹属于消极并只用于镇压的看法，"当然，这并不是说，就不存在压迫性的和束缚性的权力关系，亦即我们的群体行动系统与模式连同这些东西所代表的意义，均没有建立起行动的合理性和社会约束的模式，而是说停留在这样一个观察层面，实际上是在割裂事实，并在事实本质面前闭上眼睛，即：权力作为所有社会关系不可回避的基本维度，始终可以作为暗含谈判和整合的集体行动胚芽而被加以研究"（米歇尔·克罗齐耶、埃哈尔·费埃德伯格，2007：14）。关于权力的来源，该学派认为权力来源于以下四个方面：首先，存在着源自专门技能以及功能专业化的权力；其次，存在着与组织及其环境之间诸种关系相连的权力的来源，抑或更为准确地说，是与组织及其数种环境之间关系相连的权力的来源；再次，存在着通过对交流传播以及信息的控制而制造的权力的来源；最后，存在着以一般组织规则的形式而现身的权力的来源。

相较于其他社会学家的权力观，组织社会学派的权力理论能够更准确地解释项目社工在项目实施过程中所拥有的权力。这种权力来源于项目社工所拥有的专业知识和技能，包括调动和使用资源的能力，因为项目社工所扮演的角色之一便是"资源的调动者"。但是，项目社工的权力与组织社会学所探讨的权力又存在不同之处。组织社会学所探讨的权力更多是指同一组织内行动者之间的权力关系，而项目实施体系则是由项目社工、购买方、社工机构、第三方机构、基层社区以及服务对象等共同构成的行动体系。这一体系内的成员跨越了政府、社会组织以及公众等多方力量，彼此之间通过政府购买服务项目联结在一起，从而构建出一种新型的、非正式的、成员多元化的体系。组织社会学派的权力理论难以精准解释处于该体系内的项目社工的权力。此外,该体系内的各方力量所拥有的权力不尽相同,组织社会学难以全面解释跨越组织范围的权力形态。尽管如此,组织社会学派的权力观仍然给予本研究以直接启发。在政府购买服务项目的实施过程中,项目社工的权力来源是什么?在项目实施过程中各方力量的影响下,他们如何利用这一权力完成项目的实施?其权力的边界又在何处?在本研究中,笔者将以组织社会学的权力理论及其相关概念为分析框架对这一系列问题进行解答,来探讨项目社工的权力及其运用,以揭开项目社工的权力来源及边界。

3. 从主体视角到关系视角:行动与权力边界的建构

上述关于行动与权力的相关研究提示笔者,在研究项目社工的项目实施时,可以采取如下两种理路:一是将项目社工作为单一的研究主体,研究他们在项目实施过程中所采用的行动策略以及所体现的权力。事实上,当前学界在进行相关研究时,更多采用的是这种理路。这种研究方式突出了主体的能动性,但更强调行动主体单方面的行动,容易忽视其他力量对行动主体的影响,因此,采取这一研究理路,我们看到更多的是单一行动主体如何灵活有效地运用策略、展现权力。然而在实际行动过程中,行动者均处于特定的行动系统,这一行动系统往往是由各种关系所构成的复杂网络,各方力量相互影响,采取单一主体的视角,带给我们的只能是片面的、不完整的研究体验,从而失去了灵动的、流变的实践灵感。鉴于此,我们应当转变研究视角,采取如下研究理路:采用关系视角,回到真实的项目实施"场景"中,将项目实施过程中所涉及的各方力量纳入研究中来,通过探讨项目社工的项目实施策略,揭示其行动和权力边界。当然,采用这一研究视角,并非要忽略研究的中心主体——项目社工,因为他们是服务的实际递送者,我们要做的是,以项目社工为中心,探讨其他相关力量如何共同塑造了项目社工的行动和权力边界。正如笔者在经验观察中所发现的,以政府为代表的购买方、以街道和居委会为代表的基层合作方、以服务对象为代表的服务受益方、以机构为代表的管理和支持方、以评估机构为代表的项目监测方均非铁板一块，它们对于社工的项目实施均起到了不可替代的作用，它们的态度和行为不仅会影响项目社工的行动策略的展现和权力实施，而且会塑造社工的行动和权力边界。因此，在研究过程中，只有将各方力量均纳入考察视野，方能有效解读项目社工的行动策略，从而准确理解其行动和权力的边界。

二、项目实施中一线社工的行动博弈

（一）田野进入：L机构介绍及项目选取

1. L社工机构简介

L社工机构是我国改革开放后较早成立的民间专业社会工作服务机构，位于我国内地最早开始专业社会工作实务的地区——S市P区。1997年，S市P区社会发展局引进全国第一批社会工作专业毕业生，开始推行专业社会工作的尝试，并于1999年12月9日在S市率先注册了P区社会工作者协会，从事社会工作研究和服务。P区社工协会通过设立社工站使理论与实践相结合。为了促进社会工作专业化，整合社工资源，承接政府和社会所赋予的各项社会服务职能，为政府和居民提供专业化、高素质的服务，建立具有示范效应的社工专业服务机构，P区社工协会向P区社会发展局申请举办L社工机构，L社工机构成为P区社工协会孵化的第一个机构。

作为L机构的举办方，P区社工协会除出资（70%）注册L机构外，还将2002年起即受P区社会发展基金会资助的民工子弟学校社工服务项目移交L机构，这也成为L机构成立后的第一个项目。该项目自2002年9月至2003年8月为P区6所简易小学（原民工小学）提供驻校社工服务，目的是帮助流动人口子女解决家庭、个人和社会交往等方面的问题。该项目对流动人口及其子女更好地融入S市给予了专业的协助，取得了良好的社会效益，得到了社会各界的好评。同时，该项目的购买、运作方式也具有探索意义，由政府直接购买，社会组织承接后，根据项目需要聘用适当数量的社工人员,完成项目方案中的各项内容,并通过提取项目经费中的管理费,维持机构运转及人员开支。这一模式也成为后来P区社工服务项目的主流。

随着形势的发展,L机构的组织结构也不断发生变化,2014年的组织结构是:日常运营由机构统筹负责,下设综合部一个职能部门以及青少年儿童服务部、长者服务部、社区与家庭服务部三个服务部门,其中各服务部门由主任/副主任兼管,在不同服务领域开展社区公共设施托管服务、少数民族服务、社区老年人服务、流动儿童和社区儿童青少年发展服务等服务项目(见图1);L机构的工作团队包括管理人员、研发人员、行政人员、社工督导、一线社工、其他服务辅助人员等,截至2013年底为60人。从资金来源来看,L机构的资金来源分为三个部分:(1)政府直接购买服务,购买者包括民政局、街镇政府、妇联、团委等,约占年度总体收入的70%;(2)公益创投等公益金项目,约占年度总收入的18%;(3)基金会、企业及个人资助,约占年度总收入的12%。

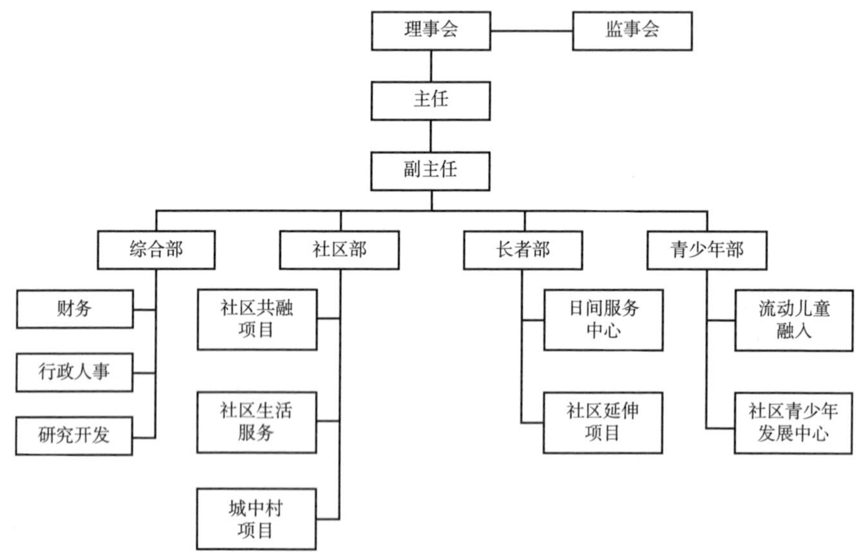

图1　2014年L社工机构组织结构

注:此图为《2014年L社工机构组织结构图》原图。

由此可知，L 机构符合本研究的三个重要标准——国内较早的社工机构，民间性较强，资金来源以政府购买服务为主。首先，L 机构是国内较早成立的社工机构，是 S 市 P 区成立的第一家社工机构，发展相对成熟，项目运作经验相对丰富，具备一定的典型性。其次，L 机构是一家民间社工机构，不同于官办的社会组织，L 机构成立时的两个出资方分别为 Z 社科院的一位教授和香港一家公益机构的总裁，机构运营相对独立。而且由其所获得的众多荣誉可以看出，L 机构是国内民间社工机构的典范，L 机构的项目实施状况，可以在一定程度上代表国内民间社工机构的项目实施状况。最后，L 机构的资金来源以政府购买服务为主，其实施的项目大部分为政府购买的项目，便于笔者从中选取项目点进行分析和研究，从出资方为“政府”这一点来看，符合本研究的标准。

2. 项目的选取

本研究选取 L 机构的三个项目进行分析，即社区共融项目、JY 城中村项目和日间服务中心托管项目。其中，社区共融项目和 JY 城中村项目为社区部的项目，日间服务中心托管项目为长者部的主体项目。

社区共融项目为 2007 年由 L 机构承接 P 区区委统战部的一个项目，成为全国首个以政府购买社工服务的模式为少数民族群体提供服务的项目。JY 城中村项目为社区综合服务项目，出资方为 P 区 JY 街道，自 2014 年 5 月开始实施，通过对该项目进行经验观察，可以了解项目社工如何进行新项目的实施，因此，该项目可以成为新项目的代表。日间服务中心托管项目为长者部的主体项目，出资方为 P 区 Z 镇政府，自 2009 年开始试运作，2010 年正式运作，项目运作时间相对较长，项目实施经验相对丰富。

本研究之所以选取这三个项目，是因为：首先三个项目均为政府购买服务项目；其次，社区共融项目和日间服务中心托管项目为 L 机构的两个主体项目，项目运作时间相对较长，可以代表 L 机构运作成熟的项目，JY 城中村项目则可以代表新实施的项目。通过分析上述三个项目，可以较全面地呈现政府购买服务项目的实施状况。

(二)新项目的实施与应对:JY城中村项目

JY城中村项目的全称为"JY街道城中村综合服务项目",出资方为P区JY街道,自2014年5月开始实施,通过对该项目进行经验观察,可以了解项目社工如何进行新项目的实施,通过对该项目进行梳理,可以呈现一线社工在新项目的实施过程中所遇到的问题及解决对策。

1. 项目实施体系的建立:各方力量的角色承担

2012年,JY街道办事处以政府购买服务的方式,首次委托S市GY社工师事务所承接JY城中村的服务工作,2014年年初,GY社工师事务所准备退出该项目。2014年2月,JY街道办事处委托P区公益服务项目"供需对接·一站式服务"平台发布项目需求书,重新选择承接方承接该项目。

为了将购买方与承接方的合作效果最大化,双方建立了常态化的工作交流机制,其中,JY街道办事处作为购买方,其主要职责包括:与L机构签订合作协议,对合作方案进行指导和审批,为项目活动执行提供场地;街道项目主管科室为综治办,综治办配备一名项目联络员,定期跟踪项目执行情况,为项目执行做协调性工作。L机构作为项目承接方,派驻项目团队到JY街道城中村执行该项目,项目团队成员包括:一名项目督导,该督导为L机构社区部副主任;一名项目主管,该主管由L机构主任从外部聘请;三名项目社工。项目团队的职责主要包括:每月月底向JY街道项目主管科室提交下月工作安排;接受社区党支部的指导;主动与城中村居委会、自管会、物业、派出所合作,形成互补和资源联动;提供居民服务,发动居民参与社区治理;总结形成城中村自治模式;建立工作团队,并进行团队能力建设。

为了对该项目的执行过程及结果进行科学合理的评估,JY街道办事处委托Y机构作为该项目的评估方,Y机构是一家致力于公益组织能力建设与发展的非营利性专业机构,总部位于S市P区,是国内较早成立的公益支持机构,也是P区发展最成熟的评估机构。此外,在该项目中,JY城中村居委会作为项目合作方,对L机构JY城中村项目团队的工作给予资源等方面的支持与协助，居委会共计六名工作人员，其中书记S和治保主任由街道派驻，另外四名工作人员为城中村居民；JY街道社会组织服务中心为该项目提供服务协调和监督，该中心是一家民办非企业单位，其业务主管单位为该项目的购买方——JY街道办事处。

由此，该项目的实施体系初步形成，见图2。

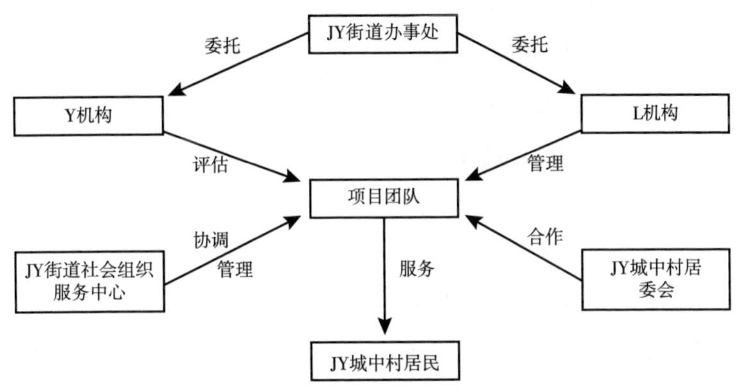

图2　JY城中村项目实施体系

注：此图由笔者自制。

2. 行动者出场：项目组进驻社区

关于办公地点，JY街道办事处提供了两个选择，一处为P大道2690号二楼，另一处办公场地在道塘路10号，项目组进驻JY城中村之后，决定将办公地点设在P大道2690号二楼。办公场地确定下来，项目组又面临两个难题，一是电话和网络的安装问题，二是大的活动地点的选取问题。面对问题，项目主管X首先向JY街道办事处反映情况，进行口头协调，毫无意外地失败了，然后向JY街道社会组织服务中心提出申请，一个多月没得到回复后，X只好自己找人安装电话和网络，从中体现了社会组织对购买方不断妥协的过程。

项目组进驻社区半个月之后，场地和办公设备仍然悬而未决时，JY城中村“一站式服务”项目评估说明会便在项目组办公室召开。此次会议的与会方包括P区公益促进会代表、评估方Y机构、JY街道社会组织服务中心以及项目组的项目社工。会议上,评估方Y机构重点说明了项目监测和评估的相关事项,其中,项目监测为季度监测,项目评估分为中期评估和结题(终期)评估。也即在整个项目实施过程中,项目组需要迎接两次季度监测和两次评估。关于项目的评估标准,参照项目书、社区公益服务项目绩效评估导则以及财务的有关规定,评估采取百分制,包括项目完成情况、组织与人力资源管理、项目实施成效等方面。评估方Y机构项目主管提到的评估事项中包含几个关键点:

首先,针对城中村情况的特殊性,评估方给予了项目组比较宽松的项目实施空间,项目组可以根据实际情况,适当调整项目书中的服务内容,当然,需要提出项目进度调整申请,这一方面能够使评估方对项目组的项目实施过程进行有效监督,同时对项目组也有利,由于项目的监测和评估需要同时参照项目书和进度调整申请,虽然项目书中的服务内容无法改动,但进度调整申请的内容是由项目组根据实际情况来填写,这就意味着,项目组可以在一定程度上通过另外一种方式对项目书做出调整。

其次,关于项目监测和评估的频次,在整个项目实施过程中,项目组需要迎接监测和评估总计四次,平均每三个月一次,其中,如果项目进度有调整,则每月向评估方提交一次进度调整申请,也就是说,评估方并非对项目进行现场实时监测,而主要是通过接收材料的方式,材料的准备工作则由项目组来完成。这种监测和评估方式也为项目组留出了较大的实际操作空间。

3. 项目实施中的巧妙应对和接触

在项目组进驻社区之前,JY城中村项目督导召集项目组成员召开项目初期会议,此次会议主要探讨项目组5月份的工作计划,包括前期调研、办公室的选址和布置、晚托班的开设等,并重点探讨了P区公益活动月的团体活动计划。但这是计划外的行政性任务,而且当时没有明确说明,使得项目组非常被动。拿到项目书的几天之后,项目主管X才发现端倪,询问项目督导后,对方才做出解释。X很是不满,但考虑到此次活动的前期工作已开始准备，且已经答应项目督导完成这次活动，X只能硬着头皮继续做下去。

X考虑到，活动是必须要举办的，但如果仅仅以P区公益月活动的名义举办，对项目组并没有什么好处。如果能够将这次活动与项目书中的活动内容相结合，就能“一举两得”：既完成了上面交给的任务，又能够完成项目书中的活动指标。于是，X将项目书和此次活动计划内容进行了仔细对照，并将L机构指派的公益月活动巧妙地转换为项目书中的活动，如此一来，项目组在完成公益月活动的同时，还可以完成项目服务内容。此时，GY社工师事务所并未完全撤出，其员工K得知项目组将举办公益月活动，便主动提出加入活动，X欣然应允，双方力量的巧妙搭配更有利于活动的顺利进行。活动当日，面对P区社会组织公益活动巡访员的突然到访和询问，X做出巧妙解释，使得巡访员非常满意；活动后的简讯发布，更是使得各方皆大欢喜。

JY城中村项目的服务对象为居住在城中村内的本地及来沪居民，项目书中所有的服务活动都是针对他们进行的，因此，他们是项目组在日常工作开展过程中接触最多的群体。由于城中村环境的特殊性，本地人口中基本为退休老年人。来沪人员绝大部分为JY城中村附近的工业企业及服务行业务工人员，以家庭为主要居住方式生活在该社区，多数与配偶和子女共同居住，比例分别高达68.8%和44.2%。①

由于居住群体之间存在较大差异，项目组针对不同群体采取了不同的行动策略。通过受到帮助的服务对象，如社区居民S，凸显工作亮点；对于初期不太配合的服务对象，如青少年暑托班的学生家长，采取劝导的方式，达到“以理服人”；对于社区内的积极分子，则邀请他们做项目志愿者。既拉近了与服务对象的关系，又完成了项目指标。

（三）行政与专业的权衡：社区共融项目

社区共融项目为2007年由L

① 此数据来源于JY项目组于2014年8月针对G城中村社区居民所做的“社区治理与社会服务”抽样调查报告。

机构承接P区区委统战部的一个项目,成为全国首个以政府购买社工服务的模式,为少数民族群体提供服务的项目。2009年1月,社区共融项目拓展至P区11个街镇,服务拓展至民族和宗教领域。2011年1月,该项目拓展至P区20个街镇,服务领域拓展至统战五大类群体,项目社工人数达到43人,约占L机构员工总数的80%。该项目不仅是社区部的主体项目,而且是L机构的主体项目之一。

1. 该项目的实施体系

社区共融项目的顶层设计是政社分工合作机制,体现为政府向社会组织购买服务制度,在此过程中,双方建立了明确的责任分工机制。购买方为L机构提供项目资金、办公场所及办公设备,并对其工作给予必要的支持与协调,项目成效评估方面,由购买方聘请第三方评估机构对项目进行全面考评,并将有关工作意见及时反馈给L机构,根据评估结果决定项目资金的拨付和下一年度项目的承接。L机构按照合同标准和服务方案,负责该项目的社工招聘、管理、培训、考核、办公选址、服务活动的专业督导等,并派遣统战社工到基层一线为统战对象提供专业服务;采取项目化运作、子项目操作的工作形式,以区域化办公的形式进行管理和操作;定期向购买方汇报工作成效及遇到的困难,并接受购买方对项目的监督检查和指导。

街镇宣统部门作为项目的合作方,负责统战社工的日常工作安排,并为服务活动提供部分资金。街镇侨联和民族联分会是以本地户籍少数民族同胞、侨胞为主,以联络、联谊为主要功能的群众性自治组织,在该项目中具有“服务对象”和“工作协助方”的双重身份,一方面,作为服务对象接受统战社工的服务,另一方面,协助统战社工为社区内的其他统战人士提供服务。

该项目的统战社工分为项目主管和项目社工(包括助理社工)。项目主管的主要职责为:在部门主任的指导下,规划所辖项目的服务,负责团队管理和督导,综合运用各种社会工作专业方法,直接为服务对象提供服务活动,确保服务目的的有效达成,挖掘并及时反馈服务需求,拟定服务策划方案,为机构的项目开发提供基础信息。项目社工在项目主管的指导下，综合运用各种社会工作专业方法，直接为服务对象提供服务活动，确保服务目的的有效达成，其职责包括：定期进行实地走访，对服务区域和服务对象的实际情况进行了解和分析；针对服务目的和服务对象的需求，综合运用各种社会工作专业方法，制订服务计划并不断修正；负责活动的各项前期筹备工作，对现场活动进行带领或管控，有效处理各类突发情况；负责各类服务活动的评估和总结，致力于专业服务水平和能力的不断提升等。

为使该项目中各方力量之间的关系得到更清晰的展现，将该项目的实施体系构筑为图3。

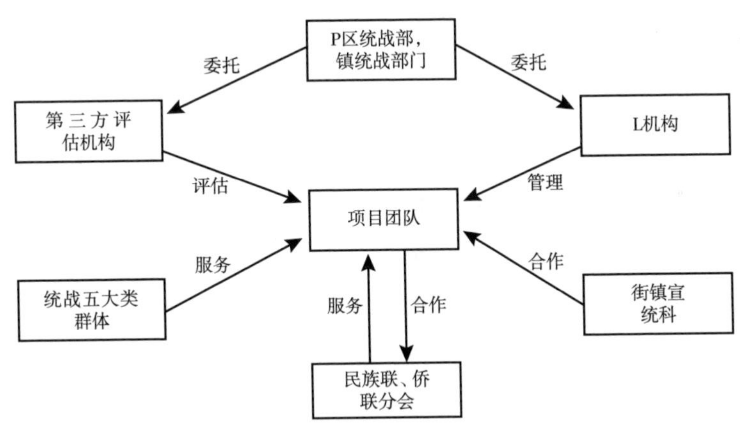

图3 社区共融项目实施体系

注：此图为笔者自制。

2. 项目面临的内卷化困境及其应对

虽然统战领域工作具有特殊性，但专业性理应始终是统战社工工作的本质属性。然而，自社区共融项目启动以来，统战社工在开展专业服务的同时，协助街镇做了大量行政性工作，参加会议、撰写文案、材料整理、迎评迎检等事务耗费了统战社工大量的时间和精力，成为统战社工面临的一大难题。自2011年开始，统战社工的行政性工作逐渐增加，仅2014年一年的时间，统战社工就协助街镇承担了四项行政性工作,使得专业服务难以开展与深入,统战社工由此陷入了行政性困境之中。

镇相关职能部门将统战社工作为“统战干部的助手”,各个镇分配给统战社工的行政工作内容虽有不同,但行政性辅助工作成为统战社工的主要工作却成为普遍事实。

社区共融项目是P区统战领域的一种全新尝试,作为该领域的一种新型政社合作模式,自2007年启动以来,在前几年出现了良好的发展势头。但项目涉及多个购买方和工作安排方,且各方对该项目的期许程度不同,导致街镇层面对该项目的成效褒贬不一。2014年,Z镇和Q镇在项目实施中途退出该项目,P镇则明确表示2015年不再考虑续约,K镇明确表示只需要行政人员一人。项目主管Y也说:“我所接的镇,人家领导明确表示了,我是真的需要人,才和你签的。”其中暗含需要的是行政辅助人员而非专业社工。

L机构则陷入了该项目应如何继续运作的困境。购买形式的不统一,使L机构与各购买方之间的权责关系不清晰,从而导致L机构的“无限责任制”,既需要保证该项目的专业服务成效,又需要同时满足购买方人才派遣的需求,这对于L机构来说很难做到。由于难以满足多个购买方的需求,L机构与政府合作的积极性也大大削弱。

> 现在我们为难的是,是要完成政府的想法,还是实现我们的价值。区里也不清楚他到底想要什么,区里的评价来自街道,但街道对我们的评价不一,区里的要求并不明确,你是只要满意度,好,那我派人让你满意,还是我们将建议给你,你同意,则OK?①

社区共融项目出现“内卷化”困境之后,对于项目组来说,解决这一困境以保证项目能够健康、持续运作成为当务之急。在“区域化管理”模式遭到街镇层面的反对之后,项目组认真地进行分析,认为这一模式之所以未能得到认可,是由

① 对工作人员的访谈 SPW-02-Y-20141025。

于街镇层面的人才派遣需求，他们需要“统战工作助手”。区政府对项目的态度来自街道的评价，如果想让区里对该项目满意，需要首先向街道妥协，但该项目的整体成效又以专业服务为衡量标准。项目组既要满足人才派遣的需求，又要保证项目的专业成效。项目组经过细致的讨论，提出了“岗位社工 + 项目社工”的工作手法：将现有每个街镇的两名社工按照一名岗位社工和一名项目社工的方式进行工作安排。岗位社工的主要职责为协助街镇做行政性辅助工作，同时起到联络员的作用，为项目的开展打通服务通道；项目社工的主要职责为按照项目方案开展专业项目。对两名社工的职责分别加以明细化。如此一来，既保证有人为街镇做事，又维系了专业项目的开展。但这一工作手法并未得到 P 区统战部部长 W 的认可。

2014 年，P 区统战部由于人事变动，原统战部长 W 调离工作岗位，新任部长 J 接任 W 的岗位，分管社区共融项目。新部长上任之后，L 机构主任和社区部主任与 J 进行了初次会面，通过沟通得知，新任部长 J 对该项目的情况不了解，并提出让 L 机构向其汇报该项目的开展情况。接到这一指示后，社区部主任立即以邮件的形式向项目组社工征集相关资料，邮件中写道：

> 由于人事变动，W 部长已经调离原来岗位，新任 J 部长接任 W 部长的岗位，分管社区共融项目，他对项目几乎没有了解，我们需要向他汇报今年以来工作开展的情况，在报告中，需要着重汇报我们工作的成效，存在的价值，所以大家在报告中要对成效多进行分析和描述。个人感觉，J 部长和 W 部长、H 部长区别很大，对我们的项目或许是机会，又或许是巨大挑战，所以蛮有紧迫感的，希望我们一起挺住，尽力让 J 部长对我们的项目抱有期望，并给予支持。[①]

① 资料由笔者整理所得。

随后，项目组针对此次项目汇报专门召开了一次座谈会。会上，大家认为，既然新部长的方法和思路不同于原来的部长，就应当借此机会将项目目前存在的问题汇报给他，对此，L机构主任谈道："我了解政府部门的想法，他要的是你们自己解决问题，而不是你怎样强调困难和问题。我们以前过多强调的是困难和问题。每年项目评估会上，我们就提如何给社工加工资之类的问题，不要只是抛出问题，要同时提供解决方案。还有，我们不要和他们谈我们有多专业，他们看的就是成效。"项目主管L称："我们现在不是摸着石头过河的时候了，必须转变思路，我们应当主动将解决方案给他，'你看一下，有无完善之处'，你让他们解决，他们是做不到的，他们也不会去解决。贴近领导+符合街镇要求+可行性，这三点以后就是我们努力的方向。"通过讨论，大家一致同意将之前提出的"岗位社工+项目社工"的工作手法作为重要解决方案，并向新部长进行汇报。

通过上述分析可知，社区共融项目出现运作困境之后，项目组首先提出了区域化管理的工作模式，以缓解由于行政性工作压力造成的项目成效不足的状况，但这一模式自提出，便被基层职能部门认定为试图摆脱行政性工作，从而遭到了基层部门的反对，被暂时搁置下来。对此，项目组并未放弃解决问题，而是提出了"岗位社工+项目社工"的工作模式，既满足对方人才派遣的需求，又保证项目成效。然而，这一工作方法也未得到P区统战部的认可。在新领导上任之后，项目组积极抓住机会，再次争取"专业空间"，与此同时，摸清政府部门想法，在提出问题的同时，给出解决方案。从中可以看出，在政府的强势干预下，弱势的统战社工一方面采取了妥协的策略，另一方面，又"不屈不挠"，多次提出解决方案，并抓住机会，摸清政府思路，以维系项目的持续运作与服务成效。

（四）日间服务中心托管项目

1. 项目实施体系的建立

S市P区ZQ老年人日间服务中心位于Z镇福利大楼，建筑面积500多平方米，总投资近194万元，是Z镇社区老年人集中托管照顾、助餐洗浴、午休娱乐、康复理疗等一体化的社区助老服务机构，该中心的法人代表为兼职，为 Z 镇政府工作人员。2010 年 7 月，Z 镇社区事务受理中心委托 L 机构对该日间服务中心进行管理，项目的全称为“ZQ 老年人日间服务中心委托管理项目”。

L 机构承接该项目之后，为中心配备的工作人员包括 1 名项目主管，1 名项目督导，2 名专职社会工作者（见表 1）以及护理员、保洁员、专兼职康复师若干。其中，项目主管主要负责项目的统筹和资源链接，在服务需要的情况下兼职专业社会工作者的工作。项目督导主要负责各项服务活动的监督和指导，以确保项目各项服务的有序进行。具体来看，该项目团队的工作任务包括：①为居家养老评估中心评估通过的老人提供生活照顾、复康训练及日间护理服务，以提高他们的活动能力和减缓其退化过程；②让老人享受群体生活，保持与社会的接触，帮助他们保持身心健康，继续在社区内安享晚年；③为老人及家人提供支援服务和指导，以减轻因照顾老人而导致的压力，使他们能更妥善及持续地照顾老人；④为居家养老评估中心评估通过的老人提供小组式及专业性的日间照顾、护理、复康及身心发展等服务，以便他们能够保持健康及提升生活质量。

表 1　项目执行团队及分工

姓　名	性别	职　务	职业/专业背景	专兼职情况	在职情况（是/否）
Y	女	项目督导	国家中级社会工作师、社会工作专业硕士	专	是
W	男	项目主管	社会工作专业硕士	专	是
Z	女	护理员/社工助理	护理员上岗证	专	是
C	女	护理师/社工助理	初级护理师	专	是

注：此表格为笔者在原表格基础上进一步修订所得，表格中所列的项目组成员为专业社工，不包括护理员、保洁员、专兼职康复师等其他工作人员。

从评估形式来看，该项目采取第三方评估的方式，以 2014 年为例，购买方委托 S 市 P 区公益促进会“供需对接・一站式平台”交由

X评估中心对该项目进行第三季度监测和末期评估。

总结来看,该项目的实施架构如下(见图4)。

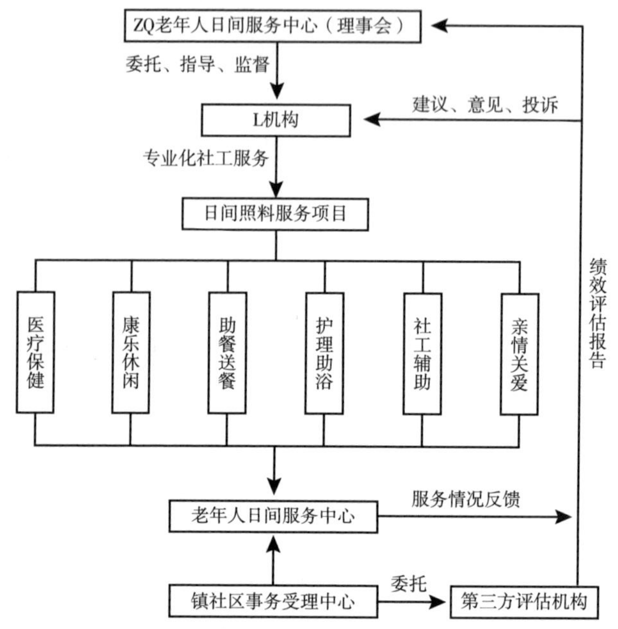

图4 ZQ老年人日间服务中心委托管理项目实施架构

注:此图为《ZQ老年人日间服务中心委托管理项目实施架构图》原图。

2. 终止合作风波:紧张关系下的积极争取与迎合

该项目的协议中明确规定,项目组需"完善中心的标准化建设与星级评估工作"。2014年3~10月,项目组将工作重心放在了社会组织规范化建设评估工作上,建立评估实施小组、迎检小组,搜集整理资料,制作材料目录,整合评估材料,撰写自评报告等事务占据了项目组社工大量时间。繁重的工作使项目组在日间服务中心的服务工作方面分散了注意力。按照协议规定,购买方应在年中开展一次中期评估,但并未开展。项目组认为,按照协议规定,下一次评估应该是末期评估,便没有急于做评估的相应准备。然而,9月份之后,购买方突然通知项目组，由X评估中心进行第三季度监测。面对突如其来的状况，项目组并未做好充分准备，但也没有过度担心，按照以往的评估经验，此次监测的目的在于督促项目运作，且监测报告只发给项目组，于是按照监测要求进行了相应准备。

季度监测结束后大概一个星期，评估方便发布了该项目的季度监测报告，此次监测的结果并不乐观，评估方指出了监测中存在的诸多问题。首先，项目实施中一些服务执行情况和原计划存在差异，评估方认为，标的“基本生活照护服务”中的签到人次、“医疗护理康复服务”中的血压测量服务，与原定工作量存在较大差距。其次，项目计划书中的部分服务方案存在设计缺陷，评估方认为项目在设计初期存在目标设置相对较高的问题，在实际工作中难以完成预期目标。最后，项目管理规范中存在部分服务无证可循、人员档案过于简化等问题。

购买方的直接负责人X看到监测报告之后，非常不满意。X告知项目督导Y，可能在2015年改由其他机构承接该项目，同时让项目组准备向其汇报2014年的工作情况与2015年工作计划，要求报告中突出重点。

项目督导Y让项目主管将工作总结与计划尽快写出来，随后向X进行了工作汇报，并为项目组争取下一年的承接机会。X表示，已经在考虑改换机构事宜，且已有其他机构在争取这个项目，并明确表示，该项目投标和签订协议时，L机构的代表是主任，而不是项目督导，最好让机构主任来和他谈事情。Y第一时间将情况汇报给机构主任，主任随即与X见面，X的态度很明确，明年会改换机构，而且现在正在寻求合适的承接方。

为抓住这次机会，项目组首先积极争取丰田福祉车，该努力没有取得满意效果，项目组又将工作中心放在末期评估，争取取得良好的评估成效，以便给镇领导一个好的交代。接到评估方的通知后，项目组便抓紧行动起来。先是将实际资料与项目指标量一一对应，发现中心的血压测量、家访记录、老人建档等许多资料并未达到指标要求，便将其逐一补全、填充，统一整理。

项目末期自评报告中的“项目

成效”部分,要求填充受助对象典型案例,项目组便将服务成效最显著的服务对象案例填写上去,报告中这样写道:

> 董伯伯三年前到托老所时,是推着轮椅过来的,身体不是很好。现在,他可以行动自如地走路了,而且精神面貌比以前好多了,提到这里,王老师很是感谢托老所,她说:“以前在家里,董伯伯就比较懒,不动身体就越来越不好了。自从第一次来到托老所,觉得这里的环境很好,工作人员也很好,就尽量每天都推他过来活动,每天早上跟ZQ托老所工作人员做回春医疗保健操,工作人员一点点地帮他活动、康复,渐渐地他就可以下地走了,一直坚持做这个操到现在。”“托老所还经常开展外出拓展活动,我们一群老年人有说有笑,很是开心,这和自己的子女带自己出去玩比,又是另外一样的感受。”王老师还说:“你们董伯伯之所以有今天这么好的身体,最最感谢的莫过于政府开办的托老所,让我们能够走出家门,在家附近养老。有一次,因为我身体不好,所以就没有推董伯伯到托老所,但是你们工作人员一直惦记着我们,还到家里慰问我们,让我们感觉到了受重视和关怀。”
>
> 听了王老师的一席话,作为托老所的工作人员,能够为长者的改变做出贡献并渐渐地看到服务群体在托老所的变化,而且又是正向的变化,我们由衷地感到喜悦,看到服务群体每天开开心心地来托老所,开开心心地回家,我想我们今天这一天就没有虚度,因为我们付出了努力,我们工作的职责就是为有需要的社区长者,尽我们的所能,丰富他们的晚年生活,尽力提高他们晚年的生活质量。[①]

通过上述文字可以看出,项目组借助服务对象的口吻来凸显服务

① 此段话为原案例中的部分内容。

成效。不仅如此，项目组还通过推荐中心优秀老人的方式来提升中心形象。此外，按照评估方的评估要求，项目组需在项目末期评估会议时安排2～3名服务对象进行访谈，为了更好地显示服务成效，项目组事先安排好几位表达能力较强的老人，便于为项目组“说好话”。

按照项目组的安排，末期评估会议如期召开。中心的老人们对项目组给予了非常高的评价，王老师说：

> 我从中心成立第一天就来了，当时很多工作都没有开展，到现在，办到大家都比较满意，我感觉很舒服。我老伴身体不好，当时来的时候，是坐轮椅的，现在，通过这里的工作人员为他做康复治疗，现在已经不坐轮椅了，而且，他本来不会唱歌，大家都劝他，现在唱得很好了。从中心活动来看，我刚来的时候，没有什么小组，现在，开展了各类小组活动，每个小组都有组长，定期召开组长会议，保证小组的正常开展和持续。此外，中心为了增加我们的活动内容，实施了‘请进来，走出去’的方式。从‘请进来’来看，就身体健康开展养生知识宣传，我们都是老人，听完就忘，于是，他们给我们打印出来。还有英语班，刚开始的时候，我们都不愿意参加，后来，他们为我们弄小道具，增加学习的乐趣，现在，我觉得很好了。‘走出去’，我们也会到敬老院去和那里的老人一起聊天，到农民工子弟学校和孩子们一起做游戏，到公园游玩等等。①

其他的老人也都表示，项目组社工表现非常好。

三、项目社工行动边界的特殊逻辑

（一）有限的空间：关系图与行动边界

本文研究的主题之一是，以项目社工为中心，探讨其他相关力量如何共同塑造项目社工的行动边

① 对王老师的访谈，SPO－02－W－20141218。

界。在项目实施体系中，项目本身不仅有明确的目标、特定的时间、特定的资源，通过不同部门，联系多个群体，最终实现规定任务的系统活动，更是一种关系的集合体。不同的力量基于其自身的利益需求，在该系统中表现出不同的行动逻辑，项目社工在这一体系内部，通过其特有的行动逻辑，凭借各种可利用的资源，发展出自身的行动策略。因此，在研究项目社工的行动时，必须用关系性研究方法代替实体主义思维，"这种研究方法不是通过实体而是通过关系来识别现实，由于这种关系被日常感觉经验的现实所遮蔽，因此，它们是眼睛所看不见的"（戴维·斯沃茨，2012：111）。在项目实施过程中，各方力量均非铁板一块，它们对于社工的项目实施均起到了不可替代的作用，因此，在研究过程中，只有将各方力量均纳入考察视野，方能有效解读项目社工的行动策略。正如前文所展示的，各方力量在对项目社工的行动进行一定范围内制约的同时，又在一定程度上塑造了项目社工自主性行动的空间。

处于项目实施体系中的项目社工，虽然享有选择的自由和行动的自由，然而，他们并不能随心所欲，他们的态度和行动必然会受到系统中其他力量的制约与影响，因此，他们"会考虑到其他行动者对他的行为可能会做出的回应，他会以别人的反应为参照，来做出任何有关行动的决定"（米歇尔·克罗齐耶、埃哈尔·费埃德伯格，2007）。所谓行动规制，即项目社工的行动受到政府、第三方评估机构、基层社区（包括居委会、社区居民）等多种力量的约束和限制，而使其服务行动受到影响。所谓行动的自主性，是指项目社工在提供服务的过程中所具有的自主行动的空间。从一定意义上讲，项目实施体系乃是一种行动系统，它对项目社工进行限制，同时也为项目社工提供机遇。一线社工在项目运作的过程中，尽管受到各种力量的约束和限制，但对于如何为服务对象提供服务以及如何与各种力量进行博弈等仍有自主操作的空间，正是这种行动的自主性对服务的最终效果产生影响。

从图5可以看出，各方力量通过不同的形式对项目的实施产生影响，针对不同的影响因素，项目社工采取了不同的行动策略予以应对。

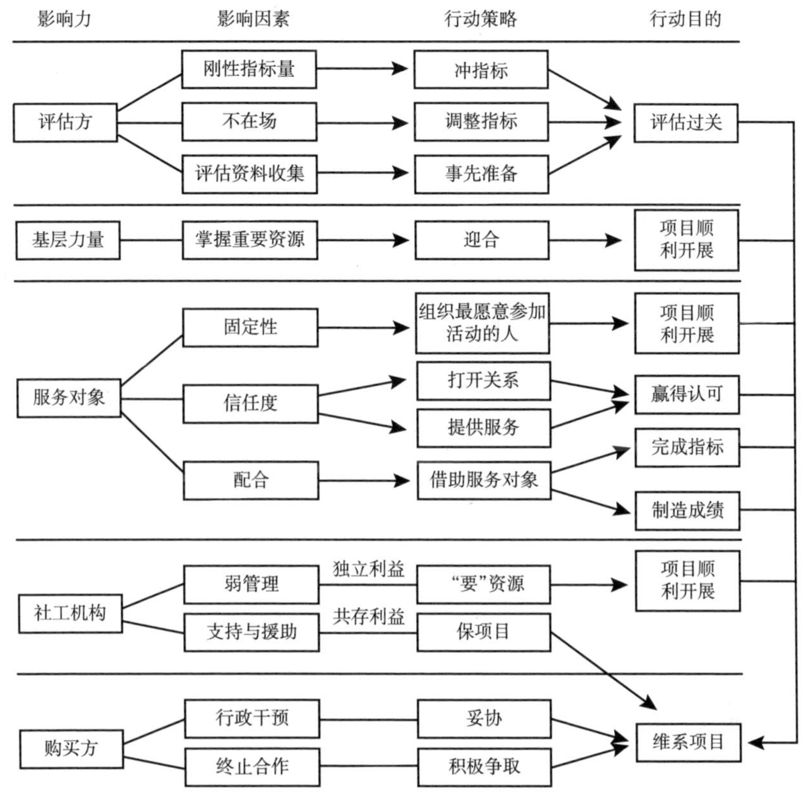

图5　项目社工行动关系

注:此图为笔者自制。

第一,评估方对刚性指标的要求使项目社工采取了冲指标的方式,而评估方日常的不在场,又为项目社工创造了调整指标的机会,与此同时,评估资料的集中、短期收集方式使项目社工能够事先做好准备,项目社工采取上述行动的目标即为"评估过关"。第二,基层力量凭借其在社区内所拥有的权威,掌握着项目社工开展工作的重要资源,且双方互动频繁,由此,形成了以基层力量为主导的主从关系,在此关系状态下,项目社工选择了"迎合"的方式,以获得其行动所必备的资源,"迎合"的目标在于确保项目的顺利实施。第三,项目实施过程中,接受服务的对象具有固定性,于是,项目社工往往将那些最愿意参加活动的服务对象组织起来,以利于活动的顺利开展,在双方关系演进过程中,项目社工采取多种方式打开与服务对象之间的关系,并通过提供多元化的服务,与服务对象建立起相互信任的关系,其目标不仅在于赢得服务对象的认可,还在于完成项目指标。第四,作为社工直接管理方的社工机构,其对社工直接管理的职能弱化,在项目实施过程中,项目社工逐渐形成了以团队为中心的独立性利益团体,为确保项目的顺利开展,项目社工会选择向机构“要”资源,与此同时,机构会全力协助项目社工“保项目”,以维系项目运作。第五,在购买服务的过程中,作为购买方的政府凭借其强势地位,通过各种方式对服务过程产生影响,面对政府的强势干预,项目社工选择了妥协的方式,但当项目运作出现困境或难以为继时,项目组并未消极等待结果,而是采取多种方式“保项目”,其目标在于维系项目的可持续运作。

项目实施过程中,项目社工针对不同的力量采取不同的行动策略,以达到不同的目标:针对评估方的行动策略,其目标在于通过评估;对基层力量的迎合,目标在于确保项目的顺利开展;对服务对象采取一系列行动策略的目的不仅在于确保项目顺利开展,还在于赢得服务对象的认可、完成项目指标,甚至是制造成绩;向机构争取资源的目的在于确保项目顺利开展;对购买方的妥协以及对项目的积极争取,在于维系项目的可持续运作。这一系列目标之间存在一定的因果关系,无论是确保项目顺利开展、赢得服务对象认可、完成指标、通过评估,甚至通过服务对象制造成绩,其最终目标均在于维系项目的可持续运作。而这也正是项目社工的行动边界。所谓行动边界,即项目社工的行动界限和机会空间,包括项目社工在界限之内所持有的行动机会、可利用的资源、可采取的行动策略,它使项目社工的行动维持在一定界限之内。同时,项目社工的行动边界是由周围各种力量共同塑造的结果,购买方、第三方评估机构、社工机构、基层力量、服务对象的态度和行为均对项目社工的行动产生影响。项目社工的行动策略在这种制约性与自主性空间中产生,并以

“维系项目运作”作为其行动的边界。项目社工的上述行动策略之所以能够持续,是由于该行动在一定的边界内进行,这一边界由各方力量共同建构,且在一定时期内呈现出可预期性。

当然,如果进一步追溯项目社工“维系项目运作”的行动边界,会发现其背后所蕴含的深层动机。通过维系项目运作,项目社工及其所在的社工机构可以获取购买方提供的资金支持。对于资金来源主要依靠政府购买服务的社工机构而言,这不仅可以缓解机构运转经费不足的问题,还可以保障项目社工的工资待遇,因为“社会工作者也不能逃脱经济规律的支配”(陈友华、苗国、彭裕,2012/3)。此外,项目社工通过提供持续性的公共服务,可以更加有效地了解公众需求,从而在不断提升原有服务水平的基础上,拓展新的服务领域,在令所在机构“做大做强”的同时,更有效地实现公共利益。虽然在实践中,由于受到各方面因素的影响,这种实现公共利益的动机会有较大差别,但它仍然存在着,而且成为项目社工及其所在机构在满足自身利益的前提下所努力追求的目标。

(二)解读:项目社工权力边界的形成

从权力视角来看,项目实施体系是由各方力量共同构成的表现为权力特征的相互依赖关系,各方力量在该体系中均拥有相应的权力,而其权力的行使又会受到体系内其他力量的影响。本文研究的中心力量是项目社工,虽然项目社工拥有专业领域的知识,能够对项目实施过程中的不可预估性因素进行权变性应对,且能够利用信息不对称的优势来组织他们的行动,甚至能够“暗中”采取一些从正式制度的视角看来是不合理的行为;但是,项目社工的权力行使并不是无界限的,他们并不能无拘无束地随意行事。由于权力关系产生于相互依赖,“行动者在多大范围内拥有‘行动的自由’,是受到外来力量限制的,后者对它们力所能及的对象施行严格的限制”(安东尼·吉登斯,1998:277)。项目社工依赖于各方力量权力实施的方式,因为各方力量对权力的实施引导出项目社工处境中的不确定性因素,这是项目社工难以控制却对其努力的结果产生深刻影响的因素。各方力量控制着这些不确定性因素,从而限制了项目社工调动资源、利用其所具有的不确定性领域的空间。

首先,作为购买方的政府因其强大的行政权力与权威,可以根据其意愿,通过多种方式介入项目实施,处于弱势地位的项目社工无法与强大的政府力量相抗衡,他们需要依靠政府来维系项目运作,从而获取自身及所在机构的生存资源,因此,面对政府的强势介入和干预,他们更多采取妥协的方式。当项目出现运作困境或面临终止危机时,他们虽然能够通过多种途径积极争取,但这种争取多是在政府"犹豫不决"的情况下出现的,且是一种弱势的争取,政府可以随时单方面做出决定,终止合约。一旦不能从政府那里继续取得合同,在无法摆脱对政府经费依赖性的前提下,失去合同意味着社工机构至少部分停止运转,同时意味着政府对项目的各种投资及承诺瞬间化为乌有,此时项目社工也将面临失业。

其次,基层力量在项目实施体系内的权力来源于其所拥有的资源。因其掌握着项目社工开展服务的重要资源,在项目实施过程中,如果基层力量不配合提供资源,项目社工在资源短缺的情况下很难顺利实施项目,因此,项目社工采取了迎合的方式。甚至当基层力量提出额外要求时,他们会为了迎合基层力量而向机构"要"资源,因为他们清楚地知道,基层力量在项目实施过程中的重要性远大于机构,因此,与其说他们是"迎合基层力量",不如说他们是在"向资源妥协"。

评估机构的权力来源于政府的委托,这是一种代表形式规则意义的权力,项目社工无论采取何种行动应对评估,他们都清楚地知道不能违背评估方的要求。为通过评估,他们采取配合的方式,从资料、人员的筹备到会议的召开,均按照评估方的要求进行,甚至"冲指标"、"树典型"、挑选服务对象、修订满意度调查等,都是为了能够完成并超过指定的评估指标。他们需要依靠评估方获得满意的评估结果,以显示项目实施成效。由此可以看出,项目社工的权力行使并不能够超越形式规则的"窠臼"。

作为政府购买服务的最终受益者,服务对象的权力源于其所具有的基本的公民权，在政府购买服务机制中，服务对象是初始委托人，也是服务的需求者，他们将服务委托给政府，政府以次级委托人的身份将服务交给社会组织来提供，作为“服务的终极提供者”的项目社工，按照政府的要求提供服务。尽管当前理论和实践研究普遍认为，服务对象处于“失语症”困境，且存在“案主奶油化”现象，但是，项目社工必须为服务对象提供服务这一点是不争的事实，而且，为了让服务对象配合其完成指标、突出成效以维系项目运作，项目社工必须获得服务对象的认可，其前提是能够让服务对象感受到项目社工的付出。无论项目社工如何行使其专业权力，采取何种行动策略，都不能拒绝满足服务对象的需求，事实上，在没有其他因素干预的情况下，项目社工是希望可以坚守社会工作的专业理念和价值观，为服务对象提供尽可能多样且专业化服务的。

作为项目社工的直接管理者，社工机构拥有基于层级管理的形式权力。机构以规章的方式明确规定项目社工的任务和岗位职责，以工作划分的原则和指令使项目社工的职务固定化和专门化。尽管在研究中发现，机构管理职能处于弱化的状态，但是，项目社工必须在遵守机构规章制度的前提下开展工作，因为他们需要依靠机构获得薪资和职位提升。即便以独立利益团体的形式向机构“要”资源，也是在不违背机构规章制度的前提下进行的，且其最终目的是维系项目运作，于机构有利。也就是说，项目社工的权力行使不能超越机构的层级管理权及规章制度。

通过上述分析可以看出，项目社工的权力行使是在一定边界范围内的，它不能超脱于政府强大的行政权力、项目开展所需资源的限制、形式规则的“窠臼”、服务对象的受益权甚至机构的层级管理权。也即，项目实施体系内的各方力量共同塑造了项目社工的权力边界，这一边界即专业领域的控制权。项目社工凭借这一权力来源，面对项目实施过程中的各种不确定性因素，利用信息不对称的优势，通过采取一系列行动，甚至是基于非正式规范的“共谋”行为，从而完成项目实施。

(三)一线社工项目实施中的特殊逻辑

1. 政府购买服务背后的逻辑:“控制”强于“改善”

改革开放以来,中国原本刚性的总体性社会结构发生变化,社会领域逐步获得了由政府让渡出来的权力,社会空间逐步扩大,社会力量也逐渐得到培育。“小政府、大社会”治理格局的提倡,政府购买服务机制的建立,大批社会组织的成立及迅速发展,让人们看到了政府重构政社关系的决心。然而,由于中国特有的权威体制背景以及制度变迁过程中的路径依赖,政府的权威对社会各个领域仍然产生着强大的影响。有学者指出,在“后总体性社会”,社会中的大量资源仍然不规范地、非正式地依附在政治框架之下(沈原、孙五三,2001)。国家通过对重要社会资源的掌控来增强其社会管控能力。由于社会组织所赖以生存的基本要素被国家所控制,政社之间的权力分配处于明显不均的状态,这导致了以下两种现象同时并存:一方面是社会组织的表面快速发展,另一方面则是政府凭借行政权力对社会组织进行各种形式的控制。对此,有学者提出“分类控制”的概念,用以解释政府对不同社会组织采取不同控制策略的现象,认为这是一种对社会组织进行多元管理的手段,是新环境下政府对社会实行全面控制、为社会提供公共物品的新体制(康晓光、韩恒,2005/6);还有学者将国家对社会组织的运行过程和逻辑进行深度干预与调控的现象称为“嵌入”(刘鹏,2011/51)。总之,无论政府如何放权,政社关系的主导者仍然是政府,“国家控制社会”的逻辑始终未发生根本变化。

从政府购买服务的角度来看,随着政府职能转移、构建服务型政府的提出,政府不再像在计划经济体制之下完全包办公共物品的提供,而是将部分公共服务的提供权转移给社会组织。然而,这并不意味着政府行政权力的完全撤出,实际上,政府可以凭借其所拥有的行政权力及制定规则的绝对优势,以各种方式介入社会组织提供公共服务的过程中。就本文的研究来看,政府虽然没有像对待官办组织那样,采取“嵌入式控制”的手段,通过正式的制度设计对其加以规范,以及通过非正式的社会关系渗透到组织的机构设置和日常管理当中，以加强控制；但是，政府仍然通过各种方式显示出其较强的控制逻辑，诸如政府对社工管理的行政化、非直接购买方的领导个人直接决定项目组的去留，等等。政府购买社工服务的初衷是为有需要的人群提供专业化的服务，从原则上来说，应该强调“改善”的逻辑，但是，项目社工在其中更多感受到的是“介入和控制”。

如果进一步追溯，可以发现，这种控制表现出“层级差异性”，这源于政府的纵向多层级结构。具体来看，政府是一个有差别的实体，中央、省、市级等处于行政结构上层的政府与基层政府对社会组织的控制程度有所不同。近年来，上层行政机构基于“社会管理创新”理念的感召和推动，大力推进政府购买服务，努力促进社会组织发展。以本文所研究的S市为例，近年来，S市、区级政府积极探索政府购买服务的方式、机制。2009年，S市民政局设立福彩公益金项目，用于购买安老、济困、妇幼、助残等领域的服务创新项目。同年，S市政府第一次以文件的形式强调政府购买服务，《关于进一步加强本市社会组织建设的指导意见》中明确了建立政府购买服务机制，“逐步扩大购买的比例”。此外，早在2005年，S市P区政府便出台了《P区关于政府购买公共服务的实施意见（试行）》，首次以文件形式对政府购买服务进行了肯定与完善。此后，S市各区先后出台了一系列政策文件，对政府购买服务进行扶持。然而，由于基层政府往往处于政策执行的位置，与社会组织直接接触，当基层政府人员面对上级下达的“多样化、高强度的任务要求，大量纷繁复杂、期限急迫的工作”（吴月，2013/6）而难以应对时，便利用其社会掌控能力将社会组织成员作为完成行政性工作的“助手”，这一点在社区共融项目中体现得十分明显，区级层面与街道层面的利益和意图存在差别，P区统战部出于“改善”的逻辑，购买统战社工服务的初衷是为统战人士提供多样化的专业服务，但是，基层街道作为合作方，凭借其对社工的直接控制力，给统战社工指派越来越多的行政性工作。上层政策越来越宽松，而基层的政策执行却出现差异,导致项目社工对上层政策的宽松性感受并不强。

2. 政府的政绩导向与需求的被设计

经济体制改革以来,中央政府适度放权,地方政府在社会事务的管理方面发挥了越来越重要的作用。然而,通过政绩考核来控制地方政府行为,成为当前中央政府管理地方政府的重要手段之一。压力型体制在确保地方政府对上级政策高效执行的同时,也带来了明显的弊端。压力型体制之下,官员的奖惩基本来自指标的完成情况,地方政府官员需要完成甚至超额完成上级政府指派的各项指标,以便赢得政绩,获得有限的政治晋升机会和空间。这导致了以下不合理现象:首先,地方政府迫于政绩压力,片面追求指标完成情况,为了创造政绩,地方政府在政策执行过程中出现了诸如“政绩作秀”等种种不合理的行动,造成大量资金及资源的浪费;其次,对地方政府官员的政绩考核来自上一级政府,导致部分基层政府官员出现“只对上不对下”负责,并以满足上级政府需求为主的行为倾向。政绩是指政府机构组织及其公职人员运用公共权力和公共资源谋取公共利益的行为结果,衡量政绩的核心标准在于是否满足了公共利益,然而,基层政府却出现了片面的甚至扭曲的政绩观,这不仅仅源于体制因素,还出于地方政府自身利益的考量。政府官员作为公权力的代理者,在满足公共利益的同时,也有追求自身利益的需求,对于财政创收和政治晋升的双重追求,导致基层政府官员出现了优先满足自身利益的短视的政绩观。

从政府购买服务的视角来看,由于政绩压力以及“对上负责”的行动逻辑,加之作为购买方的绝对优势,基层政府并非以服务对象的需求为本,而更多是出于自身利益自上而下地设计服务需求。在本研究中,城中村项目是由JY街道办事处出资购买的服务项目,该项目的目标为“通过社工服务,开展相关培训及社区活动,增进本地居民及来沪人员自助互助的能力,促进S市外来人员的社区融合;带动居民共同解决社区问题,改善社区生活环境,提升社区品质;通过社区多方资源互助平台的有效运转,完善城中村社区管理模式”，也就是说，该项目实际上包括提供专业服务及制订社区管理模式两部分内容。在项目的实施过程中，街道办事处作为购买方，对该项目的实施并没有过多地加以干预，其重要原因是街道实际上更为关注社区自治模式的梳理。近年来，随着社区治理理念的提出和大力倡导，社区自治建设作为核心内容之一成为一个热门词。街道作为社区治理主体，在社区自治建设中担负着主要责任。JY 城中村作为 S 市内一个大型的城中村，由于其典型性而受到政府和社会各界的关注，对此，JY 街道负责人表示，希望 JY 城中村的社区自治模式能够达到“可复制、可推广”的程度，这其中暗含着，希望城中村的自治模式能够做出“名堂”。对此，GY 社工事务所的社工 K 也明确表示，政府就是需要一套可以推广的模式。但对此，社区居委会主任 S 却是另外一种感受，认为街道让社工做的自治模式并不可行，且社区居民对此并不知晓。无独有偶，笔者在调查走访中发现，上述现象在其他区县及其他城市中同样存在，“拍照片”、“做宣传”、“场面工夫”、“做形象”、“出亮点”、“做品牌”等词语在一线社工评价基层政府的行为时频繁出现。基层政府基于自身利益所设计出来的服务需求，能否真正满足服务对象的需要也就可想而知。

3. 项目社工与服务对象之间：合理性与悖论性共存

服务对象是项目实施体系内原则上的最终受益者，尽管当前理论和实践研究普遍认为，服务对象处于“失语症”困境，且存在“案主奶油化”现象，但是，项目社工必须要为服务对象提供服务这一点却是不争的事实。在项目实施过程中，接受服务的对象往往具有固定性，这种固定性不仅有利于活动的顺利开展，而且有利于双方关系的演进。首先，建立与服务对象之间的关系是项目社工提供服务的前提，为此，项目社工通过借助基层力量、加强宣传并寻找机会抓住服务对象的兴趣点等策略与服务对象建立专业联系；其次，为服务对象提供切实的服务成为项目社工的工作核心，也是项目社工与服务对象信任关系建立的关键所在，为此，项目社工通过个案、小组、社区等一系列专业工作手法，整合社区内有关服务机构、团体以及其他主体的多类资源，积极回应服务对象的需求，在此基础上，进一步创造资源、“授之以渔”，充分挖掘服务对象的潜能，努力践行“助人自助”的价值理念；项目社工通过一系列努力，赢得了服务对象的认可，服务对象从被动接受服务到主动寻求社工服务，双方之间逐步形成了一种相互信任的关系，服务对象对社工提供的服务不但有了充分的认识，而且给予了充分的肯定，服务对象对社工的工作也给予了很大的支持和理解，给社工带来了诸多感动。如何取得服务对象的认同与认可，这是当前中国社会工作发展面临的核心议题，项目社工通过自身的努力，在实践中为这一议题提供了一定的经验材料。

社工与服务对象之间建立起来的这种亲密的专业关系，是在人情意义上建立起来的，但更为重要的是，它是在社会工作专业价值、专业理念和专业技能基础上形成的一种专业伦理关系。这是一种合理性的关系状态。然而，在项目实施过程中，这种合理性的关系又进一步演变为一种悖论性的关系形态。由于项目社工与服务对象之间形成了这种相互信任的关系，项目社工获得了服务对象对社工工作的体谅、支持与配合，利用服务对象的配合来完成项目指标。这种配合包括项目评估时的访谈，迎接检查时的“风采”展示，为社工说好话，甚至配合社工完成服务指标、制造项目成绩，等等。项目评估时，服务对象对项目社工的工作一般都会给予非常高的正向评价，这在L机构的社区共融项目和JY城中村项目中均得到了体现。在日间服务中心托管项目中，当项目组请求服务对象在镇领导面前说好话时，服务对象义无反顾。在JY城中村项目中，为了能够在工作中突出亮点，项目组借机为服务对象写感谢信，并以服务对象的身份出资金制作锦旗，对于这些举动，服务对象表示默认，可以说，在服务对象的配合下，项目组完成了“造成绩”的举动。

也就是说，项目社工与服务对象之间的服务递送者与服务受益者的关系，演变为服务受益者配合服务递送者完成项目指标的关系。这种悖论的背后，实际上是政府与社会关系的一种微观、具体的体现。

强政府的刚性项目指标必须被实施并完成，项目社工完成指标时需要服务对象的配合，而服务对象处于一种“失语症”状态，作为初始委托人，他们与政府之间的初始委托代理关系被隐藏。由于直接和项目社工（终极代理人）接触，他们所体会到的是项目社工“尽职尽责”的服务，面对与其关系良好的项目社工，他们会积极配合。此外，服务对象也需要通过项目社工来满足他们的某些迫切需求。这种悖论性关系的产生，也是项目社工在服务实践中所遭遇到的角色困境的一种体现。项目实施过程中，项目社工原则上应当以增益性角色为主，使服务对象享受到应有的服务，增加服务对象的福利，然而，实践中，项目社工更多承担的是事务性角色。在服务对象与购买方之间，项目社工需要做出价值取舍，这导致其陷入了“应如何与能如何”的伦理困境。为了完成项目指标，以便从政府那里获得机构生存与发展的资源，项目社工无奈地选择了优先满足购买方的需求。

4. 策略性地寻求并强化自身的专业性

政府购买社工服务的初衷以及社会工作机构产生的合理性均源自社会工作服务的专业性。由于在发现服务需求、设计服务项目、为受益人群提供更加柔性化的服务方面，政府的经验和能力不足，因此，政府通过向专业社会工作机构购买服务的方式，将部分公共服务转移给专业社会工作机构来做，社会工作机构通过激烈的市场竞争方式获取服务的生产权，通过自身的专业优势为有需要的群体开展多样化的专业服务。然而实践中，民间社工机构虽然在形式上独立于政府之外，但实际上未必享有自主权，项目实施过程中，政府通过各种方式对服务过程产生影响，双方之间的互动依然处于“强政府、小社会”的框架之内，其中，政府占据着绝对优势和支配地位。政府的强势干预行为在社区共融项目中表现得尤为充分。在购买服务之后，政府作为购买方，希望项目社工能够完成行政任务，满足政府的行政性需要。项目社工则更关心如何为服务对象提供专业服务，同时完成合同规定的各项指标，这种“服务为本”的自我定位在强势政府的干预面前被逐渐弱化。可见，政府购买社工服务机制并未如人们所期待的那样强化社工服务的专业性。

然而,面对政府的强势干预,项目社工并非只是主动迎合与依附,而是在有限的空间内策略性地寻求并强化自身的专业性。社区共融项目中,面对行政性对专业性的冲击,项目组为了推动项目的可持续运作,在具体工作中采用项目化运作、子项目操作的形式,使专业服务得到落实与推进。从根据服务群体的实际需求有针对性地设计服务项目,到积极整合社会各界资源,再到创建特色项目、品牌项目,项目组不仅解决了项目资金不足的问题,更通过突出服务成效、扩大项目影响力的方式逐步地打开了专业服务市场。该项目的运作困境开始显现时,项目组便决定对该项目的运作模式进行调整。2011年,随着项目的复杂化、领域的扩展以及服务对象的增多,统战社工在实际工作中遇到了诸多问题和困惑。为了缓解由于行政性工作压力造成的项目成效不足的状况,以更好地推动项目的实施,维护和发展项目所取得的成果,项目组的两名项目主管提出了"区域中心办公"的设想,区域化管理模式改变了分散性、点状的工作方式,采用集中式、片状的工作模式,有利于资源的整合和人力资源的最大化利用,并且避免了办公的行政化。在"区域化管理"模式遭到街镇层面的反对之后,项目组进行了认真分析和细致的讨论,提出了"岗位社工+项目社工"的工作手法:将现有的每个街镇的两名社工按照一名岗位社工和一名项目社工的方式进行工作安排。岗位社工的主要职责为协助街镇做行政性辅助工作,同时起到联络员的作用,为项目的开展打通服务通道;项目社工的主要职责为按照项目方案开展专业项目。将两名社工的职责分别加以明细化。如此一来,既保证有人为街镇做事,又维系了专业项目的开展。2014年底,统战部新部长上任之后,项目组积极抓住机会,再次争取"专业空间",与此同时,摸清政府部门想法,在提出问题的同时给出解决方案。从中可以看出,在政府的强势干预下,弱势的统战社工一方面采取了妥协的策略,另一方面,多次抓住机会争取"专业空间"。

从目前来看,项目社工策略性

地寻求专业空间至少出于两个方面的目的:首先,基于社会工作专业理念及职业伦理的考量,社会工作是以"助人自助"为宗旨,运用专业理念、知识和方法,为有需要的社会成员提供困难救助、矛盾调处、人文关怀、心理疏导、行为矫治、关系调适等多样化、个性化、专业化服务的职业活动。社工希望在项目实施过程中践行社会工作专业理念,事实上,在没有其他因素干预的情况下,项目社工是希望可以坚守社会工作的专业理念和价值观、为服务对象提供尽可能多样且专业化的服务的。其次,项目社工希望通过提供专业化服务以获得服务对象的认可与政府和社会的认同,在完成项目指标的同时,提升社会工作的公信力,从而进一步提升自身及社会工作机构的自主性。即便是官办社工机构,对于这种专业性和自主性也有着诸多渴望。当然,从目前的情况来看,这种力量是微弱和有限的,但这毕竟是一个良好的开端。

参考文献

[德]阿克塞尔·霍耐特.2012. 权力的批判[M]. 童建挺,译. 上海世纪出版集团.

[法]米歇尔·克罗齐耶,埃哈尔·费埃德伯格.2007. 行动者与系统——集体行动的政治学[M]. 张月,等,译. 上海:上海人民出版社.

[美]彼得·布劳.2008. 社会生活中的交换与权力[M]. 李国武,译. 商务印书馆.

[美]戴维·斯沃茨.2012. 文化与权力:布尔迪厄的社会学[M]. 陶东风,译,上海:上海译文出版社.

[英]安东尼·吉登斯.1998. 社会的构成:结构化理论大纲[M]. 李康,李猛,译. 北京:生活·读书·新知三联书店.

[美]R. A. 达尔.1968. 权力,载于社会科学国际百科全书(第二卷)[M]. 纽约:柯利尔-麦克米兰公司.

白平则.2011. 如何认识我国的社会组织[J]. 政治学研究(2).

曾永和.2013. 当下中国社会组织的发展困境与制度重建[J]. 求是学刊(3).

陈天祥,徐于琳.2011. 游走于国家与社会之间:草根志愿组织的行动策略[J]. 中山大学学报(社会科学版)(1).

陈友华,苗国,彭裕.2012. 中国社会工作发展及其面临的体制性难题[J]. 思想战线(3).

崔月琴.2009. 转型期中国社会组织发展的契机及其限制[J]. 吉林大学社会科学学报(3).

邓宁华.2011."寄居蟹的艺术":体制内社会组织的环境适应策略——对天津市两个省级组织的个案研究[J]. 公共管理学报(3).

费梅苹.2006. 社会转型中政府与社团组织关系研究[J]. 华东理工大学学报(3).

顾昕,王旭.2005. 从国家主义到法团主义——中国市场转型过程中国家与行业团体关系的演变[J]. 社会学研究(2).

何艳玲,周晓锋,张鹏举.2009. 边缘草根组织的行动策略及其解释[J]. 公共管理学报(1).

和经纬,黄培茹,黄慧.2009. 在资源与制度之间:农民工草根NGO的生存策略——以珠三角农民工维权NGO为例[J]. 社会(6).

胡薇.2012. 政府购买社会组织服务的理论逻辑与制度现实[J]. 经济社会体制比较(6).

江华,张建民,周莹.2011. 利益契合:转型期中国国家与社会关系的一个分析框架——以行业组织政策参与为案例[J]. 社会学研究(3).

景跃进.1996. 国家与社会关系视野下的中国社团—评〈社会中间层〉[J]. 中国书评(9).

康晓光,韩恒.2005. 分类控制:当前中国大陆国家与社会关系研究[J]. 社会学研究(6).

康晓光,卢宪英,韩恒.2008. 改革时代的国家与社会关系——行政吸纳社会//王名. 中国民间组织30年——走向公民社会[M]. 北京:社会科学文献出版社.

梁莹.2013. 城市夹缝空间的绿色力量:环保社区社会组织生长的社会政策逻辑[J]. 人文杂志(6).

刘鹏.2011. 从分类控制走向嵌入型监管:地方政府社会组织管理政策创新[J]. 中国人民大学学报(社会科学版)(51).

刘少杰.2006. 国外社会学理论[M]. 北京:高等教育出版社.

钱宁.2011. 社会福利制度改革背景下中国社会工作发展的历史与特色[J]. 社会工作(1).

沈原,孙五三.2001."制度的形同质异"与社会团体的发育——以中国青基会及其对外交往活动为例[G]//中国青少年发展基金会,基金会发展研究委员. 处于十字路口的中国社团. 天津:天津人民出版社.

石国亮.2011. 中国社会组织成长困境分析及启示——基于文化、资源与制度的视角[J]. 社会科学研究(5).

唐文玉,马西恒.2011. 去政治的自主性:民办社会组织的生存策略——以恩派(NPI)公益组织发展中心为例[J]. 浙江社会科学(10).

唐文玉.2010. 行政吸纳服务——中国大陆国家与社会关系的一种新诠释[J]. 公共管理学报(1).

——.2011. 国家介入与社会组织公共性生长——基于J街道的经验分析[J]. 学习与实践(4).

田丰韶.2014. 风险社会理论视域下的中国社会工作发展[J]. 社会工作(2).

王宏亮.2013.“双重选择”背景下的社会工作发展策略[J].社会福利(3).

王名,孙伟林.2010.我国社会组织发展的趋势和特点[J].中国非营利评论(4).

王思斌,阮曾媛琪.2009.和谐社会建设背景下中国社会工作的发展[J].中国社会科学(5).

王思斌.2011.中国社会工作的嵌入性发展[J].社会科学战线(2).

王颖,折晓叶,孙炳耀.1993.社会中间层——改革与中国的社团组织[M].北京:中国发展出版社.

文军.2012.中国社会组织发展的角色困境及其出路[J].江苏行政学院学报(1).

——.2009.当代中国社会工作发展面临的十大挑战[J].社会科学(7).

文青.2012.我国社会工作发展面临的问题和趋势[N].中国社会报,[2012-12-26].

吴月.2013.嵌入式控制:对社团行政化现象的一种阐释——基于A机构的个案研究[J].公共行政评论(6).

夏建中,张菊枝.2014.我国社会组织的现状与未来发展方向[J].湖南师范大学社会科学学报(1).

肖小霞.2012.社会组织发展:相关社会政策评析、约束与调整——社会政策视角的分析[J].福建论坛(人文社会科学版)(1).

严振书.2010.现阶段中国社会组织发展面临的机遇、挑战及促进思路[J].北京社会科学(1).

杨伟民.2012.在“挖出来”与“再联结”之间:中国大陆本土社会工作发展的新方面[J].学海(2).

殷妙仲.2011.专业、科学、本土化:中国社会工作十年的三个迷思[J].社会科学(1).

岳经纶,郭英慧.2013.社会服务购买中政府与NGO关系研究——福利多元主义视角[J].东岳论丛(7).

张杰.2014.我国社会组织发展制度环境析论[J].广东社会科学(2).

张紧跟,庄文嘉.2008.非正式政治:一个草根NGO的行动策略——以广州业主委员会联谊会筹备委员会为例[J].社会学研究(2).

张钟汝,范明林.2010.政府与非政府组织合作机制:对两个非政府组织的个案研究[M].上海:上海大学出版社.

赵秀梅.2004.中国NGO对政府的策略:一个初步考察[J].开放时代(6).

周春霞.2010.浅析社会组织与政府关系发展的新特点[J].社会主义研究(6).

祝建兵、向良云.2011.社会组织行政化及其治理[J].长白学刊(3).

Giddens, Anthony. 1979. *Cetral Problems in Social Theory*. London: the Macmillan Press Ltd.

Chan, A. 1993. Revolution or Corporatism? Workers and Trade Unions in Post-Mao China. *The Australian Journal of Chinese Affairs*. (29).

Chan, K. M. 2010. Commentary on Hsu: Graduated Control and NGO Response: Civil Society as Institutional Logic. *Journal of Civil Society*, 6(3).

Spires, Anthony. 2011. Contingent Symbiosis and Civil Society in an Authoritarian State: Understanding the Survival of China's Grassroots NGOs, *American*

Journal of Sociology,117(1).

Unger, J. 1996. Bridges:Private Business,the Chinese Government and the Rise of New Associations. *the China Quarterly*. 147.

Wrong, D. H. 1968. Some Problems in Defining Social Power. *The American Journal of Sociology*, Vol. 73, No. 6.

Whiting, S. H. 1991. The Politices of NGO Development in China. *Volunta:International Journal of Voluntary and Nonprofit Organizations*, 2(2).

(责任编辑:宋 明 上海师范大学行政管理学系)

夕阳下的胡同与朝霞里的胡同社区

——以北京市 D 区 JX 社区为例

魏　霞

摘　要：本文以胡同功能和居住人口成分的变化为主线，描述经济变迁背景下胡同的社会文化变迁，是一项以北京胡同为田野研究地点的社会人类学研究。本文对胡同生活加以描述，简述胡同中不同的居民群体，同时介绍胡同维持机制，国家权力是对社区秩序的保证，而能够提供廉价服务的、低劳动报酬的外地人的进入，是胡同维持的另一保障。北京的胡同四合院是一种传统居住环境，但在日新月异的城市建设中胡同正快速地从人们的视野中消退，现存的胡同多数被开发为旅游景点，胡同、四合院成为"人类动物园"（human zoo），生活于其中的居民亦在导游

* 作者简介：魏霞（1978－　），女，内蒙古巴彦淖尔市五原县人，法学博士。2011 年毕业于中央民族大学民族社会学专业，2018 年受国家留学基金委资助到英国萨塞克斯大学访学，现为内蒙古师范大学法政学院副教授。本文系魏霞博士论文《夕阳下的胡同——以北京市东城区某社区为例》的摘要剪辑版，原博士论文在中央民族大学民族学与社会学学院徐平教授指导下完成并顺利通过博士学位论文答辩；本文由上海师范大学行政管理学系牛潇蒙、魏莉莉协助完成编辑并顺利通过上海师范大学《政治人类学评论》编委会审定，在此一并鸣谢！

们对历史的讲述和对现状的评说中成为游客们参观的对象。胡同作为传统社区,正在经历衰落和死亡之痛。社区的重建或再生是制止胡同死亡的重要途径。

关键词:胡同社区　社会变迁　文化变迁　社区死亡　社区再生

它要倒塌，就随它自己倒塌；它一日不倒塌，我一日尊重它的生存权。

——朱光潜

一、胡同文化符号与胡同社区的现代仪式

胡同是传统的人居环境，过往关于它的研究从社会学、社会人类学和民族学角度出发，以研究社会结构为目的的研究还比较少，而从历史学、建筑学、美学角度出发的研究较多。目前，关于胡同的研究大体分为三个方面，即历史、空间和生活方式的研究。

（一）胡同文化符号

1. 北京史及胡同

胡同是传统居住格局之一，其建筑形式由来已久。“胡同”一词的使用始见于元朝，是小街巷的称呼，南方叫巷，北方叫胡同（张清常，1993：378）。侯仁之从地理学、历史学和建筑学的角度，描述了胡同的产生、布局规划及其原因等（侯仁之，2009：174 ~ 175）。北京自元朝元大都规划出完整的胡同，明、清有所扩充，直到新中国成立前基本没有大的变动。元大都延续的城市规划称为内城，约 40 平方公里。新中国成立初期，关于如何利用旧北京的问题，国内有两种不同意见。苏联专家和部分中国专家提出利用并改造旧城，其理由一是把名扬世界的北京旧城作为行政中心，增强首都的重要性；二是利用原有设备，经济省钱。而以梁思成为代表的古城建筑保护派坚持“旧城为上”的理论，他主张把北京的中轴线从故宫西移至三里河一带，将后者作为新的行政中心。认为爱护文物建筑，不应该保护个别的一殿、一堂、一塔，而必须爱护它的周围整体和邻近环境（梁思成，1984）。但梁思成的想法和方案并没有得到采纳。[①]

2. 北京人的生活

有关北京人生活的描述很多，首先是文学家笔下的描述，如老舍的《四世同堂》、《茶馆》和林语堂的《京华烟云》等，这些小说一般是从家庭或者社会某一侧面出发，反映

① 陈占详、梁思成关于中央人民政府行政中心区位置的建议，即有名的“陈梁方案”。

社会整体的大变革，在小说关于家庭的描述中，体现北京人的家庭观念、家庭秩序和生活态度。

以职业为区隔对北京人进行调查的有李景汉的《北京人力车夫现状的调查》，它反映了北京人的基本职业构成、生活水平以及人力车夫的社会地位和家庭状况，同时也反映出人力车夫对整个社会秩序的影响（李景汉，1925/4）。人力车夫的生活在文学作品中也有所反映。如老舍的《骆驼祥子》、林语堂的《迷人的北京》都描写过北京人力车夫的悲苦生活，林语堂说“北平最大的动人处是平民，绝不是圣哲的学者或大学教授，而是拉洋车的苦力”（林语堂，1992：515）。另外，北京人力车夫的大规模、低生活质量也引起一些早期共产党领导人的关注，如李大钊的《可怜的人力车夫》就认为人力车夫职业的存在，于“理”“最背乎人道主义”，于“利”则“讥于经济原理”。陈独秀则认为“通国钱财，都归到这班文武官和他们子孙手里”，而不是人力车夫“懒惰，没有能力”（刘汉阳，2007/5）。

对北京人的生活进行总体性描述的，有不同时期的关于北京人生活的调查和记载。如根据 1927 ~ 1929 年的调查材料，当时北京的手工业者、木匠、人力车夫等，每个家庭每年消费约 200 元，每月 17 元（合今人民币 600 元）左右，这是社会下层的水准。就饮食而言，20 世纪 20 年代北京 4 口之家，每月 12 元伙食费，足可维持小康水平。相比之下，学者教授们的生活水平属于“中产知识阶层”。他们不像统治集团、剥削阶级那样豪华奢侈，也不像体力劳动者和城市贫民那样一贫如洗。20 世纪 20 年代在北京较为有钱的知识阶层，全家每月必需的生活费（伙食、房租、交通费）能达到 80 元就已经很宽裕了（合今人民币 2800 元），而教授、讲师们的收入，普遍在 200 元以上，甚至可达 400 元（合今人民币 1 万多元）。当时北京城内一座 8 ~ 10 间房的四合院，房租每月仅 20 元左右；一间 20 平方米的单身宿舍，月租金 4 ~ 5 元。出入乘坐“洋车”——人力车，费用在城里每次只有 1 角钱左右；包车每月 10 元（陈明远，2003/4）。

住房一直是北京人生活中的重

要组成部分，根据 1949 年初的统计，北京市共有房屋面积 2050 万平方米，人均居住面积 4.75 平方米。"文化大革命"初期，有相当一部分城市居民被下放到农村，一批干部、知识分子的房屋被强行挤占。1968 年以后，城镇的大批青年学生因"上山下乡"离开了北京的原居住地，客观上缓解了城市居民的住房需求。因此，北京在新建住宅很少的情况下，1969 年人均居住面积一下子从 1967 年的 3.88 平方米增加到 4.32 平方米（北京市统计局，1990：531）。然而，大杂院膨胀的刺激因素始终还是人均住房紧张。1971 年以后，在北京城市人口不断增长的同时，原来出于各种原因离京的人员开始陆续返回北京，三代同居一室的情况占有一定比重。1976 年因为地震，北京市大规模地搭建地震棚，胡同居民又进一步见缝插针，使地震棚更主要地担负起居住的功能。据调查，这时北京城市普通居民的四合院住宅已经全部成为大杂院（谭烈飞，2002/6）。

20 世纪 80 年代北京人的生活节奏明显变快。过去那种"工作不像工作，休息不像休息"的状况正在改变。20 世纪 80 年代北京市新建住宅面积相当于新中国成立以来所建住宅面积的一半，等于一个旧北京城（《文汇报》，1984）。

中国社会科学院社会学研究所 1995 年所做的北京 1920 人的随机抽样详细调查了北京人当时的生活状况，调查发现仅 3.6% 的北京人从事第二职业，且大多是离退休人员。学历对北京人的职业有一定影响，90% 多高中以上学历者都有一份稳定的职业（工作能持续一年以上者），但小学文化程度者中有稳定工作的仅占 65%，文盲者中有稳定工作的比例更低，仅 39.3%。在婚姻方面，一半以上的北京人由恋爱而成婚，年龄和教育水平影响着人们的择偶方式：年纪越大、文化水平越低者，包办婚姻所占比例就越高。和北京的消费水平相比，北京人的总体收入不高，中低收入者约占 87%（王震宇，1995）。

陈长平曾以北京某机关宿舍院为例，描述了该院社会文化结构的变迁过程，涵盖新中国成立初期、"大跃进"、"文化大革命"以及改革开放几个时期的家庭社会管理、建筑结构变化、妇女地位、社会治安、社区建设、文化变迁等诸多方面的问题(陈长平,2000)。之后,他又以北京内城胡同大杂院的老住户为例,分析历史造就的特殊群体的贫困现象,以及贫困的成因。北京市社会科学院"北京城区角落调查"列举了城区角落的十个特征,即环境脏乱差、周围各类机构少(可利用社会资源少)、市政基础设施不足、危旧平房集中、居民整体文化素质不高、总体收入偏低、实际居住人口老化、流动人口相对聚集、特殊群体聚居、管理相对薄弱的特征(朱明德,2005:3)。这些研究总结了不同群体老北京人的生活状态、收入状况,反映了北京居民的生活水平,但多数偏重现象描述而弱于结构分析。

关于北京胡同生活的描述,也总会和旅游开发牵扯起来,很多出版物有关于胡同旅游文化的介绍以及胡同的影像记忆,包括韩国《北京胡同变迁与旅游开发》的博士论文,事实上也是在介绍旅游文化而忽视胡同变迁(崔敬昊,2005)。

(二)胡同社区的现代仪式

1. 城市化、城中村的研究

随着城市化的推进,社会学界出现了大量关于村落城市化的研究。如陆学艺等人对北方地区初步工业化的"行仁庄"的研究(陆学艺,2001);周大鸣对广东都市里的村庄"南景村"的研究(周大鸣,2001/4);王春光、王汉生等对都市外来流动农民工和农民小业主聚居的北京"浙江村"的研究(王春光,1995;王汉生,1997/1);廉思对大学毕业生低收入聚居群体"蚁族"的研究(廉思,2009);折晓叶对高度工业化的东南地区超级村庄"万丰村"的研究(折晓叶,1996/3;1997);王铭铭对发达地区农业村闽南"美法村"、"塘东村"的研究(王铭铭,1997);于建嵘对湖南农业村岳村的研究(于建嵘,2001);蓝宇蕴关于都市里的村庄的研究(蓝宇蕴,2005)。黄平等人对欠发达的民工流出地4省8村的研究(黄平,1997),李培林关于"羊城"的故事等(李培林、李强、孙立平,2005)。这些研究从不同角度阐释了工业化、城市化进程对不同社区类型和社会群体的影响。然而,北京老胡同社区在城市化的过程中还与其他研究中社区的城市化进程不同,老胡同社区在城市化的过程中,主要出现的是结构的变迁,以及特殊环境带来的人的“博物馆”化。

2. 城市化与人的“博物馆”化

随着城市化和现代化步伐的加快,传统社区,如胡同、四合院等在逐渐减少,同时,这些建筑作为旅游景点之一吸引了大量游客,而生活在其中的居民作为历史文化遗产的伴生物,自觉不自觉地已被开发为商品(Greenwood D. ,1977)。在游客眼中,原住居民平凡的生活就成了异文化的表演(Feifer M. ,1985)。

人们对异文化的理解是,其他历史时期留下的越纯粹、越简单的生活越接近于真实。在现代社会里,游客尽量追索所谓真实的自然的东西,通过旅游去触摸逝去的时代所留下的文化痕迹(MacCannell D. ,1989)。在北京,除了那些旅游名胜外,胡同不可避免地成为历史的痕迹。事实上,在这种情况下,旅游者和当地人之间的关系是暂时性和不平等的,任何一种暂时性的、表面化的和不平等的社会关系都是引起欺骗、剥削、不信任、不诚实和模式化行为的基本原因(MacCannell D,1984/11)。

3. 城市贫困、社会空间与社会分化

(1)城市贫困

贫困一般有两种解释,一种是用收入或消费水平衡量,另一种是对贫困定义的扩展,包括对非物质的剥夺和社会分层的感知(Wratten. E. ,1995/1)。2004 年,联合国《世界城市化展望》以以下数据来反映都市人口的贫困状况,后根据 2007 年有 10 亿城市人口生活在贫困中,测算到 2020 年,城市贫困人口将达到 14 亿。从 20 世纪 80 年代的资源扩散到 20 世纪 90 年代的资源重新积聚,对中国社会产生了广泛而深刻的影响。资本如何分配,及阶级不平等引发关注(林南,2005:229)。群体间的收入差距拉大,城市失业者增多,逐渐沦为城市社会底层,中心城市出现贫困群体,社会的边缘地带出现明显的凋敝(李培林、李强、孙立平,2005:239 ~ 257)。多数贫民长期失业,需要救济,受歧视、不卫生的环境、缺乏教育使这个阶层无法改变贫穷状况,因而不能摆脱贫困地位。西方国家的城市大多有法定的贫困线,低于贫困线的城市贫民超过一定比例,就意味着城市陷入贫困状态。在西方,城市贫民被称为“低等阶层”(Miller, Walter B, 1958/14)。

城市贫困在很大程度上是现代的、技术上复杂的、高度分化的社会经济体系的产物。偏见和歧视也是城市贫困的一个原因。城市贫困的第三个原因是规范(许学强、周一星、宁越敏,2004)。西方学者提出的“贫民文化”理论认为,贫民的价值标准、信仰模式及生活方式都与主流文化有重要区别,因为贫民往往在地域上集中,并形成共同的交往方式,享有共同的生活条件。这种“文化模式”代代相传,成为一种特殊的生活方式。这种生活方式与中产阶级的要求格格不入,所以贫民很难同化于社会主流之中(Skort J R,1984)。这个理论虽然招致批评,但它揭示出贫困问题与规范有关。美国社会学家史域奇(E. Shevky)、威廉斯(M. Williams)和贝尔(W. Bell)等人的研究认为,随着工业社会规模不断扩大和工业化的深入,社会经济关系向深度和广度变化,社会组织复杂化,表现为人口结构的变化,如人们的流动加快,年龄和性别分布状况改变。移民涌入城市,并且同种族或同乡的移民聚居在一起,对其他种族或异乡人有排斥倾向(David Ley,1983)。

(2)城市社会空间与社会分化

区域是社区重要的构成要素之一,因此关于社区的研究总是围绕社会空间展开。布迪厄关于社会空间的定义认为,在由个人集合构成的社会中,每个人所处的不同位置和地位构成不同的场所,这些“场所”即社会空间,这种空间具有若干权力关系,它向任何试图进入这一空间的行动者强行征收入场费,也就是相对于这一场域而言的具有价值的各种形式的资本(Bourdieu P,1984:83-86)。

国外城市社会空间研究要追溯到19世纪恩格斯对曼彻斯特社会居住模式的研究,在划分了穷人和富人两大社会阶层的基础上揭示城市内在的社会贫富现象。其后的20世纪20~30年代以帕克(Park)为代表的芝加哥生态学派对一些城市做了大量社会学调查,后演化出三大城市社会空间模型——同心环、扇形和多核心模式(Amos. H. Hawley,1957/4)。此后的研究多集中在城市社会区和因子生态社会学视角。

社会区(Social Area)是指占据一定地域,具有大致相同生活标准、相同生活方式,以及相同社会地位的同质人口的汇集。生活在不同社会区的人具有不同的特性、观念和行为。反映在空间上,社会区是由数个社区构成的更大范围的城市均质地域。社会区不同于城市本身有比较明显的空间范围,也不同于多数邻里和社区有固定的地域界线,社会区的边界比较模糊,不易辨认。

最早研究城市内社会区的是美国社会学家史域奇(E. Shevky)、威廉斯(M. Williams)和贝尔(W. Bell)。他们于20世纪40年代末和50年代初分析了洛杉矶和旧金山的社会区,总结出社会区的主要形成因素和分析指数。史域奇和贝尔认为随着工业社会规模的不断扩大和工业化的深入,城市社会出现了三种趋向,导致了社会区的形成。第一,社会经济关系的深度和广度变化。表现为劳动分工和技术分工的变化,如体力劳动的重要性减弱,而脑力劳动的重要性增强。第二,功能分化。表现为经济结构的转变,进而使人们的社会地位、经济收入、生活方式、消费类型、对居住环境的需求产生进一步的分化。工业化促使城市妇女就业增多,大家庭逐步被核心家庭所代替。第三,社会组织复杂化。表现为人口结构的变化,如人们的流动性加快,年龄和性别分布状况改变。移民涌入城市,并且同种族或同乡的移民聚居在一起,对其他种族或异乡人则有排斥倾向,种族隔离加重(许学强、周一星、宁越敏,2004:210)。

史域奇和贝尔将社会经济关系的深度和广度变化、功能分化、社会组织复杂化这三种趋向转换成三个概念:社会经济状况、城市化(家庭状况)和隔离(种族状况)。这三个概念是形成社会区的主要因素。社会越是现代化,城市里的人们按经济、家庭、种族分化就越强烈,社会区差异就越大。也就是说,社会空间差异在一定程度上是城市社会内部矛盾的反映,是城市经济发展同城市其他方面发展不相协调的产物,但他们关于社会区的分析遭到很多学者的批评:一是社会区分析没有理论支持;二是社会区分析没有解释社会分化怎样决定城市空间结构。由于这些不足,社会区分析方法逐渐萎缩。

(3)城市化与城乡一体

中国城市化除了表现为城市人口、经济等方面的急剧增长之外,还表现为城市内部自身结构的变化和"人"的变化,而后一个过程,往往为人们所忽视。费孝通先生20世纪90年代关于大都市社区的研究,深入探索城市内部的"都市化"过程,他特别强调,中国的城市化,决不能被简单理解为人口向城市的机械移动、集中的过程或者工业化的过程,我们要特别强调"人"本身的变化过程,特别是从"农民"到"市民"的变化过程。即使像上海、北京等已经形成多年的大都市,也绝对不是已完成城市化,它们依然存在一个不断城市化的过程。外来农民工在地理上来到了城市,并不就是"城市化"了,"人"的转化过程要复杂、缓慢得多。事实上,由于中国城市发展还在进行中,而中国的城市化模式还处于探索阶段,符合中国情况的城市模式尚无定论,一切都在变化之中,因此,已经生长在城市的人口,仍然面临不断进一步"协调化"的过程(费孝通,2002)。

费孝通先生不仅把今天的社区建设和社区发展看作一般的城市化过程,更看作城乡一体化、城乡协调发展过程的一部分,可以说是"协调化"过程在城市内部的进一步深化和继续,它既是城市社会结构的进一步调整、优化,也是市民人文方面的进一步协调发展。

城市发展的另一个伴生物是"城市病"的产生。国内学术界没有明确的关于"城市病"的定义,像城市中的人文、生态问题都可以归纳到此类问题之中。"城市病"的焦点问题主要集中在城市交通、人居环境(房价高昂)、环境污染等方面。避免城市病,就要人性化发展,城市规划要尊重人、尊重自然、尊重传统(吕斌,2010)。

(三)胡同中的人与社会

戴维斯等人曾经说过,没有分层的社会是不存在的。任何社会分层体系中都有阶级的存在(Davis Kingsley 、Moore Wilbert E,1998)。中国也不例外。自1978年改革开放以来,新的社会阶层逐渐形成,各阶层之间的社会、经济、生活方式及利益认同的差异日益明晰化,以职业为基础的新的社会阶层分化机制逐渐取代过去的以政治身份、户口身份和行政身份为依据的分化机制（陆学艺,2002）。孙立平对已经持续了30多年的改革进行反思，认为为了避免中国社会的断裂，要警惕已经出现的上层寡头化、下层民粹化苗头（孙立平,2006/3）。户口是中国独特的社会分层的主要社会体制。魏昂德在1989年发表的《中国革命后的社会变迁》发现，户籍制度和单位制度是中国社会结构的两大显著特征（Walder, Andrew G.,1989/15）。我国城乡隔离、二元社会的户籍制度中，城市居民在教育、就业、收入、社会保障等方面都享受特权（李毅,2005）。但是，当一个社会的收入不平等能够为社会的主流社会群体所接受的时候，至少说明了这样几个问题：第一，存在一个公平的不平等机制。第二，存在一个主流的，在既有制度中获利的群体。第三，存在一个照顾弱者的机制（邱泽奇,2004:157~159）。

关于中国社会结构变迁的系统研究始于20世纪80年代初。在80年代的时候，中国社会学界进行的社会分层分析是很勉强的，因为分层研究的一个隐含前提是，其所研究的社会已经处于相对稳定的定型状态。当时中国的社会结构正处于开始分化的过程当中，正在形成中的阶层不仅很不成型，而且是非常不稳定的。进入20世纪90年代之后，情况发生了根本性的变化，定型化的过程开始了。其标志主要有：第一，阶层之间的边界开始形成。最显而易见的是不同居住区域的分离。第二，内部认同的形成。阶层内部认同的形成是与阶层之间的边界联系在一起的。第三，阶层之间的流动开始减少。第四，社会阶层的再生产。也就是说，过去人们常说的“农之子恒为农，商之子恒为商”的现象开始出现了（孙立平,2009/5）。而在社会互动中，社会成员也会自我归类，有内群体和外群体之分（约翰·特纳,2011:358）。

李春玲将中国社会学界关于社会结构变迁的主要理论模式概括为如下四种：第一种是孙立平提出的“断裂社会”观点，认为目前的分化已走向两极分化。第二种是陆学艺等人提出的“中产化现代社会”，认定趋向于中产化的现代化社会结构正在出现。第三种是李路路的“结构化”论点,认为边界日益分明的阶级阶层结构已然形成。第四种是李强、李培林的“碎片化”观点,强调分化的多元特征而阶级阶层结构难以形成(李春玲,2005)。胡同社区是“断裂社会”的缩影之一。

就要素而言,胡同有其固定的区位和人群、组织。在共同的意识和归属感方面,随着城市化、社会变迁和外来人口的涌入,他们的意识和归属感、认同发生了变化,但这种变化并不证明胡同就失去了作为社区的意义。确实不断有学者认为,社区团结遭到城市化和现代化的破坏,传统的社区团结已失去了。如以滕尼斯(Tonnies)、索罗金(Sorokin)、齐默曼(Zimmerman)、迪尔凯姆(Durkheim)、韦伯(Weber)、沃斯(Wirth)、尼斯贝特(Nisbet)等人为代表的研究主要认为,都市社会破坏社区团结,按照“社区迷失论”的解释,都市人皆是多元社会网络上的有限成员,界线松散。他们的社会纽带薄弱,狭隘且无序。而“社区既存论”则认为人际纽带并没有在都市背景下枯萎,彼此联系是人类的本性,都市人的初级社会纽带会延续下去。介于“社区迷失论”和“社区既存论”之间的是以菲舍尔(Fisher)为代表的“社区解放论”,即城市居民的联系不再局限于他们的亲密亲属,他们的联系纽带可能延伸到整个都市社会,甚至全国(Yung - mei Tsai、Lee Sigelman,1982/4)。波兰社会学界用okolica(“周围环境”、社区)来称共同体。他们都以传统乡村为例,认为这种群体秩序很大程度上是靠“闲言碎语”来维持的,社区主要通过议论成员来调节其成员的行为。如美国经验社会学奠基人W. I. 托马斯曾引述波兰农民的话说:“关于一个人的议论能传到哪里,okolica的范围就到达哪里;多远的地方谈论这个人,他的okolica就有多远”(秦晖,2000/2)。目前,胡同已是城市中心不可多得的传统社区。随着都市化和全球化时代的到来,大量外来人口的进入和社区结构的重构,传统的胡同居民在固定区位中的社会联系也发生了很大的变化,这也应该是现代社区研究的兴趣焦点。

二、都市现代化进程中的胡同社区

胡同作为社区，是社会关系、社会结构再生产的产物。本书重在社区生活方式的描述和社区结构的分析。在具体方法的选择上，第一，主要使用深度访谈和参与观察收集第一手资料，在实地调查中从整体上来观察理解研究对象；第二，收集与主题相关的他人研究成果作为本研究的辅助资料；第三，收集相关政府文件、法规以及相关新闻报道作为本研究可以选择的参考资料。本书的原始资料主要来源于作者在胡同生活近两年的实地调查。

作者调查的 JX 社区面积 0.16 平方公里，户籍户数 1795 户，户籍人数 4319 人，流动人口 360 人；社区居住的居民中汉族较多，属老城区旧居住区。2006 年，社区经历了“玉(御)河”文物保户区拆迁，搬迁居民一千余户，搬迁后尚有居民 2000 多人。社区东为皇城根公园，南有故宫、景山公园，西是北海公园，北临什刹海，均步行 10 分钟左右可以达到。宽街基督教堂也位于该社区，每周千余人在教堂参加活动。社区内 LZK、CH、NYY 等胡同均形成于明代，DJX 胡同形成于元代(施卫良等，2008：46～48)。社区所有胡同均被列为皇城历史文化保护区。JX 社区部分胡同配合“玉河改造工程”而拆迁。

随着社会重构及地安门的改造，JX 社区的各个胡同也逐渐褪去了往日的浮华。普通人曾经望尘莫及的皇城一隅逐渐成为寻常百姓家；四合院在岁月的沧桑中有些苟延残喘；曾有名人居住过的大宅门多数已成为破败的四合院、大杂院。四合院里的人越来越多，私自搭建的住房和厨房使庭院空间越来越小，有的院变成了一个个狭窄曲折的“胡同”。但是，胡同里并不都是大杂院，社区内 LZK，NYY，CH 等胡同，原本院子不大，改造后独门独院的院子也很多。另外，胡同里也有一些新建的仿古四合院。

(一)都市人与胡同居民的双重身份

1. 胡同里的老房子

研究胡同居民的生活必须先从房子开始，房子对多数普通胡同居民来说，不只是栖息之所，更是生存之本。他们所有的文化积淀几乎都与胡同、房子相关。没有人比他们更能说出四合院东、南、西、北各个房间的意义。但是，急速的社会变迁又将他们的文化与现实剥离。他们的希望源于房子，绝望亦与房子密不可分。

（1）房子与空间

现在胡同居民对房子的称呼依然以“间”为单位，胡同里的人量化居住面积，不说多少平方米，通常是说几间房。胡同里只有一两间房子的家庭很多，孩子多了开始改建，一间改为两间，再找空隙搭一两间，或者将走廊改成一间房。胡同人对别人讲自己的住房情况时，一般不会提到私搭出去那些，客观上，那并不属于他们的财产。他们说“间”的时候会带上定语。比如，北房，南房或者保姆房（耳房），加定语的重要性只有在胡同里生活的人知道。北房正、大、高，朝阳，采光好。耳房小，有东西厢房挡着基本见不着光，南房（倒座房）没有光，东、西房各能见半天阳光。整座四合院最重要也最尊贵的位置是正房的堂屋，按照礼制规范，这里是供奉祖宗牌位及执行民间祭祀之功用的场所，同时也是会客厅。正房的两侧是家庭中长辈的住房，而两侧住房中以东侧为上，如果家有三代，则东侧正房为祖辈居住，西侧正房为父辈居住；晚辈住在东、西厢房，依次排序。后罩房因其位置最为私密，而且与父母住所距离较近，所以如果家有千金，便住后罩房。总之，正房一定是留给家里年龄最长、最有权威的家长；然后其他人的住房，从东到西，长幼有序。但这都是旧话了，现在一家三代挤一两间房并不罕见，房子一个朝向，一样的条件，只能按照性别和关系，怎么方便怎么住，拥挤的空间内很难再考虑长幼有序等礼节。另外，目前四合院的格局已经很难找到传统四合院方方正正的感觉，因为在人口的挤压下居民们见缝插针地盖房子，导致多数院落房屋林立，难寻次序和格局。还有部分四合院改造之后，成为一院一户的小型院落。

胡同里的房子有公房（北京市房管部门的房）、单位房和私房三种，单位房较少。目前看来，公房，私房或者单位房只是产权差异的问题，就居住和财富本身来说，并没有太大差异。私房因房主有房产证，在买卖或其他交易中不像公房一样有约束。就社区已经拆迁的胡同而言,公房和私房的补偿是一样的。未拆迁之前的差异,一是公房和单位房需要交房租;二是公房和单位房由房产局或单位负责维修。对居民而言,公房和单位房的房租并不是大问题,首先房租很低,每月基本在100块钱以内,按房子大小而定;其次多数居民因房子得不到维修或者对维修不满意等而不交房租。调查时了解到,部分居民因多年未交房租而不知道现在的租金是多少。

(2)房子与老人

作者调查的LZK胡同是清朝内务府的一个仓库,存放清朝廷换下来的帘子。如表2所示,该胡同公房较多。表中列出的是作者调查到的LZK胡同部分家庭,而非该胡同的所有家庭。在调查到的家庭中,承租人多为老人。A代表胡同西侧的家庭,B代表胡同东侧的家庭。

表1　LZK胡同部分住户家庭情况

单位:平方米,人

序号	户数	面积	居住人口	老人数量	承租人/房主	产权类型
A1	1	40	2	2	老夫妇	公房
B1	1	27	出租	—	—	公房
A2	1	25	6	1	老人	公房
B2	1	40	4	1	老人	公房
A3	1	38	5	2	老夫妇	公房
B3	2	7/21	3/4	0/1	男主人/老人	公房/公房
A4	1	15	5	1	老人	公房
B4	1	12	3	1	老人	公房
A5	1	20	4	1	老人	公房
B5	1	25	5	1	老人	公房
A6	1	40	4	1	老人	公房
B6	1	14/19	2/5	0/1	夫妻/老人	公房
A7	1	330	出租	0	个人	私房
B7	2	120/6	0/1	0	个人/个人	私房
A8	2	20/24	7/3	1/1	男主人/老人	公房
A9	0	2000	—	—	个人	私房
B9	0	600	—	—	个人	私房

注:表1由笔者根据实地调研所制。

胡同里A3的男主人是整个社区年龄最长的老人,94岁,祖上是山东的地主。老人父亲20世纪30年代来北京,做过教员、记者等。据说他用30根金条在LZK胡同买了个两进的院子。当时这条胡同只有几户人家,院子大小都差不多。老人记得住户中有一个是协和医院的医生,另外一家也是老师。他家对面住的是军人,胡同里还有一所小学。老人说,来北京后,他们做得最多的事情就是捐钱,20世纪40年代的时候还捐建过小学,到1951年父亲去世时,他家其实已经没有钱了,他们的房子也有几间租了出去。"文革"爆发后,他们被打成地主走资派。房子成了一个烫手山芋,他找到相关部门要出交房子,但对方说房子是老人父亲买的,他们只能购买,不能无偿收走。于是,他以200块钱把二进的院子都卖了,卖后房管所又分了3间给他母亲、他的四个孩子和他们夫妻俩住,他说达到当时几乎最低的居住水平才安全。其他几家的房子,军人那家早被收走了,另外两家的房子"文革"时交了,住进胡同的人也越来越多。"文革"后落实政策,他家的房子因为以200块钱卖掉了,已没有再收回的可能。但协和医生那家和另外一家在政策落实后,获得了归还的一部分房子。教师那家他再没见过,据说"文革"期间经不起批斗去世了,落实政策后房子也没有人来住过,20世纪90年代突然被卖了。协和医生那家的两个儿子一直住在胡同,2005年前后搬走了,不过房子他们出钱变成了私房,空着没人住,等拆迁、增值。其中一家的女主人经常回来看看,尤其在夏天雨水比较多的时候,以保证房子不会塌陷。94岁的L老现在有38平方米的房子,他的四个孩子都有房子,小女儿一家搬来和他们住,外孙女出国了,他觉得空间足够。他们每月给小女儿夫妇1500元,作为照顾他们老两口的费用。现在的胡同是重新规划过的,他当年的院子有2/3现在都划到别的胡同了。

从表1可以看到,胡同里的家庭居住空间相对狭小。家庭人均居住面积6平方米,老年人口扶养比为24%,而北京2009年的人均住宅使用面积为21.6平方米,人口扶养比为14.4%。[1] 调查中,作者经常见到戴着红袖标在胡同口值班的老人。值班事实上没有具体的职责,戴着社区统一发放的红袖标在指定地点坐着就行。一个居民说,现在社区都是老人了,找不到值班的人。80多岁的老人没力气值班,有病的也不能值,低保对象因被规定要为社区做一些力所能及的志愿服务工作,他们值班不享受补助,也不愿意参与。2011年"两会"期间,社区动员居民值班,每小时3块钱,每天值班6个小时。值班的居民说这是2003年以来第一次值班发钱,以前只是每个季度发点油或面等生活必需品,但2011年给钱都找不到人值班,年轻人上班,其余的就是老弱病残,没法值班。值班的老人也打趣说,值班就是个形式,真有犯罪分子过来,他们哪有力气拦堵,对方一把就能推到三个。他们能做的,最多就是提供一下信息。总之,胡同作为一个传统社区,已经进入老年社会并出现如劳动力短缺、活力不足等老年社会的危机。

(3)房子与家庭关系

人们称住在胡同里的北京人为"老北京",现在这个"老"更形象了,不仅是指他们是北京的老住户。随着北京城不断向外扩张,市中心的房子越来越贵。保留下来的胡同作为北京地理和文化重地,游人慕名而来便不奇怪。胡同里居住的老人的子女们,或为生存,或为财富,不断上演争夺房子的斗争。兄弟老死不相往来的事情在胡同里见怪不怪。

> 案例1:无业赵[2],49岁。兄弟两人,母亲1997年去世,父亲2010年去世。父亲去世3个月后,他和弟弟对簿公堂,为的是父亲留下的11平方米的房子。无业赵说11平方米的房子是他家的老屋,在西城还有3间房,40平方米。他结婚住老屋,弟弟和父母住西城。母亲去世后,因为弟媳妇不待见老父亲,父亲就搬来和他们住了,父亲从2009年生病到

---

① 北京市统计局网站(http://www.bjstats.gov.cn/nj/main/2010-tjnj/index.htm)。

② 作者将对文章中所有提到的人以职业状态加姓的方式命名。

2010年去世,弟弟来看过他两次,弟媳妇没来看过。无业赵给父亲看病花了6万块钱,有4万元是外债。但父亲去世后,弟弟突然提出分房子,要分一半,理由是房子是父亲的财产,他们同为继承人。这让无业赵又愤怒又失望,可房子的确在父亲名下,他没有父亲的遗嘱证明他是房子的唯一继承人。估计善良的老人没想到儿子们会有这种纷争。无业赵说,西城的房子也是父亲的,不是弟弟的。2003年西城房子拆迁弟弟拿了所有的钱,可能也花完了,或者让弟媳骗完了。总之弟弟2009年离了婚,现在带着孩子租房住,也没稳定的工作。作为哥哥他也同情弟弟,但房子是不会给他的。对簿公堂时,弟弟要房子,无业赵要当时西城房子拆迁的补偿款,作者调查时还没有判决结果。无业赵说他也有老婆孩子,孩子没结婚,自己也没能力给他买房子,生活还得靠出租简易房和儿子的收入,弟弟又和自己争本应该属于他的房子,让他很无助。①

像无业赵与弟弟这种在父母去世后争房产的情况还不多见,胡同里还有另一种争夺,是争夺对父母的赡养权。在父母还在世的时候,几个兄弟姐妹争夺和父母共居的机会。为的是父母去世后,房子留给自己。成功案例有看车刘。

案例2:看车刘是返城知青,在东北生活了十几年,娶了媳妇生了孩子。回城后什么都没有,父亲去世了,继母也不帮他。他带着妻子和两个孩子租房子住。后来继母生病,半身不遂,他同父异母的兄弟不愿长期照顾,看车刘却无怨无悔地照顾继母,继母终于感动了,决定将19平方米的房子留给看车刘。继母做出这个决定后,其他几个孩子也经常来看她。但在照顾上依然不及看车刘。继母立遗嘱后,几个孩子

① 案例1根据笔者对无业赵的访谈整理而成。

不再和看车刘交往，也不再来看母亲。看车刘在继母去世后继承了房子。目前他19平方米的房子中住着大儿子，儿媳（怀孕），二儿子，女儿（第二任妻子的孩子）以及他和第二任妻子，因为过分拥挤，看车刘又在院子外门口的胡同里搭了一个两三平方米的小棚子，晚上在小棚子里居住。[①]

在上面的案例中，没有绝对的对与错、正义者或者非正义者。简单地讲，就是在人际关系中对于有限资源的争夺。资源稀缺又需求无限，就会造成个人或群体之间对有限资源的争夺。而有限的资源不可能按照人们的愿望完全合理地分配，所以对于资源占有的冲突是不可避免的（安德鲁·J. 杜布林，2010：189）。对于胡同居民来讲，房屋是稀缺资源，鉴于他们的年龄、职业等情况，他们目前获得这种资源的最佳甚至唯一途径就是从父母那里继承，因为以他们的收入他们很难在北京买得起房子，而继承可能会伤害到手足的利益，于是发生冲突也属正常。但它可能导致的后果是一种社会纽带的断裂和社会互动的终结。不管父母有几个子女，与其频繁互动的往往只有能够继承房产的子女。其他子女和父母及房产继承者之间的关系都在弱化。

但是，如果居住的房子遭到拆迁，家庭关系可能会因拆迁而彻底松散。胡同居民说只要一拆迁就开打，家里也打，外面也打。外面打，是想多要拆迁补偿；家里打，是给的钱或者房子不够分或分不均。比如，社区内的XBQ胡同2006年开始拆迁，现在仍有部分居民没有搬走。留下的居民讲，当时拆迁，院里院外都轰轰烈烈的，每天都有戏看。白天拆房子，晚上打架。有的家庭因为拆迁，亲兄弟打架、亲父子打架也不罕见。

案例3：病退张和妻子、女儿、弟弟、弟弟女友、父母共三间房。父母住一间，女儿在商场工作，和朋友在外面租房子住。病退张夫妇和弟弟各住一间房。

① 案例2根据笔者对看车刘调研所得。

三间房,两个户口本。病退张一个,病退张父母和弟弟一个。拆迁时,开发商只给钱不给房子,三间房子的钱甚至换不来一套房。重要的是,在院子里,可以一人住一间。院子不管大小都是可以利用的空间。一旦换成楼房,三家没法再在一起住。而且,开发商给的钱根本不够在附近买同样的3间房,但不搬不行,搬又达不成一致意见。一家人就开始打架,对外向开发商要钱,内部兄弟打架到动刀的程度。母亲有病加上生气去世了。病退张弟弟的女友是外地人,拆迁乱哄哄的,她也得不到什么,便搬走了。但剩下的人还是在打,最后父亲上吊,家破人亡。兄弟俩还是没有和解,病退张觉得他家3口人应该多分,弟弟觉得应该按户平分。至于三间房子到底能得到多少补偿,目前不得而知。他们自己说没多少,不够在城里买房子。①

这种悲剧,使社区原本对拆迁充满幻想的居民也开始恐惧。从根本上说,居民希望通过拆迁来改善居住条件。另外,胡同里房子多元的"产权"问题使他们对产权有了恐惧,也对争夺产权有了疲倦的心理。谈到廉租房时,除了质量,他们更关心的是产权问题。所以,拆迁对胡同居民来说,从希望变成了纠结。不拆还勉强有地方住,拆了可能就没地方住了,房价飞涨,拆迁补偿金在城外都买不到房子。再说,不拆,兄弟姐妹之间为房子暗斗,拆迁后就变成明争。他们也不希望争到你死我活,家破人亡。所以,有的家庭也会因拆迁而空前团结。

案例4:XBQ从2006年起就开始拆迁,但有一个院子至今有两个大家庭没有搬走,院子里的一户人家有一个83岁的老人,他说自己不会离开胡同,在胡同里生活了50多年,半截身子埋在土里了,给多少钱他也不搬。作者访谈这个老人时,他给作者看了3个抽屉:第一个抽屉放着香,因为老人

① 案例3由笔者根据调研材料整理而成。

信佛，他每天烧香供佛。第二个抽屉是满满一抽屉现金，他说自己每个月3000多块钱，够花了，不缺钱。第三个抽屉是冥币，他说等他去世了，他的儿子可以将这些冥币烧给他。从来没见过有人这样安排自己的今生和后世。但从这几个抽屉也可以看出，老人搬离这个胡同的可能性比较小。他有3个儿子，一个女儿。现在两个儿子和他住一起，都表示要和他坚持到底，但老人们坚持的是他的胡同情愫，他的儿子们坚持的是要拿到房子或更多的补偿款。不管什么理由，总归他们在机器轰鸣中坚持着。[①]

综上，家庭关系可能因为房子而紧密团结，也可能因为房子而导致一个大家庭彻底松散。说到底，因为房子，一个家庭会在内部发生资源争夺的战争，也会团结起来捍卫资源，不管是哪种方式，都是弱势群体自我保护的一种表象。房子是一个家庭赖以生存和维系的资本，房屋的拆迁会使家庭成员或围绕房子紧密团结，或争风冲突。随着房子的拆迁，胡同居民的生活被瓦解。

2. 胡同居民的现代婚姻

接触胡同里的居民，有时会有不可名状的痛感。老的，病的，单身的，离异的，犯罪的，等等。越走近胡同居民，对一个老人关于人生的描述就感触得越深。他说人生艰难，就好像过草地，总有人过不去，但总体来说，身强体壮的还是占优势，比较容易过去，老弱病残的落伍了，没有选择，只能葬身于草地，所以想过草地，先强身健体长本事。胡同里虽然也有富商巨贾、达官贵人等居住，但总体上看，绝大部分还是穷人，他们的住宅与其他阶层几乎是隔离的，部分人长期或间断性失业。由于有北京户口他们可以依赖底线福利，但贫穷依然使他们处于越轨或犯罪的边缘，失业、住房紧张等种种使他们失去了追求婚姻的信心。单身母亲不断增多、未婚成年人增多等现象成为胡同里底层社会的剪影。

① 案例4系笔者根据访谈资料整理。

(1)胡同里的剩男剩女

1978年北京城镇人口479万，2009年1492万①，30年人口增加了约2倍。但是，胡同的人口数并没有太大变化。首先人口增加的前提是男婚女嫁。但胡同的现状是大量的男女中青年未婚。比如，CH胡同一个大杂院共有26户人家，包括租房的3户外地人。半数以上的家庭中有婚龄单身人口，或离婚人口。先看调查到的30岁以上的单身人口(见表2)，单身在这里指没有过任何婚姻经历，如离婚、丧偶等。

表2　胡同里的剩男剩女*

姓名	性别	职业	居住情况	婚姻状况
病退红	女	无业	母亲去世，与父亲、表弟居住	未婚
三轮董	男	三轮车司机	父亲去世，与母亲、弟弟居住	未婚
公司刘	男	公司职员	与舅舅、表姐同住	未婚
无业董	男	无业	父亲去世，与母亲、哥哥居住	未婚
无业宋	男	无业	父亲去世，与母亲居住	未婚
职员刘	男	原建设部工作	父母均去世，与哥哥居住	未婚
退休王	男	退休	父母均去世，一个人	未婚
个体黄	女	开网店	父母均去世，一个人	未婚
职员金	女	公司职员	母亲去世，与父亲、姐姐居住	未婚
黑车金	男	黑车司机	母亲去世，与父亲、弟弟居住	未婚
无业赵	男	无业	父母均去世，与弟弟一家居住	未婚

*：退休的都没超过50岁，内退或者病退。
资料来源：笔者根据调研所制。

表2没列出受访者的具体年龄，部分原因是受访者避谈年龄，另外，作者认为年龄不是未婚的重要变量。但所列未婚人员均属大龄，年龄最小的是公司职员刘，34岁，其次是病退红，39岁，其余的都在40~50岁。我们知道，择偶是受多种因素制约的，除了个人喜好等情感因素外，经济基础也是婚姻成立的重要条件之一。这些胡同里的未

① 北京市统计局网站(http://www.bjstats.gov.cn/nj/main/2010-tjnj/index.htm)。

婚成年人在他们的黄金婚龄,假设是30岁以前,有的返乡,有的自己生病或父母生病,有的没房子结婚,当然也有是因为没有合适的对象而未婚。但是,略看一下这些未婚人士的职业,他们中间没有人从事高收入的职业。疯狂的房价使他们对买房望而生畏,胡同里有个居民半开玩笑半认真地说,他现在住的胡同的房子,不吃不喝得用4年才能买到1平方米。

现代婚姻关键词是"有车有房"、"有房无贷","婚房是婚姻的起步价"。即使出现"裸婚"一词,但敢冒"裸婚之险"的多数是些对未来充满希望的实力派。收视率很高的江苏卫视《非诚勿扰》节目,除了娱乐爱情之外,也能一定程度透视现代人的婚恋观。一无所有,又一厢情愿来寻找爱情的人,尤其是男性,几乎没有成功的案例。在作者的调查中,胡同里的单身男女没有因为持独身主义而不结婚的,未婚主要是因为结了婚没地方住,或者,压根就找不着对象。

案例5:比如黑车金,今年41岁,姐姐43岁,都没结婚。母亲2010年去世。他和父亲、弟弟住,房子不到30平方米。黑车金是回族人,有饮食禁忌,这限制了择偶的范围。他谈过几次恋爱,但每次把女孩领回家里来,女孩看到一家人挤着完全见不着阳光的南房,而且还有个大龄未婚的姐姐,就以各种理由拒绝了黑车金。黑车金的母亲2007年患了癌症,姐弟俩照顾母亲到2010年去世,这期间谁都没谈过恋爱。黑车金姐姐原本就有点抑郁,自母亲去世后,比以前更沉默寡言,走在路上也很少和人打招呼,养了5只猫陪伴他们。[①]

总之,表2所列的大龄未婚男女,在婚姻问题上多数因房子、收入等方面的限制因素而止步。胡同里的男性单凭北京户口这一指标已吸引不到女性的青睐,能否建立婚姻,

① 案例5来自实地调研。

对男性来说取决于财富和事业,对女性来说,年龄是资本。另外,也需要有一定的家庭基础。人们在选择婚姻时,不但选择精神方面的,也选择物质方面的。男、女双方都不愿意因婚姻而降低自己的生活质量,何况胡同居民的生活质量本身已经很低。

居住空间狭小和低收入等因素不但使胡同中出现了大量的剩男剩女,也导致了胡同里离婚率的上升,尤以中年夫妇居多。

(2)胡同里的高离婚率

都说"贫贱夫妻百事哀",胡同里的离婚夫妻,可以用"贫贱夫妻百事恨"来表达。离婚的原因大体一致,或因丈夫养不了家,或因妻子或丈夫出轨,极个别因为家庭暴力,还有因为拆迁而导致的家庭危机。

表3 胡同里的离婚者

姓名	性别	孩子状况	房子	婚姻
退休二姐	女	1女儿已出嫁	2间	离婚
麻将馆刘	男	1儿子读高中	2间,已拆	离婚
饭店高	女	1女儿,1儿子,读高中	租房	离婚
社区刘	女	1女儿读小学	1间	离婚
司机王	男	1女儿,没工作	1间	离婚
拆迁赵	男	1女儿	租房	离婚
退休李	女	1儿子,工作	和父亲住	离婚
公司刘	女	1女儿,随丈夫	住男友家	离婚
出租户孙	男	儿子结婚,女儿小学	11间	离婚

注:笔者根据调研所制。

因为拆迁或要拆迁而导致的离婚较多。如麻将馆刘和拆迁赵。麻将馆刘家在作者调查的社区,但因为这个社区已经有一个麻将馆,他就在雍和宫附近的岳父家开了一个,以避免不良竞争。后来他住的胡同要拆迁,补偿款也不够买房子,他就把那些钱投进了股市,没想到股市大跌,钱都套进去了,媳妇就和他离了婚。拆迁赵也是拆迁时几个兄弟闹得厉害,拆迁后在城里买不起房子,甚至在5环外都买不起。

妻子经不起租房的折腾,就和拆迁赵离了婚。另外,公司刘离婚因为家庭暴力;司机王离婚因为妻子出轨;饭店高因为丈夫养不了家,长期打架,就离了婚,和两个孩子在胡同里租房子。总之,离婚除了情感原因外,与胡同人的职业、房屋居住条件等都有关系。胡同里单身者多、离婚率高,事实上更加剧了胡同家庭的不稳定。

总之,胡同里未婚、离婚已是一种普遍现象,正是这个现象导致胡同老龄化程度加重、生机缺乏。如今的胡同、四合院里很难看到孩子,胡同里的小孩多数是在胡同居住的外地打工者的小孩。未婚及离婚阻碍了家庭的再生产,而胡同里的新生代,即20岁左右、刚参加工作的年轻人,不再适应胡同里拥挤的生活,只要有条件,他们就搬离胡同。小孩的稀缺和年轻人的出离使胡同成为一个老人村,缺少了作为一个社会实体维系下去的活力和生命力。

3. 胡同居民的职业定位

曾有作者说,“北平最大的动人处是平民,绝不是圣哲的学者或大学教授,而是拉洋车的苦力”(林语堂,1992:515)。随着社会的发展,“拉洋车”逐渐成为一个历史名词。但是,车夫这个词始终没有退出历史舞台,做各式车夫依然是平民阶层的重要选择之一。胡同居民自雇用从事的主要职业之一就是车夫,因此研究胡同,车夫群体是必须分析的,本文将出租车司机和三轮车师傅一起称为车夫。

(1)胡同里的三轮车夫

在胡同里走一走,随时会看到载着中外游客游览的三轮车夫,他们或操北京口音,或操外地口音(河北居多),抑或用中式英语向各国游客介绍胡同的历史和文化。这些三轮车夫多数属于旅游公司管理,个人收入通常只是全部收入的10%,其余都要上缴公司。三轮车司机显然不满意这种掠夺,但外地来打工的车夫因不是太熟悉北京或不愿意承担独自招揽生意带来的风险而选择依附于公司,北京的三轮车夫多数就住在胡同里,他们利用地利条件,自己买辆三轮车,停在家门口或胡同口,或离家不远的景点,自己招揽客人,所谓拉黑车是也。他们的收费随行就市,一般都是和乘客临时商谈,有的按时间计算,也有按游览的胡同来计算。遇到外国人,车价会有所提高;生意清淡时,车价又会有所降低。虽然不是天天都能拉到活,但他们一天只拉一趟或两趟的收入几乎就相当于外地车夫从早干到晚的收入,一趟平均每人60元。

作者调查的社区中的一条胡同就有4个三轮车师傅,6个出租车司机。在李景汉先生做北京人力车夫的调查80年后,经济进步,社会发展,但生活在底层的百姓的生活形式和谋生方式似乎并没有发生太大的变化。三轮车夫多数单身,没有其他收入来源。他们年龄一般在50岁左右,因产业结构转变和制度转轨而失业。受教育和技能的局限,他们几乎没有可能回到主导产业或新的就业岗位中去,也失去了与单位制联系在一起的社会福利和保障,成为被社会转型永久淘汰的人。他们与父、母居住,老人一般都有退休工资,如果不生病,老人们的工资足够生活,车夫们基本不用养家。因为就住在胡同,他们吃饭也不用像外地司机一样在街上随便吃,又没有租房压力。所以比较蹬车的外地车夫,胡同三轮车夫的生活质量要高于他们。

案例6:三轮董,58岁,曾去东北农村插队,返城后在街道工厂工作,因打了厂长被开除,之后做过生意,都不如意,2003年开始自己弄了辆三轮车拉客人。三轮董的弟弟也没有工作,但他不愿意蹬三轮车,觉得没面子,因为三轮董蹬车,弟弟和他同住一个院子,但互相不怎么说话。三轮董说蹬三轮车没有什么成本,也不费力气而且还自由,但关键得在邻居面前舍得了面子。因为自己住的胡同离后海、北海等景点很近,是胡同游的胜地之一,刚开始拉着客人和邻居们打招呼,他有点不好意思,但慢慢就好了。生存第一,总比饿着强。①

在作者接触过的三轮车夫中,外地车夫多数已婚,通过这个职业养家,而胡同里的北京车夫未婚者居多。从当时的收入来看,当年的

① 案例5由笔者根据调研所制。

人力车夫每天要支付的租赁费占总收入的23%（李景汉，1925/4），这与如今三轮车夫上交公司的份额相比，要低得多。如上文提到的，现在的三轮车夫要支付收入的90%左右给公司。三轮车夫和当年的人力车夫相比，几乎没有变化的是，这个职业依然是底层社会的一种选择。像访谈中三轮车夫提到的，这是个凭力气挣钱的事。他们从事这个职业，亦是养家糊口的需要，但相比外地车夫，北京的车夫情况又好得多。首先没有房租的压力，没有公司的租赁费和管理上的压力。所以，虽然从事同样的职业，胡同里的三轮车夫依然有文化和地域上的优势。

（2）胡同里的出租车司机

在JX社区，除了三轮车夫外，选择开出租车作为谋生之道的居民也不在少数。胡同里的居民选择出租车行业作为谋生手段，一方面是因为作为北京居民可以跨进出租车这个行业门槛；另一方面，除了体力和开车技术之外，他们没有别的可以谋求职业的资本。当不愿意把自己投入"更低级"的行业，比如外地人从事的清洁工、小时工或别的体力为主的行业时，他们倾向于选择出租车司机这个相对体面的行业。

案例7：王师傅，49岁。有一个女儿，职业学校毕业后待业，妻子没有工作。他90年代初当过小包工头，自己说也没挣到钱，2006年开始开出租。最初他一人承包一辆车，2010年冬天他的车报废后，开始和另一条胡同的邻居合伙承包一辆车。"对班"离他家不远。他说两人一辆车，车份能省点，但是不如一个人自由、轻松，必须抓紧时间跑活才能挣到钱。他和"对班"交班的时间是每天下午三点和半夜三点。最初作者感到很奇怪，但访谈时王师傅说半夜交班，两个人都可以晚上在家。又一次访谈时，他才说，现在社区很乱，单身很多，有些人居心叵测想搞点事。他有一个邻居因为开出租车晚上不回家，老婆跟人跑了。①

① 笔者根据访谈整理。

联系前面叙述的胡同里的婚姻,作者似乎可以理解王师傅的这种担忧。胡同里有大批的单身成年人,他们的生活并没有富足到可随时光临娱乐场所进行消费,而平时他们又主要以消遣为主。几个认识的人凑在胡同里聊天,偶尔也会打情骂俏。尤其单身,他们个人自然的生理需求通过正常的途径得不到满足,可能就有扰乱别人家庭的冲动。而且胡同里也有先例,于是,就出现了王师傅这种家庭护卫者,一边工作养家,一边得防止后院起火。

另外,出租车作为一个服务行业在竞争激烈的时代为维持和盈利,就朝着更专业的方向发展,现在出租车行业的管理非常严格。师傅们说,挣钱是建立在车不坏、不出事的基础上,车坏了,一天白干;出事了,几天甚至更长时间白干;被举报了就几天白干或下岗。总之,这确实不是一个轻松的行业。而且,“黑车”的诞生给出租车市场也带来一定的压力。

但胡同里几位开车的师傅一致说,有压力,但开车依然可以赚到钱,只要辛苦,每月3000元是有保障的。不工作,就只能吃低保,低保每月不到500块钱,申请有限制,申请到了还有限制。开出租车,有事情做,而且不算太埋汰,对子女也有个交代。但是,从事这个行业他们要时时关心事故率,担心车出问题,担心婚姻亮红灯。总之,这不是个轻松的行业,正如居民们所说的,总比没事干待着强,比外地人强,也基本可以养家,这就可以了。跑车时间长的司机,也有了一些挣钱的窍门和包车的客户,而且胡同里的司机,对北京四九城几乎完全熟悉,比起延庆等郊区来北京跑活的司机,他们更轻车熟路些,也不用像郊区司机一样需要租房或者住在车上,从这一点上看,他们还是有优势的。

4. 都市人的时空幻觉

尽管目前的胡同居民居住空间狭小,但市中心的地价和皇城根儿的身份使他们对历史有种特殊的情结。他们比后来因教育、工作等成为“北京人”的居民更在乎自己的“北京人”身份。尽管时过境迁,在没有其他社会资本储备的情况下,“北京人”的身份几乎成了孔乙己手里拍出的铜板,但他们愿意将它响亮地拍出,以证明自己的存在。

(1)对历史的幻觉

在胡同里做调查,居民经常会岔开话题,转而讨论政治或历史。后来作者发现,他们愿意谈过去,似乎是因为在过去一个较为扁平的社会里,他们没有被剥离的感觉,而在历史里,他们的祖先还曾风光。通过谈这些,他们可以回避或掩饰自己的现状。比如退休沈讲,她的爷爷官至三品,她前任丈夫是清摄政王多尔衮的后代。她会自豪地讲自己祖上没出过东四、西四,意思是说,他们一直是真正的北京城里人。退休沈喜欢评论历史,她说,有人总批评清朝不好、清政府不好,但是,清朝给中国留下东西了,故宫保住了,颐和园修起来了,还有这四合院。现在有什么呢,给后人留什么?高楼大厦哪个国家没有啊?但他们没有故宫,没有颐和园。退休沈说自己小的时候一颗大古树遮了他们整个院子,有亭子,有屏风,特别漂亮,现在都破坏了。她说,有人说清政府不好,但现在有清代史,中国、外国都有人研究。她不知道现在能给未来留下什么历史。居民们说,过去穷是穷,大家都穷,但活得舒坦。

总之,胡同人通过对既往的追忆来寻找慰藉,以消解自己在当前社会中的失落感。他们有强烈的自尊,并比任何人都在意自己的“身份”,通过历史来进行自我身份建构。这也是他们取得认同的一种方式。他们通过奠基于既定的文化属性自我辨认和建构意义,而尽量排除其他更广泛的社会结构参照点。而这种认同是行动者意义的来源,是由行动者经由个别化的过程而建构的,包括跨越时间和空间并自我维系的原初认同,也包括跨越传统文化特质建构意义的行动过程(Paul Gilroy,1997)。

(2)财富的真实和幻觉

房子是居民最大的物质财富,社区拆迁了几条胡同,据说补偿款每平方米从8000元到150000元不等。对每家到底得到多少补偿,大家只是猜测而已。但从周围的胡同开始拆迁起,每家居民对自己的房子都有了一个心理价位。

案例8:返城刘有19平方米的房子,因结过两次婚,共有3个孩子。他说如果拆迁,他至少要600万元,两个儿子每人一套房,他们夫妻和女儿住一套,还都得挑最小的在城外买。城外买了房子还得买车,补偿款一点都剩不了。不给600 万,他肯定不走。[①]

听到这些数字的时候,作者有点瞠目结舌,觉得居民荒唐,几平方米的小空间,却想要不着边际的价码。但是,听了居民对他们心中所想的补偿款的安排,也觉得可以理解。没有人将他们想要得到的补偿拿去吃喝玩乐,他们想用这些钱维持一个正常人家的生活,其中最重要的是在拆迁后解决家人住房的问题。尽管拆或者不拆还只是一个未知数,但他们已然对未来做了安排。可以感觉到,那种安排也是他们想要达到的一种生活状态。比如人人能有一间房、一个独立的空间。但是,能实现他们这种理想的唯一途径就是拆迁,因为他们自己或无业,或仅仅从事低收入职业,靠他们的收入不太可能改变目前的住房状态,所以他们将希望放到他们不大的房子上。他们希望拆迁,又害怕拆迁。

在当前文化保护的语境下,通常以名人故居为噱头,谈文化保护的重要性。对于普通四合院的保护,大体是从整体上谈它的历史、建筑与文化价值。但是,作者认为,目前的语境过分强调四合院的文化意义,而忽略了它真正的居住意义。以作者调查的社区为例,普通居民对胡同生活并不像某些报道中描述的那样眷恋(张捷、南香红,2003)。“眷恋”和“冲突”多数都源于补偿的不合理,或者说不能满足居民的心理补偿预期,也有部分居民因不愿意接受一种新的生活方式的挑战而不愿意搬走。但总体上说,居民是希望在居住条件上得到改善的。直到现在,原本规划要拆的胡同都没有拆掉,居民说“拆不了”,开发商赚钱才拆,不赚他就不拆了,2012 年,开发商按原有面积将居民的房子进行了重修,拆暂时又成了未知数。

(二)胡同社区现代化与居民多元化

胡同是一个传统的市民社区,因为外国人的进入以及胡同新贵的

① 根据对返城刘的访谈整理所得。

诞生,胡同原本的社会和文化边界发生了很大的变化,不同身份的居民之间基本没有共同的文化认同。

1. 胡同“新贵”的到来

北京胡同成批地拆迁,有人欢喜有人忧。作家舒乙曾说:“北京现在是在拆第二座城墙,胡同、四合院就是北京的第二座城墙!”为了保住北京的“第二座城墙”,在胡同拆迁的过程中,有大批的古建筑文化保护者奔走呼吁保护古城文化。而身在胡同的居民有恐惧,也有欢喜。恐惧或因拆迁后无家可归,欢喜或因拆迁后能改善居住环境。除古城文化保护者和身处其中的胡同居民外,另有一批人,他们拥有财富,涌入胡同,尽可能地占有或收购空间,然后将他们占有的财富以高价出租或出售,或等待拆迁以获利。因为拆迁、改造,因为在北京,在极具优势的地理位置,他们因拥有较大的已经稀缺的胡同建筑而成为胡同里的“贵族”。不管胡同拆或不拆,他们都能受益。拆,他们可以获得大额的补偿金。不拆,他们拥有的四合院在轰隆隆的拆迁声中因变得稀有而日益增值。这些人,作者称他们为胡同新贵。之所以叫他们新贵,是因为胡同是皇城的一部分,曾有大批的贵族名流在这里驻足或生活,与前人相比,他们只能算新富,甚至很难谈贵。他们有些人并非胡同居民,只是因为拥有了胡同的房子或空地而进入胡同,胡同居民并不知道他们是谁,他们也很少与居民发生互动。

目前的胡同新贵大体分为三类,一类是以非公开的方式进入胡同,或者没有出现就将胡同空间占有的新贵们,他们是胡同里的“隐形人”。另一类是一些早期的投资者,他们在20世纪80、90年代以较低的价格购买了胡同的院落,然后翻修或重修,用来居住或出租。随着胡同的减少和中心地价的上涨,他们成了新贵。还有一类是“文革”前在胡同拥有房产,但在“文革”中受打击,房产被没收的官员或知识分子的后代,20世纪80年代政策落实后,他们的部分财产被归还了。随着房价、地价的上涨,他们又成了胡同里的新贵。

案例9:LZK胡同曾经有一处中国第一位造船工程师的

住宅,他主持设计了1000马力往复式蒸汽机主机,并在“夔峡”、“巫峡”、“巴峡”3艘拖轮上成功使用,他著有《船舶蒸汽机》一书。他的儿媳妇是个医生,不在胡同里住,但偶尔回来看看她的房子。她说公公家共有3处房子,捐了一处做学校。“文革”前有1亩多地24间房子。“文革”的时候,房子都贴了条,说他们是狗崽子,房子被人占了,他们简直无家可归。“文革”结束后,退还给了他们一部分房产,共十几间。现在他们对外依然说住在这儿,但她还有两套房子。她说以前不敢说有房,现在敢说了。她并没有装修、重建或翻修她的房子的打算,她说不修,等着拆。现在这个地方是贫民区了,留不住的。[①]

总之,工程师的儿媳等,在当下的语境,可以说是官二代或者富二代,他们的父辈本身就在胡同里拥有房产,出于历史原因他们失去了原本属于他们的资产,现在将资产还给他们的子女也是情理之中。现在,这些后代继承了父辈的财富,而这些财富在如今的房地产市场又奇迹般地增值到天价,这使得这些人成为胡同里的“贵族”。他们或在,或不在胡同里居住,和胡同居民依然有所互动。比如,邻居义务给工程师的儿媳照看房子,夏天遇到大雨,或周围正在进行的工程对她的房子有什么影响,邻居都会及时通知她。而她来胡同,也会和邻居们聊聊天,或者给他们带点东西,彼此相处融洽。

另一类新贵是早期的投资者,作者访谈中遇到一位专门出租自己四合院赚钱的李先生。

案例10:李先生以前做建材生意,他说20世纪90年代前后,他挣钱不以天为单位计算,而是按分钟算,他觉得钱就像刮风一样往他口袋里刮。可是,他是穷了半辈子的人,穷到老婆背叛,儿子都不知道姓什么。突然一个机会抓住了,就

① 整理调研材料而成。

富了，他有点按捺不住，就想歇一歇，歇够了再挣，觉得眼前全是机会。于是他就停下来给自己盖房子，准备好好享受生活。他在昌平盖了一套房，在城里盖了一套房。城里这套就在作者调查的社区，1996 年他买了一个旧院子，300 多平方米，买、拆、盖总共花费不到 150 万元。李先生说，当年也不是因为想增值才买房子、盖房子，根本没想到房价会涨这么快，知道的话他就多买几处了。就是觉得生活好了，要享受一下，给自己建个小院，没想到不经意的投资，10 多年增值了 40 倍。现在他什么都不干，房租足够他生活，他的院子每月租金 4 万元，雇用了一个工人负责院子的管理和维修。①

像李先生等人，都属于早期的投资者，他们或为享受，或为怀旧、孝道等不经意的投资，让他们成了胡同的财富新贵。

总之，在胡同里的财富新贵中，不管是“文革”中受害者的后代，还是一些早期的胡同投资者，他们与胡同还有最根本的联系，并与邻里们进行一定的互动。但是，后起的财富新贵们，比如单纯以投资为目的而购买胡同住房的人们，胡同居民对他们的身份仅局限于想象。从行为上看，除利益之外，他们并不认为自己和胡同有什么关系。但胡同的资源，正大量集中在这些人手中。

2. 胡同居民的国际化

就在几十年前，人们见到外国人时还满是好奇，如今北京成为一个国际化的大都市，有约 20 万外国人在这生活着，而年轻人多多少少都会讲英语。所以，外语、外国人对国人已不再是新鲜事物，许多人的邻居就是外国人。胡同里的四合院作为传统的居住格局更是吸引了不少外国人入住。据某地产公司统计，北京在租的四合院有 2000 多套，外国租客占一半以上。随着外国人的入住，胡同里的居民也在发生着变化，由最初的老北京人，到前面提到的外地人、财富新贵，再加上现在的外国人。

① 根据访谈整理。

(1)作为参观者的外国人

作者调查的胡同因位置的特殊性,随时都有或坐三轮车游览,或徒步闲逛的外国人。过往的影视或文学作品在他们的脑子里刻下的北京,除了故宫、天坛、颐和园外,还有四合院、胡同和四世同堂。和外国人交流时,这些一定是绕不过的话题。作为一个游客,现代化的北京给他们带来了一定的心理落差,他们要看的不是国际大都市,而是作为皇城的老北京。各种旅游图书上都有关于胡同的介绍,于是他们只要有时间,就会游览胡同,或者选择在胡同里的宾馆居住。鼓楼附近的几个小宾馆,住的几乎都是外宾。还有胡同里的酒吧、咖啡厅也颇受外国人青睐。

部分胡同有专门接待外国或外地游客的接待户。游客可以进院参观、喝茶、聊天,有的接待户也提供饭菜。作者所调查的社区没有接待户,所以外国游客和胡同居民只是参观与被参观的关系。有时游客和他们说你好,他们也会回应,偶尔会转身不理。但不管他们理不理、愿不愿意让人参观,被呈现始终是一个事实。因为他们和故宫,和他们所居住的四合院一样,是别人记忆或想象中的一部分,不可能城市里每一个群体的存在对于别人都是记忆或想象,但胡同居民是。他们平凡的生活在参观者眼中成了异文化的表演(Feifer M.,1985),而他们作为历史文化遗产的伴生物,事实上已被自觉不自觉地开发为商品(Greenwood. D.,1977)。胡同,某种程度上,成了"human zoo"。

(2)作为体验者的外国人

胡同里的外国游客络绎不绝,但在胡同定居的外国人并不多,她们觉得胡同是中国的符号之一,住在胡同可以体验生活,体会文化。O女士2006年起就在LZK胡同租了一套四合院,一年有四五个月住在那里。四合院高墙红门,给人庭院深深的感觉。O女士很喜欢中国的文化,包括建筑文化。她说外国人来北京是来看北京的,不单单是看故宫、看长城、看颐和园。看故宫因为它是曾经的皇城,也是十分有名的博物院,她选择住在LZK胡同,也因为它曾属于皇城的一部分。她看到胡同被拆很心疼,她说你们在破坏很珍贵的建筑文化,包括生活文化,北京都建成国贸,和纽约、曼哈顿就没有区别了。她说自己住在胡同，偶尔听到胡同里有铁器相击的声音，紧跟着是很特别的唱调（磨剪子来锵菜刀），出去看，是一个很瘦的老人推着自行车，有人从他们的院子里出来，拿着菜刀，老人看到他们出来就会停下来，从一个很旧的布袋子里掏出一小块石头为他们服务。她想一百年前，可能也有这种情景吧。她说住在胡同，可以和历史对话。在O女士看来，北京人的生活是非常有节奏的，早晨起床，他们把自己打扮得干净整齐，吃早餐，锻炼身体。即便不去公园，他们也在胡同里来回走走，十分注意自己的身体。尤其是她的邻居，午饭后他们一起打麻将，严肃、认真，她很羡慕他们的生活。

总之，在胡同居住的外国人各自怀着不同的目的来到胡同，最终能长期在胡同居住的是真正想了解北京传统文化的人，以猎奇心态来的外国人一般很短的时间后就会选择离开。

3. 菊儿胡同的改造（孙健，2008）

北京大规模的城市改造发生在改革开放以来的城市规划和改造期间。20 世纪 80 年代以来，国家住房政策的改革推动了全国住房建设的进展。北京市人民政府也相应成立了住房改革办公室，拟定了具体政策，并把危旧房改造的职责下放到区，各区充分发挥地方的政府职能。菊儿胡同在此期间被列为北京危旧房改造项目。

1987 年吴良镛教授开始以菊儿胡同为试点进行改造。第一批工程是菊儿胡同 41 号院。该院居民非常拥护住房制度改革，曾两次给市长写信，迫切希望改善自己的居住条件和生活环境，有自己买房的积极性。在改造之前，菊儿胡同的41 号院外部环境条件差，地势低于院外马路约 80 ~ 100 厘米，院内易积水；另外，居民的住房条件很差，人均建筑面积为 7 ~ 8 平方米，条件最差的住户人均建筑面积仅为 5.3 平方米。院落中普遍建有简易房，建筑密度达 83%，有 2/3 家庭无日照，近 80 人居住的院落只有一个水龙头、一个下水道，公共厕所远在院外 100 米处，属于典型的“危、积、漏”地区，环境质量亟待提升。

在北京市住房体制改革办公室

的协助下,1987年吴良镛教授带领师生组成的课题组选定菊儿胡同作为住宅调查及居民参与改建研究的试点。从此,新四合院住宅开始进入建设实践与研究相结合的新阶段。从1987年起到1994年末菊儿胡同在拆除出的1.255公顷用地上共建成了两期共2万余平方米面积的、拥有13个新四合院院落建筑的建筑群。原有的236户居民居住情况得到根本改善。菊儿胡同新四合院住宅工程创造了若干个“第一”:首批被拆除的原41号院居民成立了北京第一个组织危旧房改建的住宅合作社;第一期工程是北京第一批危改结合房改的试点;获国内外奖项最多,其中1992年世界人居奖和1992年亚洲建筑师协会优秀建筑金奖是我国建筑师在国际上首次获得的此类奖励。

菊儿胡同新四合院工程的设计在设计思想方面,从北京旧城“大杂院”的现实出发,运用规划设计手法,把住房重新加以合理组织,构成新的庭院空间,以适应现代化生活要求,被称为“新四合院”。在与旧城的整体衔接上,注意寻找旧城内在的“肌理”,抓住它的“体形结构”组成的内在规律,并利用它以确立设计的准则。从城市尺度分析,北京有长达8公里的中轴线贯穿全城;在它的两侧与之相平行的贯穿城市南北的两条主要交通干线,是“鱼骨式”交通体系的“脊骨”,连贯全城的命脉,与北京中轴线这一主要艺术骨轴相辅相成。在第一期工程试点的基础上,进行第二期试验的规划设计时,规划思想继续有所发展:以“标准院落”为基础,结合保留的树木可以组成空间大小形式不一的院落体系,这些院子根据具体情况可以有不同的出入口;以新的里巷将“新四合院”串通起来,串联成组,从而构成新的里巷(胡同)体系。这是基本院落之间联系方式的进一步发展,即将联系通道从院内移至院落外,各院落可以借助里巷串联起来,里巷从四合院间穿行,对院落减少干扰。

在新四合院的设计中,注意美好院落空间的设计:掌握好四周建筑尺度,努力避免有“井”的感觉;院内外增加附属建筑,如花架、坐凳、铺地等,以增进院落的“生活意趣”;精心保留并充分利用原有树木,使院落的小景丰富而有变化;利用坡顶修建楼阁与平台，在有限的建筑高度内，争取最大可能的建筑空间和室外空间，楼阁的变化还可以增加建筑群轮廓线的变化，从整体上构成屋顶的韵律美；利用传统建筑语言（如民居大门、影壁、砖雕）进行新的创造，丰富建筑物文化内涵。

4. 国旗、灯笼与认同

（1）给予与被动接受

胡同里的节日气氛很浓，尤其在国庆和春节，每个院门口都国旗飘扬，大家有组织地爱国。2011 年 O 女士在中国过春节，她说她不喜欢中国的节日，太吵了，尤其不能忍受绵延不断的爆竹声，但今年工作太多，春节她还得留在中国。

中国人过春节要挂灯笼、贴春联，喜庆地过年。O 女士对中国文化很了解，她知道这些，但不愿意花精力去做自己不喜欢的装饰。春节的前一天，她一个中国朋友到她家，建议她要有些节日的布置。她说自己喜欢黄颜色，不喜欢红色。但是，为了让她的中国朋友高兴，也为和整个节日的气氛协调，或者是说为了获得文化上的认同，她还是勉强自己挂上了红灯笼。年三十那天，她买了很多点心和巧克力分给胡同里的邻居们，收到礼物的人们认为她很和善，都表示了感谢，但并没有回礼。他们认为赠送礼物可能是 O 女士自己的文化或习惯，他们只是她习惯的被动接受者，双方平时没有什么往来，彼此甚至不知道对方的姓氏。因此，礼物不是维系关系的纽带，也用不着回礼。但如果针对自己人，他们很讲究礼节，比如，王师傅养了 300 多只鸽子，他只吃不卖，有时会送给街坊们吃。他送的时候街坊们会客气地笑纳，但过不了几天，收到他鸽子的邻居可能会买 2 斤鸡蛋，或碰到某个节日买些和这个节日相关的礼物送给王师傅，王师傅也会收下。他们不是有意地通过赠礼——回礼来维系邻里关系，但是，彼此简单的馈赠客观上起到了维持良好邻里关系的作用。

而 O 女士送礼时也没想让别人回礼，她说平时冲她微笑、和她打招呼的人她都会给礼物。她认为那些人很有礼貌，很和善，有这样的邻居住在身边让她有安全感。她挂灯笼也为了胡同里的人能够把她当自己人看，让他们觉得她懂得并接受了他们的文化。但是，让 O 女士不解的是,每户院子外都统一挂了国旗,为什么就她的院子外面没有挂。她听邻居说是居委会统一挂的,就派人去向居委会申请国旗,说她很爱中国,希望在自己的门口也挂上一面中国的国旗。居委会解释说国旗不是这一届居委会发的,挂国旗的历史大约有十年了,每个重要节日过后,国旗都有人统一保管,所以她门口没挂国旗也不是现在的居委会不给,是原来没有或者有而被人拿走了等等原因。他们建议O女士自己去买一面中国国旗挂上。O女士当然不接受这种方式,她觉得自己买国旗和居委会发一面国旗意义是不一样的。她努力将自己融入这个文化,模仿当地人的行为,依然没有得到他们的认同。

(2)回避交往

尽管O女士为了维持邻里关系做了很多的努力,除了节日里的馈赠外,平时有邻居去世,或者婚礼,她会送一束鲜花以表达一份心意,但她依然不能让邻居们把她当自己人看。公寓里关上门大家都不知道对方门里面的生活,但是,胡同的生活是透明的。O女士经常开party,有时还会请一组厨师上门为她做饭,偶尔她的门口会停一些持特殊车证的车,懂政治的北京人一看就知道是来自某部委或者某使馆的车。在邻居们眼里,O女士不但国籍和他们不一样,阶层、地位更是不一样,物以类聚,人以群分,他们对O女士敬而远之。普通邻居对待O女士有点像对待社区居住的特权阶层,只把她当作住在同一个空间下但基本没有任何关系的外乡人。而普通的胡同居民,他们对外国人已经过了观赏期,对于身边的外国邻居,居民们并不认为他们和别的邻居有什么区别。有时她的party的吵闹声会让他们不舒服,但是鉴于她一贯的表现还好,他们也就包容了她。

三、胡同的“死亡”与胡同社区的重生

(一)胡同里的国家权力与社区秩序

作为一种传统的人居环境,胡同正在以惊人的速度消失,人们在研究胡同时,常常用“消失”、“逝去”或“死”等比较消极的词语。但胡同依然存在着,尽管部分四合院杂乱,部分胡同居民生活贫困,胡同的存在

却依然是事实。与传统观念里的胡同相比,目前的胡同社区看似飘摇,或者真的“死”了,但它自身滋养起一种新的力量来维持它的生命力。

1. 胡同再生的国家保证

(1)皇城文化保护

新中国成立以后,北京开始大规模的城市建设。1953 年,北京市规划小组提出《改建与扩建北京市规划草案要点》。在随后几年提出的《北京城市建设总体规划初步方案》(1957)中,强调加快旧城区改建的速度。1962 年,城市规划 13 年总结时,指出旧城改造后,整个旧城区市政条件依然很差,不少地方水压过低,污水排不出,煤气、热力进不去。随着城内空地空院基本被占完,改建城区拆迁量越来越大,城区改建速度不可能太快(北京建设史书编辑委员会,1986:49)。1983 年 7 月,中共中央、国务院批准北京把保护文物、古迹和改建旧城作为一项重要内容列入总体规划。在 20 世纪 90 年代的总体规划中,城市性质被确定为国家“政治中心和文化中心,世界著名古都和现代国际城市”,强调了文化内涵和全方位对外开放的要求。2003 年由北京市人民政府批准公布的《北京历史文化名城保护规划》,是新中国成立以来第一部全面、完整的保护规划,从规划的基本思路上明确提出“三个层次”和“一个重点”。“三个层次”是指文物的保护、历史文化保护区的保护、历史文化名城的保护。“一个重点”是指旧城区在旧城整体格局的保护方面增加整体保护皇城的内容,增加了统一危改与旧城保护、保护传统地名、保护传统文化和商业、实施保障措施等内容。2005 年获得国务院批准的《北京城市总体规划(2004 ~ 2020 年)》中,明确提出“北京是世界著名古都和历史文化名城,应充分认识保护历史文化名城的重大历史意义和世界意义。重点保护北京市域范围内各个历史时期珍贵的文物古迹、优秀近现代建筑、历史文化保护区、旧城整体和传统风貌特色、风景名胜及其环境,继承和发扬北京优秀的历史文化传统”。①

① 北京市规划委员会:《北京城市总体规划》(2004 ~ 2020),http://www.cityup.org/case/general/20070907/32261.shtml,2010 年 9 月 8 日。

皇城保护方面,除政府规划外,近些年有大量的民间力量如“老北京胡同拍记队”“胡同民间艺术馆”等参与胡同的保护。他们热心于传统文化的保护,通过照片、文字等形式使公众了解胡同文化、保护胡同文化。

因此,胡同在空间上的存在,是国家力量对文化保护的结果。生活在胡同里的人,尽管年老、失业或无业,或因居住空间狭隘而面临一系列诸如家庭结构的断裂等问题,但整个社区依然秩序井然。那么,是什么保证了胡同居民在失业或无业状态下的生存和生活呢?

(2)福利政策的保障

除了有基本的住房保障外,胡同居民作为北京市民,都可以享受到底线保障。如在养老方面,北京市《城乡居民养老保险》规定,凡具有北京市户籍,男年满16周岁未满60周岁、女年满16周岁未满55周岁(不含在校生),未纳入行政事业单位编制管理或不符合参加基本养老保险条件的城乡居民,都可以参加城乡居民养老保险。城乡居民养老保险待遇由个人账户养老金和基础养老金两部分组成。基础养老金标准由北京市统一,基础养老金所需资金由区(县)财政负担。此外,《北京市人民政府办公厅转发市民政局市残联关于北京市市民居家养老(助残)服务(“九养”)办法的通知》(京政办发〔2009〕104号)规定,建立居家养老(助残)券服务制度和百岁老人补助医疗制度。向符合条件的老年人、残疾人发放养老(助残)券。除养老方面的保障外,北京市的最低生活保障标准也有所提高。2011年1月1日《关于调整2011年本市城乡低保标准的通知》,将城乡居民最低生活保障标准由家庭月人均430元上调为480元。另外,北京市基本实现了全民医疗保险。除城镇职工医疗保险外,亦有居民医疗保险。

除福利政策外,具有北京市户口者,可以申请大量的民间项目,如“北京市妇女创业小额担保贷款”项目、“北京青年创业小额贷款担保基金”、“北京市下岗失业人员小额贷款担保基金”等。在日常开销方面,居民也能获得一定的补偿,如2009年“煤改电”后,根据《北京居民住宅清洁能源分户自采暖补贴暂行办法》,“煤改电”用户由工作单位给予补助,每人最低可领取 900 元的采暖补贴,而低保户、失业等困难居民,无法领取单位补贴,则可以享受每度 0.2 元的政府采暖补助。另外,由于平房比较特殊,混合单位房、公房、私房等产权,暂时没有交给物业管理,所以,胡同居民不用交物业管理费。而且,胡同周围服务设施齐全,北京又是居民区和商业区不分的一个城市。大多数居民的工作单位也在城里。因此,相比住在城外的居民,胡同居民在交通费用上也省了不小的开销。

总之,因为具有北京市户口,部分老胡同居民尽管受失业、无业等方面的困扰,但通过福利政策的调节,他们的收入依然能够满足生活需求。

(3)胡同居民的文化体系

胡同居民是靠怎样的文化维持他们的生活状态的呢?老舍作品《茶馆》中的几个人物的生活其实呈现了北京人的文化。“遛鸟”,“喝茶”,“莫谈国事”,“甩闲话”,“快快升官发财”,“不被外人欺负”,“孩子们有出息,饿不着,没灾没病”,等等。现在的部分胡同居民,虽然生活在温饱线上,但在消遣方面,他们一点没比前辈落后。遛狗、遛鸟、养蛐蛐依然是他们的兴趣爱好。胡同里几乎每家都有一两种宠物,尤其以狗为盛,他们不一定养名贵的狗,只要自己喜欢,他们就养一两只,可以在遛狗的同时和邻居交流,聊闲话,谈国事。言谈之中,他们对“升官发财”充满憧憬。比如“XX 领导把后面那块地买了,才这个数(伸出几根手指),我认识 XXX,你们想买地,我托人帮你问问”。事实上,他清楚你不可能买,他自己也不可能去问问。但是,中国有几千年封建王朝的历史,北京作为几个王朝的首都,一直都是个消费性城市,在这样一个大的文化背景下,它滋养出一批人,他们一定懂得消遣,而且,能了解国事。至于疲于奔命,不是他们的文化。

另外,他们的消遣文化也能带来一定的收益。比如,三轮董在门外挂了他养的鸟、蝈蝈等,虽然他挂上去不是为了做生意,只是自己的兴趣使然,但有时胡同游的游客会看上他的鸟笼。如果他们愿意出比较高的价钱,三轮董也会将笼子卖掉。另有居民偶尔会把玩一下“古董”,有时胡同里的人们会一起研究某个居民从潘家园淘来的“物件”,这个说真,那个说假,场面十分热闹。总之,谈历史,谈政治,谈文化多数居民都很擅长。而且,他们十分懂得自得其乐。

2. 胡同运行的差序格局

可以说,北京是个移民城市。大量外地人口在北京从事批发和零售业、制造业、建筑业、住宿和餐饮业以及其他行业。流动的外地人口使北京的房租业经久不衰。从高租金的别墅、四合院到低租金的简易房的出租生意,基本都由各种外地人口支撑。这一行业养活了靠房租生活的人。

如果说外国人住进胡同是为了体验胡同里浓郁的中国文化,那外地人住进胡同首先是因为在胡同生活成本低,房租相对低,工作便利。在大杂院租一间10平方米左右的房子,月租600~800块钱;大一点的能住得下一家人,房租约1000块钱。住在胡同的外地人多数就在本社区或社区附近工作。开小饭馆、卖菜、卖水果、收废品、干保洁或保姆等,总之,他们的生计就在胡同。他们干了皇城根的人不会问津的脏活、累活、差活,挣了皇城根人想挣但又不情愿挣的钱。

(1)胡同里外地人的生活

①地缘对外地人的重要性

外地人来北京打工,首先找老乡,没老乡的找工地;年轻的去饭店做服务员,去商场做售货员;年龄大的做清洁工。在作者调查的社区居住的外地人所从事的工作有地域差异。做买卖的,如卖水果、卖菜,开小店等外地人多来自河北;做清洁工、小时工的多来自安徽。做手艺活的如裁缝、修鞋匠等多来自四川。住在一起的老乡们经常互相介绍工作,介绍经商的机会。比如一家卖菜的小商店旁边又开发出一间店面,卖菜的凭借他对市场的观察觉得那个店面可以经营早点,就会通知他有这方面打算的老乡租下那家店面。两个老乡在一起,可以互相照应。

作者调查的LZK胡同口原有两家卖菜的摊位,一家由河北人经营;另一家先是由山东人经营,后来又由一个安徽人经营,都先后倒闭。菜的来源一样、价钱一样,但生意有好有坏。原因是附近的几家小饭店都是河北人开的,他们都买自己老乡的菜。挨着菜摊开小卖店的、卖凉皮的也都是河北人，自觉不自觉的他们已经形成一个消费链。重要的是，胡同里的北京居民，有很多人祖籍就是河北，他们对河北人的认可度自然要高于对其他省份的外地人的认可度，卖菜时也会经常光顾河北人的摊位。这样，在卖菜这个市场的竞争中，河北商贩就胜出了，另一家卖菜的地方现在成了一个小建材商店。

地缘除了在商贩们中间有很重要的作用外，在服务业市场也很重要。比如，安徽人做保洁、保姆工作的很多。整个社区的厕所保洁工作几乎都由安徽人来承担的，一旦保洁的位置上出现空缺，他们会马上通知自己正在找工作的老乡来做。

> 案例 11：笔者认识一个安徽阿姨，她做小时工已经 5 年多，现在每小时最低收入 15 块钱，有许多老雇主经常找她，最高的每小时出价 25 块钱。她的时间表每天都排得很满。她没时间做的工作就介绍给她的老乡。她有几个固定的雇主，忙不开时会和雇主打招呼让她的老乡去顶替她一天。她从来不担心失业，她的丈夫曾有过短暂的失业，但马上又被老乡介绍去做别的工作。他们彼此介绍工作都不求回报，这次你给他介绍，你没工作时，就有人给你介绍了。他们中间有谁回老家带来家乡的特产，也会互相分一分。所以他们经常可以吃到家乡的味道。[①]

地缘关系将这些在北京的外地人紧密地捆绑在一起，使他们获得了在城市的缝隙中生存的机会。

②收入的保障：时间和体力

外出谋生，不管是做小时工还是做小生意，赚钱主要靠两点，一是长时间的工作，二是要有好身体。虽然《社会保险法》和《劳动法》都规定了劳动者的权利，但有法不依法相当于一纸空文。由于外出打工或料理生意，他们中很多人甚至没有参加当地的农村合作医疗，原因之一是相信自己身体还不错，二是即使有病，他们也不会回家去治，所

① 来自笔者对安徽阿姨的访谈。

以如果不是村里出钱统一让他们加入保险,他们就不会加入。另外,他们常年在外,村里如果没有亲人通知缴纳保险费的时间,他们有时就错过了。而在北京由于工作不固定,他们几乎没有任何保险。所以,对他们来说,挣钱、存钱就是最大的保险。

案例12:Z某和丈夫都从河北来北京打工,在胡同口租了一间小店卖菜。有两个孩子,女儿在老家上中学,儿子跟着他们住在北京,在附近学校上小学。Z某家有一辆小面包车,用来拉菜,有时也帮别人拉货。丈夫早晨4点起床到新发地批发蔬菜,七点左右回来,将菜价报给Z某后回家睡觉,下午4点出去替Z某的班。Z某回家给孩子做饭,然后到美术馆后街给一个老人做饭,打扫卫生,去一次20块钱。回来后继续守着摊位,因为附近的饭店、麻辣烫摊位随时会买一点菜,他们通常晚上10点钟才收摊。Z某和丈夫每天至少工作15小时。挨着Z某的小超市,每晚2点才关门,早晨6点又开始营业。[①]

Z某说她有很多老乡都是卖菜的,有的在公寓式的小区,但无论在哪儿卖菜,辛苦几乎都一样,收入也差不多。对他们来说,最大的花销就是租房、门市或摊位。一般为了方便,在哪卖菜他们就住在哪了。如果在小区卖,就得租楼房。即便跟老乡合租,一个月最少也得1200元左右。为省钱,他们就住地下室,而现在地下室也涨价,条件又不好。所以有人就选择到平房区租平房住。但那样就不方便了,不但路上浪费时间,还没法做饭。Z某在胡同里卖菜,房租不算贵,居住条件比地下室要好,还方便。所以,在能承受得起店铺租金的情况下,Z某会一直在这个胡同卖菜。

外地人在胡同里生活,除了需要长时间工作外,更重要的是卖力气,他们做的基本是体力活。有些人几乎从不给自己留休息的时间,

① 案例由笔者走访而来。

像陀螺一样到处打工。胡同里的外地人通过榨取自己的时间和体力在胡同里谋生,而低收入的胡同居民并不屑于这种工作,有工作能力的低保对象对这类工作也不会问津。

(2)外地人和胡同居民的关系

讲到关系,免不了亲疏远近。亲疏远近的客体,就是每个个体。这里将胡同里的人分类,然后再研究他们的关系。胡同里的居民可分为两大类,一类是北京人,另一类是外地人。外地人又分几类,一类是20世纪90年代初就来到胡同的老外地人,另一类是2000年以后来胡同的新外地人。这些新外地人又分为两类:一类在胡同从事体力劳动,如清洁工或者做小生意的外地人,作者称他们为蓝领外地人;另一类类似于"蚁族",胡同并不像唐家岭、肖家河等,作者将他们称为"散蚁"。胡同里的老北京人和这些人关系的远近都是不一样的。

①老外地人和胡同居民

胡同里有少数外地人90年代开始就来胡同生活了,如修鞋的拐子、卖水果的老王、工人刘头、给公司看门的老骆夫妇等。他们都是20世纪90年代从河北或东北来的。彼时的北京在经济维度上正在发生重要变化,一是以产业结构升级为标志的经济结构的变化,二是经济制度的转型。大量现胡同居民在经济转型的过程中下岗,尤其是特殊群体"老三届"。下岗后部分人开始做生意,或做起了出租车司机。有的人做生意后就叫一个自己在外地的亲戚或下乡时的乡亲帮忙,而外地人也愿意在权力和资源集中的北京尝试一下。如今作为老外地人,虽然他们说话还不能算北京腔,但"儿"化音和"他妈的"他们运用自如,真正的老北京人却认为,"他妈的"其实是移民带来的话,北京人不说脏话的。

案例13:推三轮车卖水果的老王,河北人,80年代末就来北京了,刚来北京就和人合伙做小买卖,最辉煌时在王府井开过水果店。刚开始也挣了一些钱。他来北京后就住在JX社区,和北京人打交道,后来把老婆孩子都接过来,真准备在北京安家落户了。他说1992年家人都来了,想买房子,那时胡同里的房子一间

> 5000块,能买得起了,但是买了房子就没了做生意的本钱,心想多赚点钱以后再买。哪能想到房子涨价那么快,20年后,当初5000块的房子现在50万元了。2000年以后生意不好做了,和他一起做生意的北京人都回家了,他也跟着临时休息,寻求机会,但依然在胡同租房住。过了2年,老王待不住了,没有房子,孩子上大学要花钱,老婆也没有工作,关键是坐在家里的北京哥们有的有低保,有的已经开始领退休工资了。他作为一个外地人,没有这些福利,也没有保险,为生活所迫,他开始推三轮车卖水果。他的水果摊旁经常会聚几个北京人一起聊天。①

老王卖水果,不短斤少两,哪种水果不好卖,但正好有人买,他还给送点,老王的水果不会因为卖不了而坏掉。人们愿意照顾老王的生意,部分原因是他人好,也能聊。还有个原因是他和这些胡同人有过共同的经历,他们都是下海一番折腾后被海浪推到岸上的人。他和北京人对下海的认知是一样的。他们说,最后发现普通人下海也干不了什么,没经过商,不具备经商头脑或经验,也没靠山。都说早期下海的挣钱,最后你看看什么人挣钱,不是普通人,走“黑路”的人挣钱,有背景的挣钱。普通人挣点辛苦钱。老王现在又回到挣辛苦钱的路上,他的北京伙伴因为有保障而不用像他一样辛苦。

总之,像老王这样的人,他们在胡同生活久了之后对胡同有了生存和人际上的依赖,几乎不考虑择他地而居。又比如修鞋的拐子,他搬过三次家,但都在胡同,胡同里的人修鞋基本都找他。另外,在年龄上,他们又和现在留在胡同的北京人几乎是同时代的人,有过共同的经历,所以他们彼此基本上都能够接受对方。但对新外地人,胡同人还是排斥的。

②新外地人和胡同居民

就胡同而言,胡同人没有将早期来的外地人当外人,但他们并不

① 来自对老王的采访。

接纳新外地人,可在生活上,他们又依赖于这些新外地人。由于服务和被服务的关系,北京人和蓝领外地人之间的互动比与其他外地群体的互动更为频繁。

案例 14:一个小时工阿姨马某,她在胡同里和胡同附近给 6 家做小时工,她的信息极为广泛。比如,她每周去一次黄某家,黄某开一个网店,卖玉器;她在另一家做工时,听到那家女主人想买玉坠,就主动帮她从黄某那里要来一个宣传单,帮助促成生意。又去另一家做事时,另一家说需要买盆花,马某帮助联系和她住一个院、做室内花卉养护的邻居。后来,人们慢慢觉得生活上离不了马某,除了工作之外,她在做免费的中介服务,让大家都方便。①

但胡同人和蓝领们的冲突还是存在的。比如,一个清扫厕所的安徽阿姨慢慢发现总有个别居民故意弄脏厕所,有一次她建议一个上厕所的北京人不要将纸乱扔到便池外面,那个北京人不但不听建议,还骂她不知好歹,北京人不提供给她工作机会她得饿死。安徽阿姨也不示弱,说她是北京人有什么了不起,没有外地人她得臭死、脏死。唇枪舌剑,难分胜负。

在胡同工作的外地人说,北京人太有优越感。分明住一个院,他看你过来会故意把头调过去不和你说话。包括居委会的人,人口普查前居委会有人口普查动员大会,在一小块空地上举行,中间还安排了一些游戏。参与的人都有奖品,他们肯定挑好的给本地人。奥运会的时候,有时组织参观奥林匹克公园,也都是本地人去。总之,有什么好事都是本地人优先。我们也不争这个,但是,我们也是凭力气干活,凭本事挣钱,吃穿用和他们一样,他们不也是一家在个小房子里挤着吗? 就因为有个户口就看不起

① 来自笔者对马阿姨的访谈。

人?那我们也不羡慕,我们还看不起他们好吃懒做,装病骗低保。①

总之,因为户籍制度而产生的福利差异,让胡同里的这些外地人感到不平衡。虽然他们并未从事高收入的职业,但他们对部分胡同居民的不劳而获充满反感。而部分北京人以自己是皇城根人自居,觉得这些蓝领外地人低人一等。人总是通过社会比较来认识自我(戴维·G. 迈尔斯,2006:31),北京人的强烈的皇城根人的意识可能也是通过和外地人的对比得到了强化。

③胡同居民与"散蚁"

《蚁族》一经出版,反响强烈。书中将"蚁族"定义为大学毕业生低收入聚居群体。因为这个群体和蚂蚁有许多相类似的特点:高智、弱小、群居(廉思,2009)。生活在胡同的另一类新外地人,作者在上文中称他们为"散蚁",除不群居外,其他特点和蚁族相同。他们多数出于工作原因而选择胡同,更重要的是胡同里的简易房相比胡同的位置性价比较高。虽然住在胡同,但他们几乎不与胡同居民或周围的其他外地人发生任何联系。平时忙于工作,周末除睡觉外,他们或宅在屋里上网、看电视,或与工作中的朋友、同学交往,唯一和他们发生互动关系的是房东,而且仅局限于收缴房租、房屋漏雨等直接与房子相关的事务。他们是最不被胡同居民认可的外地人。

而接受过高等教育的年轻人也不买北京人的账。他们认为当地人只是地域优势的受益者,自己并没有做任何努力。他们因为懒惰或者没有能力才不能离开胡同。这些年轻人住进胡同就以一个外人的身份进来,他们并不打算与当地人相处、走进当地人的世界。他们与房东进行简单的交易行为,交易终止,关系即结束,现代社会的个体化、关系的临时化,显现得淋漓尽致。

④成为"北京人"的外地人

作者在之前关于胡同居民的生活中提到,胡同居民因居住空间拥挤、职业不稳定、收入低等客观因素而造成单身或离婚率高。而与此同

① 根据对胡同外地工作者的访谈整理而成。

时，一个群体慢慢走进了胡同居民的家庭，他们就是嫁给胡同居民的外地人。虽然用种族通婚的观点去解释他们这种婚姻现象会比较牵强，但外地人和本地人的婚姻亦存在一种交换关系。

> 案例15：在商场工作的赵某，丈夫是一个公交车司机，收入并不及她。结婚8年了，赵某的户籍依然没有转到北京，但是，他们的女儿是北京户口。目前，配偶转北京户口的政策是结婚满十年、年龄达到45岁，要两个条件同时满足才可以申请到北京户口。赵某觉得自己能申请到更好，申请不到暂时也无所谓，至少孩子上学不会因户口问题而被耽误。胡同里嫁作北京人的还有没有工作的牛某等，牛某以前在胡同里租房子，没有固定的工作，她以“第三者”身份进入了一个普通北京人的家庭，丈夫大她12岁，有孩子。[①]

像这样嫁入胡同的外地人并不少，她们通常比丈夫年轻，也有自己的收入，嫁北京人的部分原因是用婚姻改变自己的身份，至少是下一代的身份。如果可以用婚姻交换理论解释的话，即外地较独立的女性用自己的经济和性别资本换取胡同居民的身份资本。而胡同里的北京男性，除户口之外，别的社会资本并不充足，户口这个资本对于北京女性并没有吸引力，因此局限了他们选择配偶的范围。他们的外地妻子在能力方面不比他们差，与她们结婚并不会给自己或家庭带来压力。于是，在胡同里就出现这样的婚姻现象，底层社会的男性娶经济相对独立的外地女性。

(3)外地人和胡同居民的关系分析

在社会学领域提到“关系”一词，必然要与费孝通先生相联系。他最早将关系初步概念化，提出差序格局的概念（费孝通，2006：24～30）。他认为中国人人际交往模式有“自我中心主义”的特色；以自己为中心，把与自己交往的他人按亲疏远近分为几个同心圆圈，与自己

---

① 案例来自对赵某的访谈。

越亲近的，在与中心越贴近的小圆圈内。而差序格局是指我们以不同的交往法则来对待属于不同圈层的人，跟中心越接近的，对他们越好。他在这里首次把人际关系与人际交往联系在一起，提出中国人在人际交往中，对不同关系的人适用不同的交往法则的“特殊主义”以及“个别主义”特色（杨中芳，2001/12）。费先生在讨论亲疏远近是怎么区分的时候，指出人际关系中最简单的分类是将最接近自己的一圈人叫作“自家人”。其他人属于外人。这种说法很贴切，可以恰如其分地用来分析胡同本地人、外地人的人际关系。

在胡同里，老外地人与胡同居民之间的关系基本形成一种交往性自己人的关系。而蓝领外地人的社会圈子的扩大和个人在关系经营上的主观努力有关。首先他们通过地缘关系来到胡同，与同乡、同行建立起良好的社会关系，维持往来，在失业或遇到困难时互相帮助。而他们与当地人的关系既不是先赋性的，也不是交往性互助，而是一种功利性互助（无情可言，各取所需）。但这些交往的最终结果是一样的，都转化成了可支配的社会资源。就像部分蓝领外地人说的，他们不担心失业。

而另一群体，胡同里的“散蚁”和老外地人、蓝领外地都不一样，他们大多数一个人漂在北京。他们求职往往依赖个人能力和简历，愿意从事的工作通常不会因为老乡介绍而得到，有些较初级的服务或销售工作如果他们愿意做，不用介绍亦可以获得。当他们发现周围和自己没有太多关系时，更愿意待在家里和虚拟的网络或以前的老朋友取得联系，这也是城市生活非人格化的特征之一。

（二）胡同之“死”

人类学或社会人类学田野研究的基调，是现代化对传统社区的冲击，以及社区的变迁研究。这种研究，实质上是社区死亡学。社区变迁或社区死亡的路径和方式有很大的差异。但是传统社会的衰落乃至消亡是不可避免的，人类学对原始部落的观察本身就是一种文化入侵。北京胡同社区是一种非常特殊的社区，它既非传统又非现代，是转型中的社区。它还承载着传统社区的神话，而社会变迁却给它打上了深深的烙印。

在北京的胡同社区，普通居民越来越改变不了他们所赖以生活的物质文化，他们在对物质文化无能为力的时候，精神文化也日益分崩离析。这种状态下，社区已非原来的社区，它只是原有居民在固有的物质空间下青苔附石般的残存，剧烈的城市化的力量已将它几近吞噬。社区在以不同的方式“死亡”，胡同社区的“死”，虽不是物质文化的彻底消亡，但是精神文化已消失殆尽。

对于一个社区存在的要素，学界的认识几乎是一致的，区域、人、社会互动和社区认同等（丁元竹，2008/4）。胡同作为地理空间，虽然在区域上因位置的特殊性而受到保护，但胡同人口结构老龄化严重；未婚、离婚比例高导致家庭继替无以维系；空间压力亦使家庭矛盾上升，从而导致部分家庭纽带断裂，社区的要素之一“人”，变得越来越少，而越来越需要借助于第三方的社会交往打破社区原本的互动模式。社区人口混杂及其财富、地位的差异降低了胡同居民之间的认同。因此，胡同作为空间可能会继续存在，但是，作为一个社会实体，它已消耗殆尽，走向尽头。陈长平在研究“逝去的四合院”时写道，早在推土机到来之前，传统意义上的四合院文化已经消失了，盖满仓房的“大杂院”，早已只有四合而无“院儿”了（陈长平，2000）。四合院的空间格局和文化秩序都变了，传统的胡同文化亦要发生改变。如果认为这种文化上的消失和被替代也是社区死亡的一种方式的话，那么，目前起码在经历两种不同的死亡：一是空间上的消失；一是社区居民的衰退和被替代。

1. 空间的消失

北京有 3000 多年建城史、850 余年建都史，几经朝代兴亡和城垣变迁。元代时北京有“384 火巷，29 通”之说，即街巷胡同共有 413 条。从明到清，北京内城的街巷胡同基本得到了承续，外城的街巷胡同则有较大的变化和发展（尔泗，1981：45）。

2011 年 3 月，北京市著名的胡同之一南锣鼓巷的一部分因修建地铁而拆迁。南锣鼓巷这个保持了传统的胡同结构和大量传统四合院，被誉为北京旧城内保存最完整的，四合院最集中的地区之一，元大都遗留至今的城市形态片段的活化石，其“鱼骨式”格局也变样了，机器轰鸣中，胡同在消亡。但是，即使不因为城市规划，任何一种建筑的存在，都有它的物理寿命。也就是说，任何一种物理存在，都可能会消亡，但保护可以留住其物质以外的东西，而北京胡同在保护方面，物质、精神几乎一概不留。城市规划学家周干峙先生曾说，我们一边在破坏文化遗迹，一边又在建“假古董”，建了一堆非驴非马、非古非今的东西，这是城市建设中的形式主义（曹家骧，2010）。

2. 老居民的衰退和迁徙

就作者调查的胡同而言，在它作为一种物质文化消亡的同时，生活于其中的居民也在衰退。现在胡同里生活着几类人，分别是：①特殊阶层；②海外人士；③胡同新贵；④老胡同居民；⑤低收入白领及蓝领人士（外地人）。这些人的家庭和经济状况受他们的职业和年龄的约束严重。年轻的外地人或因有较高的学历，或因具备体力而获得能够在城市维持生活的工作，成为低收入白领或蓝领人士，因工作方便或房租低廉，他们寄居在胡同里。特殊阶层因为具有权力和地位而入住胡同，成为胡同里的特殊居民。高收入的海外人士因具备经济上的资源而有能力在胡同里生活，享受所谓真正的北京四合院文化；胡同新贵亦是因权力或经济实力等成为胡同里新崛起的阶层。老胡同居民则因职业、教育和文化等方面的影响，在走下坡路。

而胡同居民北京人的身份和他们有限的房产与胡同里的有闲阶级相比，是微不足道的。他们在权力、财富、地位等方面与有闲阶级都没有可比性。在经济方面，有闲阶级并不依赖于普通的胡同居民，他们虽然在同一区域，但属于两个世界。胡同居民的身份和房产只能满足他们最基本的生存需求，事实上，在整个分化的过程中，胡同居民已经被边缘化。

普通胡同居民因工作的区隔而成为社会底层。教育、培训的缺失以及阶层分化本身的封闭性，使他们几乎丧失了向上流动的机会，而成为无业、失业、半失业者。社会的变迁使他们曾经很重要的资本，如工人阶级的身份等失去了意义。他们无特殊专业技能，由体制内流向体制外，而在体制外，他们也缺乏如财富等能够使他们转型的资本。所以，胡同居民在几十年的社会变迁中，在不断向下流动。而目前的胡同，也在成为一个生活标准相对低下的人口汇集的社会空间。就是说，胡同正逐渐成为贫民化的社区。而胡同居民原本具有的诸如身份等级、房屋等资本，亦在社会变迁中显示出了不确定性。胡同的秩序在根据财富、权力和技术重新洗牌。老北京居民在这个过程中，连同它的文化在一起走向暮年。

3. 移民的替代

从全球来看，移民的确会对地方社会带来影响。移民数量大，整合程度强，具有流动性和灵活性。移民可能会影响地方社会的文化协调性和稳定性。移民的进程就是文化变迁的过程（Laura Tabil，2011）。

以胡同为例，外国人、外地人的旅游对胡同带来的冲击较小，外国人入住胡同对胡同的文化影响也不大。外国人只是享受一种与自己想象中的中国文化相匹配的环境，而并不在小范围内与当地人产生生存或文化上的竞争。他们并不会想去用自己的观念或行为影响当地人。一些外地的胡同贵族也不会对胡同文化带来太大的影响，因为他们并不与胡同居民产生互动，他们与胡同居民只是互相观察的对象。真正给胡同带来冲击的是胡同里低收入的白领和蓝领外地人，他们数量大，与胡同居民密切接触，甚至产生婚姻关系，在文化上相互影响。既有数量上的替代、经济上的依赖，又有文化上的冲突和融合。胡同里，本地人人口老龄化，单身人口多，生育率低；而外地人在不断地涌入，人数不断增加，他们年轻，生育率高，为了生存在不断进取，除了对地域政治的参与较少外，他们在文化上与当地人融合，在角色上替代。也就是说，现存的胡同文化已经不完全是北京人的文化，而且按照目前的状况看，胡同的存在和保留可能更多地起到建筑文化保留的作用，移民在替代当地的人口和文化。

（三）胡同社区重生

传统社区的死亡或转型是社区的宿命，面对这种死亡的状况，我们或许需要创立社区再生学，来探索社区的重生之道。事实上，学界研究社区重建的脚步从来没有停止过。西方社会学强调社区再生(Community Regeneration),主要关注良好环境下发展可持续的社区,提供优质的住房、平等的机会和满足居民的需求。

1. 城市社区再生探索的价值

“城市再生”(Urban Regeneration)是欧美及日本许多已进入后工业化社会的城市,面对经济结构调整造成城市经济不景气、城市人口持续减少的困境,为了重振城市活力,恢复城市在国家或区域社会经济发展中的牵引作用而提出来的。“再生”一词有对损失或毁坏的事物进行修复或再造的意思。

关于城市的重建,黑川纪章将建筑和城市看作在时间和空间上都开放的系统,如生命组织一样;强调过去、现在和将来的历时共时性,以及不同文化的共时性;复苏现代建筑中被丢失或被忽略的要素,如历史传统、地方风格和场所性质;重视关系胜过重视实体本身。黑川纪章20世纪70年代以前的“新陈代谢”思想认为城市和建筑不是静止的,而是像生物新陈代谢那样处于动态过程中(Kisho Kurokawa, 2005)。就我国而言,新中国成立以后开始大规模的城市更新改造。改造的类型有城市老工业区改造,城中村改造,大城市的“去工业化”与“第三产业化”,郊区化与“绅士化”,城市社区建设与就业、城市历史文化保护和利用以及城市再生的法制建设、规划和管理。碰到的问题如:城市开发区过度发展,土地闲置;开发改造规模过大,城市历史文化保护不如人意;城市景观特色丧失;高层建筑盲目发展,城市中心区容量过高;传统社区解体,文化多样性丧失;房地产开发监控不力,拆迁引起的市民利益损失;过密开发和工厂迁移不当造成新的交通和环境问题等。

而“城市空间持续再生”就是对现状或过去的保存及复原,它强调在正确把握未来变化的基础上,更新城市功能,改善城市人居环境。从目的上看,它寻求某一亟须改变的城市空间的经济、物质、社会和环境条件的持续改善;另外,它可以被视为一项旨在解决城市问题的综合、整体的城市开发计划与活动。

上文谈及了北京菊儿胡同的改造案例,它的住宅楼设计参照了老北京四合院的格局又吸收了公寓式住宅楼的私密性的优点，整个布局错落有致。功能完善、设施齐备的单元式公寓组成的“基本院落”，是新四合院体系的要素。在保证私密性的同时利用连接体和小跨院，与传统四合院形成群体，保留了中国传统住宅重视邻里情谊的精神内核。用二、三层的单元楼来围绕原有树木作为庭院形成“类四合院”。胡同中的树木尽量保留，原有的每一棵老树不但受到精心呵护，而且在设计中占有一席之地，再结合新增的绿化等，新的院落构成了良好的“户外公共客厅”，很有趣味。

菊儿胡同的改造属于胡同社区的保护性再生，改造后的菊儿胡同新四合院，每家使用面积分别为45、70、90平方米，让中等收入的家庭也能买得起住得起。改造后人均住房面积已达到10多平方米。关键是，胡同的改造使居民得以留在胡同，而且生活空间得到了优化。这样的方式，有利于居民“集体记忆”的留守，也增加了居民的归属感，是对建筑文化本身及其居民保护的典范案例。

2. 胡同保护性再生的建议

目前，生活在胡同的居民异质性强，普遍收入较低。保护胡同的建筑文化和生活文化，首先要保护居民的生存利益。在社区改造中，正如朱晓阳说的，首先是要建构包括穷人和其他社区成员在内的共同体，使穷人在社区中感到是一个社区的成员，有安全感。目前胡同已经逐渐被贴上“贫民窟”的符号，假设贫民窟真的与传统保护画了等号，那么保护的意义是需要质疑的。因此，要消解这个符号、改变胡同社区的现状，需要进行社区的整合和发展。具体措施方面，可以考虑：

（1）动员企业和民间力量对胡同进行保护。目前的胡同维护工程，似乎缺乏经济性，但旧城整体保护为北京带来的潜在收益和文化意义会非常可观。由于大多数胡同位于房地产开发公司聚焦的中心地带，而且，目前不少胡同社区事实上也在开发中，因此，不妨在让开发房地产业的公司在受益于北京发展的同时承担维护北京老城的义务。当然，这样做的前提是政府需要有完整的关于旧城保护的规划。英国的1英镑城堡也是可以参考的形式。

（2）欧洲古城之所以在不改变历史面貌的情况下做到公共交通

基本通畅,其典型的做法是规划建造新城,老城重点职能被定为服务、旅游、行政管理三大块,从而减缓老城的人员流动压力,以罗马为典型。类似的方案梁思成在新中国成立后曾经提出,遗憾的是没有得到采纳。现在旧城人口压力大,交通拥堵。缓解这种压力,还是要开发新城。

(3)世界名城佛罗伦萨是一座保存完好的古城,它一方面吸引了世界各地的游客纷沓而至,另一方面也造成了对古城环境的压力甚至破坏。为此,尽管旅游业已经为这座城市的经济发展带来了巨大效益,但该市还是实施了收取进城费的规定。而目前的北京的胡同游,事实上受益者最主要的是旅游公司,胡同居民并没有从中受益。政府可以考虑,保护性开发胡同旅游。也有学者提出将胡同人口整体移民,单纯保护胡同建筑,开发胡同旅游。但是,这种方案得不到胡同居民的认可,没有了人的胡同也就失去了胡同的社会和文化意义。胡同居民是胡同的主人,保护或开发,首先要以人为本。

(4)唤起民间对胡同文化保护的重视,目前,有一些个人和团体在为北京胡同文化的保护奔走,这部分力量政府应该支持,并与他们合作,真正做到保护胡同文化。

结　语

“对一个有悠久文化历史的城市面貌你千万不要动脑筋去改变它,因为历史是不能改变的。这样的城市是一个博物馆,展品就是城市的古建筑群,扔掉这些展品换上现代人的东西,这个博物馆就不存在了,如果事后后悔了再仿造这些展品重新摆出来,博物馆仍然是不存在的,因为没有多少人愿意去看一个赝品博物馆”,一位德国教师第二次游览北京后这样感慨。他看到的北京,赝品多于真品。胡同作为城市这个博物馆的一部分,正在衰落、消失。

“胡同是很奢侈的,不说钱,单说北京2000多万人口,这样一个利用土地的方式,本身就是一种奢侈行为。但是,不保留不行,人们去希腊,去罗马,去看几块几千年前的石头,就因为那是与众不同的文化。美国没有古迹,还要从欧洲买过去。

历史的东西，不能全部丢掉，怎么保留，是大问题”，一位久居胡同90高龄的老人这样说。

令人欣慰的是北京市决定从2008年到2015年实施《北京市文物修缮保护利用中长期规划》，目标是围绕着北京名城保护、环境整治、北京古都风貌的恢复，开展文物修缮工作，通过中长期保护规划的维修，使北京皇城、内城，和历史名城核心区域的文物建筑都能恢复到历史最好水平，使北京（历史）名城内的历史建筑基本上能够展示原有的风貌。按照规划，从2008年起，北京市政府每年投入1.5亿元人民币，对全市文物建筑采取消减安全隐患、整治文物环境、进行日常保护维修等各方面的措施。

规划方案表示要对北京旧城里面大面积的四合院胡同进行保护和维修。通过环境整治、四合院的维修，使反映老北京最有特色的传统的四合院、胡同能够展示历史的原貌，这个方案给我们带来希望。相信在保护、整治和更合理的规划下，胡同可以尽展夕阳之美。

参考文献

［美］安德鲁·J. 杜布林. 2010. 心理学与人际关系［M］. 王佳艺，译. 北京：中国人民大学出版社.

［韩］崔敬昊. 2005. 北京胡同变迁与旅游开发［M］. 北京：民族出版社.

［美］戴维·G. 迈尔斯. 2006. 他人即地狱：人际冲突的源起与化解［M］. 张智勇，等，译. 北京：人民邮电出版社.

［澳］约翰·特纳. 2011. 自我归类论［M］. 杨宜春，等，译. 北京：中国人民大学出版社.

北京建设史书编辑委员会. 1986. 建国以来的北京城市建设［M］. 北京：北京印刷二厂.

北京人的生活节奏变快了［N］. 1984. 文汇报.

北京市统计局. 1990. 北京四十年——社会经济统计资料［M］. 北京：中国统计出版社.

曹家骧. 2010. 记忆中的四合院：老北京民居如今陷入怪圈［N］. 文汇报.

陈长平. 2000. 逝去的四合院——某单位宿舍院社会文化变迁的空间分析［D］. 北京：中央民族大学.

陈明远. 2003. 20年代北京人的生活水平［J］. 民间拾遗(4).

丁元竹.2008. 理解社区[J]. 中国农业大学学报(社会科学版)(4).

尔泗.1981. 北京胡同丛谈[M]. 北京:北京社会科学院.

费孝通.2002. 对上海社区建设的一点思考[N]. 文汇报.

——.2006. 乡土中国　生育制度[M]. 北京:北京大学出版社.

姜德明.1992. 北京乎[M]. 北京:生活·读书·新知三联书店.

侯仁之.2009. 北京城的生命印记[M]. 北京:生活·读书·新知三联书店.

黄平.1997. 寻求生存:当代中国农村外出人口的社会学研究[M]. 昆明:云南人民出版社.

蓝宇蕴.2005. 都市里的村庄:一个"新村社共同体"的实地研究[M]. 北京:生活·读书·新知三联书店.

李春玲.2005. 断裂与碎片:当代中国社会阶层分化实证分析[M]. 北京:社会科学文献出版社.

李景汉.1925. 北京人力车夫现状的调查[J]. 社会学杂志(4).

李培林、李强、孙立平.2005. 中国社会分层[M]. 北京:社会科学文献出版社.

李毅.2005. 中国社会分层的结构与演变[M]. 陈蕾,李毅,译. 美国:美国大学出版社.

廉思.2009. 蚁族——大学毕业生聚居村实录[M]. 广西:广西师范大学出版社.

梁思成.1984. 都市计划的无比杰作,载于梁思成文集(四)[M]. 北京:建工出版社.

林南.2005. 社会资本——关于社会结构与行动的理论[M]. 上海:上海人民出版社.

林语堂.1992. 迷人的北平[M]. 北京:生活·读书·新知三联书店.

刘汉阳.2007. 人力车夫与五四运动[J]. 广闻博览(5).

陆学艺.2001. 内发的村庄[M]. 北京:社会科学文献出版社.

——.2002. 当代中国社会阶层研究报告[M]. 北京:社会科学文献出版社.

吕斌.2010."城市病"是城市发展必须要付出的代价[N]. 周末.

秦晖.2000. 共同体·社会·大共同体——评滕尼斯"共同体与社会"[J]. 书屋(2).

邱泽奇.2004. 当代中国社会分层状况的变迁[M]. 河北:河北大学出版社.

施卫良,等.2008. 北京旧城胡同实录[M]. 北京:中国建筑工业出版社.

孙健.2008. 菊儿胡同住区模式研究[D]. 湖南:湖南大学.

孙立平.2006. 警惕上层寡头化、下层民粹化[J]. 中国与世界观察(3).

——.2009. 中国社会结构的变迁及其分析模式的转换[J]. 南京社会科学(5).

谭烈飞.2002. 解放后北京城市住宅的规划与建设[J]. 当代中国史研究(6).

王春光.1995. 社会流动与社会重组——京城浙江村的研究[M]. 浙江:浙江人民出版社.

王汉生.1997. 中国农民进入城市的一种方式[J]. 社会学研究(1).

王铭铭.1997. 村落视野中的文化与权力:闽南三村五论[M]. 北京:生活·读书·新知三联书店.

王震宇.1995. 北京人的生活状况[N]. 中国妇女报.

许学强,周一星,宁越敏.2004. 城市地理学[M]. 上海:高等教育出版社.

杨中芳. 2001. 人际关系与人际情感的构念化[J]. 本土心理学研究(12).

于建嵘. 2001. 岳村政治[M]. 北京:商务印书馆.

张捷,南香红. 2003. 焦虑的四合院[N]. 南方周末.

张清常. 1993. 释胡同,载于张清常语言学论文集[M]. 北京:商务印书馆.

折晓叶. 1996. 村庄边界的多元化,经济边界开放与社会边界封闭的冲突与共生[J]. 中国社会科学(3).

——. 1997. 村庄的再造——一个"超级村庄"的社会变迁[M]. 北京:中国社会科学出版社.

周大鸣. 2001. 城乡结合部社区的研究——广州南京村50年的变迁[J]. 社会学研究(4).

朱明德. 2005. 北京城区角落调查[M]. 北京:社会科学文献出版社.

朱维毅. 2002. 欧洲的古迹与北京的胡同[J]. 中国青年报,11月4日.

朱晓阳. 2004. 皇帝的新战略:从"不可能完成的使命"到管理穷人——反贫困再思考(二)[J]. 社会学研究(2).

Amos. H. Hawley. 1957. Social Area Analysis: A Critical Appraisal. *Land Economics* (4).

Bourdieu P. 1984. *Distinction: A Social Critique of the Judgment of Taste*. London; New York: Routledge.

Ley David. 1983. *A Social Geography of the City*. New York: Harper Collins College Div.

Davis Kingsley and Moore Wilbert E. 1998. *Some Principles of Stratification*. New York: Rowman and Little Field Publisher.

Feifer M. 1985. *Going Places: Tourism in History*. New York: Stein & Day.

Greenwood. D. 1977. *Culture by the Pound: an Anthropological Perspective on Tourism as Cultural Commoditization*, in V. Smith (ed.), *Hosts and Guests*. Philadelphia: University of Pennsylvania Press.

Kisho Kurokawa. 2005. *Metabolism and Symbiosis*. Berlin: Jovis.

Laura Tabili. 2001. *Global Migrants, Local Culture: Natives and Newcomers in Provincial England*, 1841 – 1939. London: Palgrave Macmillan.

MacCannell D. 1989. *The Tourist: A New Theory of the Leisure Class*, Rev. Edition, New York: Schocken.

MacCannell D. 1984. Reconstructed Ethnicity: Tourism and Cultural Identity in Third Communities. *Annals of Tourism Research*(11).

Walter B, Miller. 1958. Lower Class Culture as a Generating Milieu of Gang Delinquency. *Journal of Social Issues*(14).

Gilroy. Paul. 1997. *Diaspora and the Detours of Identity*. London: Sage Publications.

Marcuse Peter and Ronald van Kempen. 2001. *Globalizing Cities: A New Spatial Order*? London: Blackwell Publishing.

Skort J. R. 1984. *An Introduction to Urban Geography*. London: Routledge & Kegan Paul.

Wratten, E. 1995. Urban Poverty: Characteristics, Causes and Consequences. *Environment and Urbanization*(1).

Walder, Andrew G. 1989. Social Change in

Post - Revolution China. *Annual Review of Sociology*(15).

Yung - meiTsai and Lee Sigelman. 1982. The Community Question: A Perspective from National Survey Data the Case of the USA. *The British Journal of Sociology*(4).

（责任编辑：牛潇蒙　上海师范大学行政管理学系）

Summary(In English)

The Institutional Logic and Action Strategy on Purchase Public Service

——Taking the Purchase of the Disabled Services in JD District, S City as a Case

Lv Na

Summary: During the social transformation in China, the relationship between government and social organizations is versatile, in which the interaction between the government and social organizations is the determining factor. This research investigated the construction process of the relationship, taking the purchase of disabled service in JD district, S City as of Shanghai as a case, and also explained the reason of construction both from meso and micro levels. And an "institution logic – action strategy" analysis framework was developed basing on the combination of Meso – organization and micro – action analysis methods. It was found that the government and social organizations were generated and structured mutually. Such real dynamic process of the micro research, is a supplement to the study on the relationship between the previous macro. It offers a new thinking for research on relationship between government and social organizations in China's social transition.

Since the beginning of the twenty – first century, the Chinese reform has transferred the emphasis from the economic sphere to the political and social sphere. On the one hand, the government puts forward a slogan that its functions should be transformed and a new social management system should be innovated; on the other hand, a large number of social organizations appear and provide various public services in all kinds of fields. In the context of reality, some local governments began to explore the public service reform, and purchase services became one of the most important type of this explore. As a new concept, mechanism and method, theoretical research force is desired. What the relationship between the government and the social organizations is, how it becomes and what infection will take place, all of these have became the topics of this research.

This paper analyzed the advantages and disadvantages of the three main theories in the field of the relationship research between government and social organizations, including macro – structure, meso – organization and micro – action research. And an " institution logic – action strategy " analysis framework was developed basing on the combination of Meso – organization and micro – action analysis methods. It investigated the construction process of the relationship, taking the purchase of disabled service in JD district of Shanghai as a case, and also explained the reason of construction both from meso and micro levels.

In the innovative exploration in recent years, JD District Disabled Personnel has continuously updated its service concept, changed the traditional model of top – down government funding, and effectively integrated administrative resources and social resources by purchasing services from social organizations. It solved the problem of less staffing, insufficient manpower, lack of professional talents and insufficient service facilities, and improved the efficiency of fund use. At the same time, it also constantly updates the concept of disability, transforms the individual model based on rehabilitation into a social model based on social integration, and develops diversified and multi – level service projects to meet the diversified needs of disabled groups. Since 2010, the District Disabled Persons' Federation has adopted the method of bidding and purchasing services to step out of the important step of exploring the socialization of disability work, and to integrate all kinds of disability social organizations into the market to compete. In 2011, the venture capital model was established on the basis of bidding, and the purchase was increased. In the past two years of practice, on the basis of reforming the way of socialized services, the District Disabled Persons' Federation has initially established a set of processes and mechanisms related to the purchase of services, including project establishment, evaluation, contracting, supervision and evaluation, and institutionalized guarantees. Efficient operation of the public service purchase model.

In the past two years, the District Disabled Persons' Federation has continuously increased its support and created favorable conditions. Through the cultivation, transformation and introduction of various methods, the professional service team has been strengthened, and on the basis of purchasing services, training has been intensified and multi – period assistance has been launched. Training courses for social workers, do a good job in nurturing and supporting social organizations for the disabled, and further enhance the professional capabilities of disabled services. At present, there are 38 social organizations for disability in the whole district. In 2011, a total of 42 social organizations participated in bidding, and initially formed a certain size of the main body of disability services. The JD District Disabled Persons' Federation has been rated as "National Advanced Area for the Disabled Work", "National Community Disabled Persons Work Demonstration Zone",

"National Disabled Community Rehabilitation Demonstration Zone", "National Cataract Barrier Free Zone", "Second National Advanced Area for Sample Survey of Disabled Persons", "National Disabled Work Demonstration City Compliance Area", "National Special Olympics Work Advanced Area", "National Advanced Work Group for Disabled Sports Work", Excellent League Award of the Disabled Persons' Federation in the Eleventh Five - Year Specialized Association.

The study regards both the government and social organizations as rational legal actors. From the perspective of the principal and the agent, they will form their own public interests and their own interests. Due to the existence of public interests and multiple self - interests, the dual institutional logic of public service and self - development has been formed. It is precisely because of the multiple institutional logic that the government has the choice of action strategies such as selective support and implicit control. Social organizations will also deduct reliance and compliance in practice and expand their subsequent action strategies. At the same time, we find that not only the institutional logic and action strategies within the actors are mutually generated and mutually structured, but also between actors. In addition, the pursuit of their own power and ability is also an important factor in the formation of their institutional logic and action strategy. Furthermore, it is analyzed from the basis and characteristics of the relationship between government and social organization that the relationship between the two parties is a strategic construction rather than an institutionalized construction, and thus it is relatively fragile and easy to change. At the same time, it is pointed out that the government purchase service does not form an equal partnership at this stage, but rather an asymmetric dependency. The government transfers only the functions of public services, not power, and may even increase the further penetration of power. What social organizations improve is only the ability of public services, and power is still weak.

From the changes in social structure, we can see that reform is a total change led by the government, so the government's own reform is especially important for the deepening of reform. The driving force of government reform comes from both internal demand and source and external pressure. With the continuous deepening of reforms in the economic field, various stakeholders and needs begin to emerge. The unified government – run society model can no longer meet the diverse needs of these stakeholders. Building a service – oriented government has become an important factor in adapting to the needs of a mature market economy. Direction, macro management of the market and society has become the main task of the government. Under such internal demand and external pressure, institutional reform and functional transfer are the most necessary reform methods.

The great achievements brought about by the reform have also brought about quite a lot of social problems: laid – off and unemployment, the gap between the rich and the poor, moral decay, protection of vulnerable groups, and so on. In the face of these problems, the corresponding institutions and mechanisms are urgently needed to solve them. At this time, the government cannot meet the needs of solving various social problems in a timely and sufficient manner. Under the premise of a huge "gap" between demand and supply, a new type of non – profit and non – government social organization can be produced on the condition that market reform releases certain free – flowing resources and free – flowing space. Make up for the lack of government and market supply of public goods and the resolution of social needs. Not only are they increasing in number, but they are also playing a bigger role in society.

The choice of public service to purchase this government innovation model as a platform for research issues. In this model, the government, as a purchaser, transfers the supply of services to social organizations; as a service provider, social organizations play an increasingly important role in the field of public services. The purchase of public services as a transfer of government functions, the joint organization of social organizations to undertake services is a good link between social structure, government, social organizations and other research elements, and is used by more and more local governments in practice.

As rational corporate actors, government and social organizations with their own principals and agents would form their public interest and self - interest respectively. Then, their public interest and self - interest would produce multiple institutional logics including public services and their own developments. With their multiple institutional logics, the government would take the action strategies of selective support and stealth control, and the social organizations would behave such action strategies, where dependence and complying with the government at the first and expanding themselves at the last. It was found that the institution structure and action strategies were generated and structured mutually not only inside the actor, but also between the actors, and the pursuing of their power and capabilities was also the important factor.

Furthermore, this paper analyzed the construction process of the relationship between government and social organizations from its base and characters and got the conclusion that the relationship was not an institutional construction but a strategic choice which was relatively flimsy and variable. It also pointed out that the relationship between government and social organizations in present purchase was not the equal cooperation relation, but unsymmetrical dependence relation. The purchase had transferred not the power of the government, but its capabilities of the public service, in which the power penetration of government could even be enhanced. At the same time, social organizations had only raised their capabilities of public service, their power was still weak.

Keywords: Public Services Purchase; Social Organizations; Disabled Persons' Federation; Institution Logic; Action Strategy

（改编、校译：蒋姗姗　上海师范大学行政管理学系）

Government Acquiescence within the Threshold of Scarcity-Individual Game Mode

——Taking L Zhuang Urban Village in Area B of A City as an Example

Liu Yiran

Summary: In the process of urbanization in China, the natural villages in the suburbs were surrounded or semi - enclosed by the urban environment, forming the villages in the city, namely the "urban village". Since the end of the last century, "urban village" has been increasingly concerned by scholars. On the whole, most of the existing researches are at the level of describing the physical environment and social problems of the urban village. They lack the in - depth observation and analysis of the daily life and inner world of the occupants, and it is difficult to truly show the special social ecology and village culture of the urban village. Moreover, most researchers only discuss the current situation of urban village statically, and fail to combine them with the historical evolution of the villages, resulting in a lack of comprehensive understanding of many issues. In addition, although the academic circles have had some analysis on the various ills and transformation work of the urban village, few scholars have reflected on the implicit power relations in relevant discourses, policies and measures, and the academic circles has not seen any in – depth empirical research on the demolition – relocation of urban villages.

In view of this, this paper, through a case study of the demolition process of "L zhuang" in the urban village of Area B of City A, discusses the process of individual struggles of villagers from the collective appeal of hope to move back to the purpose of seeking economic compensation. And we can understand how the individual behavior of the villagers, disorder, discretion and self – interest in the "stark threshold" state, how to obtain the acquiescence and recognition of state power, and the formation of a unique state – society interaction. On the one hand, this paper pays attention to the specific operation mode and process of state power in the process of village demolition, and on the other hand, it analyzes the psychology and behavior of villagers in the face of demolition, in order to comprehensively and deeply understand how demolition and resistance occur, and under the threshold of scarcity, the influence and significance of the national acquiescence – individual game mode on the villagers' community and even contemporary Chinese society.

The existing Western theory of resistance is difficult to fully explain the reasons and behaviors of the demolition of the villagers in L zhuang. However, the various forms of contemporary Chinese peasant protests proposed by the academic circles are reflected in the actions of the villagers, but they cannot sum up the true way of their struggle. This paper introduces Turner' s threshold theory and proposes the concept of "game" to provide a new perspective for understanding farmers' struggles in contemporary China.

After L zhuang evolved from a natural village to a urban village, the social structure, life order and values of the village have undergone profound changes, and the "collective perception" of the villagers has gradually weakened. With the large number of migrants entering the country, a symbiotic system lacking stability has been formed between the villagers and the floating population. The author borrows the concept of threshold in Turner's anti – structural theory to refer to the social form of the urban village as a "quasi – threshold". The state believes that the urban village is the "disease" of the city and plans to dismantle it. However, villagers and migrants regard the village as a home and a place to stay, and are reluctant to relocate. In the early stage of demolition, the government tried to legalize the demolition behavior through the propaganda of collectivist ideology, while the villagers used the methods of spreading rumors to question and confront the government's propaganda discourse, and organized collective appeal activities to try to meet the needs of their collective relocation. Realizing that the government is unlikely to change the established decision – making, the villagers' collective sense of knowledge is further weakened, and individual actions are taken to seek more economic compensation for themselves. As the state promotes the demolition process through physical restraint, inducement and differentiation of villagers, the village gradually loses its order and becomes the threshold limit of Turner's lack of state. The author calls it the "thickness threshold". Under the premise of not confronting the basic decision-making of the government, the villagers use various means to win more resettlement houses and compensation funds. The author refers to this kind of resistance as "game struggle". As the village is in the threshold of deprivation, the daily morality and behavioral norms are greatly weakened by the restraint of the villagers' behavior, and many seemingly unreasonable behaviors also appear at this time. In order to promote the demolition process, the government has basically adopted a tacit attitude and promoted the occurrence of the game.

The content of this paper is mainly divided into three chapters:

The first chapter is the academic review. On the basis of sorting out a large amount of literature, it sorts out the research on "urban village" and demolition, and explaines the theory of struggle, threshold, lack of threshold, collective cognition, game and some other theories. These studies and theories provide a variety of perspectives and conceptual tools, providing us with a variety of perspectives and inspirations for observing and understanding contemporary Chinese peasant resistance.

The second chapter is the field investigation and practice analysis, which is mainly divided into two parts. The first part, from the perspective of space, describes the daily life and social relations before the demolition of L zhuang, and analyzes the different positioning and cognition of the village by the government, the original villagers and the floating population. The second part focuses on the interaction between the government and the villagers during the village demolition process, which is the core part of this paper. This part begins with the discourse and discusses the confrontation and controversy between the government and the villagers on the legality of demolition in the early stage of demolition. The government tried to legalize its demolition behavior through various propaganda, in order to get the cooperation of the villagers and smoothly carry out the decision on demolition, while the villagers used the strategy of exposing officials' corruption and spreading rumors to counter the government's demolition propaganda. At the same time, this chapter also discusses the collective appeals of the villagers at the beginning of the demolition, the main purpose of which is to relocate to the original place of residence after the village reconstruction. Secondly, the paper focuses on the government's measures in the middle and post - demolition and the villagers; protest actions. During this period, the government adopted a variety of strategies to implement the decision to demolish the village. The villagers' coping style changed from collective activities to individual behaviors, and their demands gradually changed from in situ to more economic compensation. This part explains the concept of the game more specifically by analyzing the ways and means used by the villagers to maintain and strive for benefits.

The third chapter is a comprehensive summary of the thesis, combined with the case of L Zhuang, to discuss the macro – level discussion on the changes of village order, state – society relations, and disputes, and also conducted an in – depth investigation and analysis of the demolition process of L zhuang and the interaction between the government and the villagers. This is instructive for us to understand contemporary Chinese urban villages and urbanization, state – society relations, and peasant resistance.

This paper attempts to understand the resistance behavior of the villagers during the demolition process of L zhuang from the perspective of "structure – order". As mentioned above, after L zhuang became a urban village, the structure, order and values of the original natural village society gradually disappeared, and a symbiotic relationship lacking stability was formed between the villagers and the floating population. The author borrows the concept of "threshold limit" in Turner's anti – structural theory to refer to the state of the urban village as "quasi – threshold". During the demolition, the state promoted the demolition process through physical restraint, inducement and differentiation of villagers, and the village gradually lost its normal order, which became the threshold for Turner's lack of structurally poor group. The author calls it the "thickness threshold". This concept is very helpful for us to understand the forms and behaviors of the villagers.

Turner pointed out that in the threshold phase, because the distinction between social classes became less important, it was easy to form a form of inclusiveness, that is, there was no hierarchy between people, and it was a state of positive significance. At the beginning of the demolition of L zhuang village, the villagers once united and conducted a number of collective appeals. The main requirement was to move back to the village. The protests of the villagers during this period were not entirely caused by the uneasiness or relative deprivation of the villagers. Their actions could not be understood only from the perspective of economic interests or rationality, but when the village suddenly entered the threshold of scarcity, a short – term form of communion formed between the villagers. But as the appeals were fruitless, the villagers realized that the government could not change their basic decisions, and the country's differentiation and inducement measures, the form of communion soon ended. The villagers gave up the way of collective resistance and turned to personal action to deal with the authorities to seek more benefits for themselves.

The author uses the concept of " game struggle " to summarize the individual, disorderly, discrete, self – interested struggles of the villagers. In the tactics of the villagers of L zhuang, they include elements of various forms of resistance such as "weapons of the weak", "resistance by law", "game by the potential", and "resistance by the body". The villagers have flexible use of various strategies, both open and covert. Both the use of policies and the non – compliance of policies have the sole purpose of obtaining more favorable compensation conditions. Because the resources available to the villagers are very limited, the body has become the most common and effective weapon of their struggle. The villagers' game behavior has a necessary premise that it cannot challenge the country's basic decision – making. Under this premise, the state acquiesced to the villagers to fight for their own interests within the acceptable range of the state through various means. Since the goal of self – interest is not involved, and the behavior of the game must be individual and disorderly, this is also an important reason for the " one family and one policy" in the process of demolition.

The reason why the game has become the main form of villagers' struggle in the process of demolition in L zhuang is due to the state's restriction on collective resistance activities and the lack of thresholds for villages. With the complete collapse of the village order after the demolition began, coupled with the country's differentiation strategy, collective action is increasingly difficult to organize. At the same time, because the village is in a state of lack of threshold, the daily moral concepts and norms of behavior have basically lost the binding force on the villagers' behaviors. Some behaviors that may be subject to moral condemnation or even legal punishment are common in the process of demolition and are not blamed. When the shovel's excavator pushed down a house in L zhuang, what was lost by the villagers?

Keywords: Urban Village; Demolition; Collective – Cognition; Poverty-Liminality; Game

（改编、校译：刘娜娜　上海师范大学行政管理系）

"Demand-Condition-Trust": Research on Community Residents Participation Model

——Taking the L Street in the NH District of F City as an Example

Shen Kejun

Summary: Since the construction of urban communities has been comprehensively promoted in 2000, the residents' participation is strengthening through the continuous development of community management and services. More than 10 years, scholars carried out multidisciplinary research on the present situation, problems and countermeasures of residents' participation, which has reached extensive achievements. However, with the deepening of economic reform, China's grass - roots social governance model, the way of society organizing, values and behavior patterns are undergoing profound changes. It has generated a huge impact for the grass - roots government to promote the exploration and practice of community residents' participation, and brings more opportunities and challenges. In this dissertation, author analyzes the new features and trends of the residents' participation on the basis of the system overview of the theory and practice about residents' participation at home and abroad. And it proposes a possible explanation framework for the motives of residents' participation behavior: "demand – condition – trust".

Firstly, it is introduction, which summary of the status, function, power and constraint of the urban resident, participation as well as enhance the residents to participate in countermeasures. Western scholars have started early in the study of citizen participation in community governance. The theoretical results and practical experience are quite rich, and the empirical research is very mature. It can be said that these academic achievements are inseparable from the success of Western social practice. Their civic participation in research and practice is far ahead of us. However, according to our actual national conditions, many research theories can be used for reference, but they must not be copied. Otherwise, not only do they have no realistic effects, but they are half the battle. Therefore, the research results of Western participation in promoting citizen participation in community building are critically absorbed. It is undeniable that they have already done a relatively mature approach and that we are going to complete the reforms and transformations in the future. At the same time, domestic academic circles have also achieved fruitful results in the study of residents' participation in urban community construction. It has important reference and reference for us to study this issue more deeply, but there are still some problems in previous research, worthy of further discussion: At present, the understanding of the lack of participation of community residents is consistent. They all point out that the structure of residents participating in the participation is not balanced. The content of participation is limited to the scope of leisure entertainment and social welfare services. The ways and means of participation are relatively simple. There is still no mature organization participation method, and the participation consciousness is not strong. When analyzing the factors affecting participation, it generally starts from the aspects of community management system, community organization growth, law and regulation, grassroots political trust, etc. And put forward corresponding countermeasures and suggestions for the above aspects. Among them, some researchers have proposed a perfect participation mechanism, but the content is relatively vague, only from the community management system, the transformation of the neighborhood committee function, the development of community organizations, and the cultivation of residents' participation awareness. Of course, some researchers have mentioned the legislative and supervisory mechanisms to improve residents' participation, but this will be a goal that needs to be carried out in a longer – term process.

Secondly, it introduces the field location, the development of field work, the subject, path, mechanism, constraints of residents, and the conditions for promoting residents' participation. The subjects of residents' participation include both independent individuals and self – governing organizations (such as community neighborhood committees, owners' committees), community mass organizations, public service organizations, and community social organizations. Residents' participation is becoming more open. The participating subject is expanding. At the same time the sense of participation is gradually increased. At the same time, the participation of the participants is gradually increasing. The way of residents' participation is diversified. It is divided into individual residents' participation methods and organized participation methods; the path of residents' participation. With the risen of civil society organizations in the urban community, its localization has its own characteristics. Guide various community civil organizations and residents to use the network technology and mass media to participate in the channel. And the developments of non – governmental organizations in community widen the channel for residents' participation and play an important role in promoting resident participation behavior.

Thirdly, the mechanism of residents' participation. The residents' participation mechanism is a set of standardized, institutionalized participation's way. The formation of the resident participation mechanism requires three basic conditions from macro to micro. The reform of the community management system and the adjustment of organizational structure are the institutional conditions for the formation of resident participation mechanisms. Community resources and corresponding policy measures are important guarantees for the formation of resident participation mechanisms. Residents' participation needs and cognition are both the driving force for the formation of the participation mechanism and the goal of the formation of the participation mechanism. Only when these basic conditions are met, the construction of the participation mechanism is guaranteed, and its operation has a corresponding realistic foundation. It can also fully embody the two forces from the government and residents to jointly promote the formation of residents' participation mechanisms. Basic factors of resident participation mechanism. The construction of participation mechanism system is influenced mainly by the community power structure and its resource allocation, different types of communities and the residents of the community social capital. Basic guarantees to promote resident participation mechanisms running. From a practical point of view, the residents' participation mechanism does works which can not be inseparable from a series of safeguard factors. In this dissertation, the basic guarantee is discussed from three aspects, i. e. , the reform of community management system, the growth of civil social organizations in the community and the training of the awareness and ability of residents, participation.

Finally, through the survey of the participation of urban community residents, this paper analyzes the characteristics and development trends of residents' participation in the new social development background, constructs the participation mechanism of urban community residents, and expounds the formation and classification of resident participation mechanisms. Operation and effectiveness, put forward the basic guarantee to promote the good operation of the residents' participation mechanism. One hand, the characteristics and trends of residents' participation is analyzed. And then there may be a possible explanatory framework to the motivation of residents' participation behavior occurring: "demand – condition – trust." The other hand, the content features of participation mechanism is summed up. And favorable conditions of the construction of residents' participation mechanism are discussed.

Keywords: Urban Community; Residents' Participation; Participation Mechanism ;"Demand – Condition – Trust"; Motivation

(改编、校译:常国富　上海师范大学行政管理系)

The Regulatory Space and Action Boundary of Project Social Workers

——Take Three Projects of L Social Institutions in S City as an Example

Fan Yana

Summary: This paper discussed around the following specific issues:

1. How do the acquirer, social work agency, the third party institutions, grassroots community as well as the service object affect the project social worker in the process of project implementation? After be sent to the project sites, project social worker come into the action system which composed of project implementation. In the process of project implementation, they will be affected by the purchaser, social work agency, third parties, grassroots community, service object and so on. These different forces impact social worker's action in terms of power, the rules, the resources, which reflects their relationship with the social worker in a certain extent. However, in the process of project implementation, the action force is concealed or appeared, their relationship with the project social worker is not visible. By answering this question, the author try to clarify the relationships.

2. In the process of project implementation, how the frontline social workers effectively deal with the influence of the power? What are the strategies that have been generated in the process? The implementation of the project reflected in the specific actions of project social worker, so it is crucial to understand and explain the action project social worker. In the process of project implementation, the project social worker's action is often in specific stereo field around specific issues. The author comes into the project social worker's world to examine the logic of project implementation by extracting real events from the daily work scene.

3. In the process of project implementation, where is the border of the social worker's power and action? From the power perspective, the project implementation system is interdependent relationships characterized by power which is composed of all kinds of power. Every actor has the power in the system, and the exercise of its power will be affected by other actors. By observing the action of project social worker, the author wants to reveal the source and boundary of project social worker's power. From the angle of action, the other power in project implementation system restrict the actions of project social worker through their own way, they also created the autonomy space of the big or small for project social worker's action. In the autonomy space of the big or small, the project social workers act to complete the project implementation. This kind of conditionality and autonomy will give out the boundary of project social worker in order to make their actions within the scope of a certain boundary. One of the important tasks of this paper is to reveal the border of the action.

The study found that forces inside the project implementation system impact on the implementation of the project through the different form. In the process of project implementation, project social workers take different strategies for different power in order to achieve different goals. And the ultimate goal is to maintain sustainable operation of the project, which is action boundary of social worker. Project social worker's action boundary is shaped by its forces of the surrounding. The attitude and behavior of the acquirer, third – party assessment mechanism, social work institutions, power at the grass – roots level as well as the service object impact on social worker's action. Action strategy of social workers generate in this kind of conditionality and autonomy space. And social workers take " maintain the project operation" as the boundary of their action. Because the action is carried out in a certain boundary, the social worker can continue the above strategies. This boundary is jointly constructed by the forces of all parties and presents the predictability in a certain period of time. If further trace the action boundary of social worker in project, we will find the underlying motives behind it. By maintaining project operation, project social workers and their social work institutions can obtain financial support form the purchaser. For social work institutions whose capital source mainly rely on the government to buy the service, it not only can alleviate the problem of shortage of funds, but also can guarantee social worker's salary, because of the " social workers can't escape at the mercy of the economic law" . In addition, by providing sustainable public services, the project social workers can also learn about the public demand more effectively in order to expand new areas of service on the basis of continuously improve original service levels. At the same time, they can make the institution bigger and stronger, while more effectively meet the public interest. Although in practice, due to the influence of the factors, this motivation to meet the public interest would have bigger difference. But it still exist and to be the goal of the project social worker and their organization which is striving under the premise that satisfy their own interests.

From the power perspective, the study suggests that the power of the project social worker is not without limits, they can not freely act at random.

Social worker's action depends on the way of power implementation of all kinds of power. The power implementation of all kinds of power lead uncertainty factors which is in the situation of project social worker. These factors have a profound impact on the result of increased efforts for project social workers, which project social workers are difficult to control. Due to all kinds of power control these uncertainty factors, they limit the space in which project social workers mobilize resources and use uncertainty domain. Specifically, project social worker exercise power cannot be detached from the government's strong administrative power, limit of the project requires resources, "trap" of the formal rules, beneficial right of the service object and organization's management hierarchy. That is, all kinds of the power in the project implementation system commonly shape the power boundary of project social worker, which is the control power in the professional field. In the face of all kinds of uncertainty factors in the process of project implementation, project social worker rely on the power, using the advantage of information asymmetry, take a series of action even "conspiracy" which is based on the informal specification to complete the project implementation.

The above research drew several research conclusions. First, in government purchasing service mechanism, the government's logic of "control" is stronger than the logic of "improvement"; Second, due to the stress performance and responsible for the action logic, the phenomenon of "the government achievements orientation and the demand is designed" appeared in government purchase services. Third, the relationship between the project social workers and service object is characterized by Rationality and paradox. Four, in the face of government intervention, project social worker strategically sought and reinforcement their own professional within the limited space. At the same time, we need to address the following questions. One is that, how the "win – win" pattern of interests building up through the government purchase services turn into “three win”. The second is, how the folk social work institutions find a balance between to seek government support and maintain independence. The third is, how should we grasp the “project assessment”.

Keywords: Government Purchase Services; Project Social Workers; Project Implementation System; Action; Power; Boundary

（改编、校译：宋明　上海师范大学行政管理学系）

Hutong in the Sunset and Hutong Community in the Sunrise

——Taking JX Community in D District of Beijing as an Example

Wei Xia

Summary: This thesis is a study of Social Anthropology based on the field research of Beijing hutong community. The function and resident composition changes, which lead to the social and cultural changes, will be detailed on the article. Hutong is now disappearing during the urban construction process, and the current preserved hutong are developed as sightseeing, so as the hutong residents. The hutong community studied in the article is inner the imperial city, because of the unique location, the fate of the residents there is closely related to the social changes. Now people there are living in small rooms with low income, and the number of single people is rising up, while the unique location and welfare security somehow raise the special superiority of the local residents. They still live in the hallucination that they are residents of imperial city and different from others. They care about their Beijing residential identity and believe their house can bring about fortune and change their fate, although sometimes tragedy makes them lose confidence in their fortune. They, like the reed going with wind, have no power to change or even hold their community.

This thesis will detail the changes in the last 30 years. During the process of the reconstruction, Beijing preserves some old communities under the name of cultural relic protection. On preservation, the government pay more attention to the cultural significance while neglect its living significance. At present, the architecture attracts foreigners living in the hutong, and the low rent attracts the migrant worker, also the market economy make some people in the hutong rich, especially these who have more houses. Along with the coming of foreigners, migrant workers and the appearance of rich people, the old hutong residents are declining. In a large sense, it means Beijing becoming a modern and international city instead of a feudal consumption city. The changes happening in the hutong is the reflection of the China urbanization and the old hutong will inevitably fade in the modern society.

Now the studies of sociology and anthropology care more about the communities located in the junction of the city and suburb, that is, "villages within the cities", while less about the preserved city area. In the thesis, the author will write about the preserved city area. In the thesis, the author will write about the preserved city area in following parts.

The first part is the background of urban research, which is reviewed from the aspects of hutong cultural symbol, modern rituals in the hutong community, people and society in the hutong.

The second part describes field research in the hutong community. First of all, it is the basic situation of the community. Secondly, it is the life of the Beijing residents in the hutong. Houses are very important to them and the family relationship is affected by their houses, which will affect the regeneration of the family. As to the occupation of the local people, they also engage in some low paid jobs and many of them have no jobs. They have welfare security because of the Beijing residential identity and they believe houses can change their fate. Some of them are waiting for moving out of the hutong by reconstruction and asking for a good compensation.

Furthermore, it is about the besieged local people. The real estate market makes people who have house investment in the hutong rich and a few people control most of the space in the hutong. Moreover, the foreigner and the strangers' tour in the hutong or some of them even live in the hutong also changes the structure and culture of the old hutong. As a traditional civic community, hutong has undergone great changes in the social and cultural boundaries because of the special class, the entry of foreigners and the birth of new hutongs. There is basically no common cultural identity among residents of different identities. In a special and limited space, ordinary hutong residents are deeply under siege, from space encroachment to suppression of class and identity. Although hutong residents live in their own space, they are not free. From their use of space to their way of life, they are always under observation. For the privileged class, in talking, they show a kind of pride in sharing space with people in this class. For example, they will list the celebrities who have lived in this space, because those people are their neighbors. On the other hand, being close to these people, they have a strong spatial repression. So sometimes they will consciously and unconsciously return to certain special historical events to reflect their dissatisfaction with the privileged class. Hutong residents are treated differently in the new wealth of the hutong. They have a common memory, they are willing to treat them as their own, and they do not refuse. However, for the wealthy newcomers in the hutong, they do not care about it, and think that those people's wealth is not glorious. For foreigners entering their space, residents usually take a respectful attitude. Residents did not show obvious rejection of some cultural information given to them after their stay, but they did not follow suit. For foreign tourists who come out in the hutong, they are even more ignorant and very reluctant to visit their own lives. In this way, there are several different worlds in the hutong. The ordinary people have a world of nostalgia, foreigners know the world of China and the world of the interests of new dignitaries. At the same time, it also describes the transformation of Juer Hutong, laying a foundation for the theoretical innovation below.

The third part is about the study of community death and regeneration. Firstly, it is the mechanism of hutong maintenance. First of all, the government power provides the political security for the hutong maintenance. For example, the architecture preservation and social security policy are both important condition of the hutong maintenance. Besides, the migrant workers in the hutong are willing to engage in the low paid jobs and provide service for the local people, that's in fact another important condition of the hutong maintenance mechanism, and this is also caused the difference pattern in the hutong. Due to the changes and transformation of society, the residents in the hutong have experienced great heterogeneity. Of course, heterogeneity is also an inevitable trend in the development of urban society. The larger the community, the higher the population density and the stronger the individual heterogeneity. Although these heterogeneous people are still in the same class from the perspective of social stratification, they form a strong "sense of us" and "sense of them" in the internal identification of the class. According to the differential pattern, the people who hutong residents themselves introduce to their own relationship may only have their own neighborhood neighbors. They passively have social relationships with foreigners, blue - collar foreigners and ants. This passive relationship arises from social change clubs. However, apart from the outsiders, the social relations of the hutong Pekingese are also difficult to maintain. Because the maintenance of relationships within the community is increasingly relying on intermediate forces, or the simplification of modern urban society, it also pushes people to the situation of having to rely on third parties for production and life.

As a traditional community, hutong is experiencing comedown and death. For the death of a community, there are some styles, such as the disappearance of original architecture, the fading of the local people or being replaced by migrants. Now all the phenomena are happening in the hutong, so only by regeneration can stop the death of the hutong. A good example for hutong regeneration is the reconstruction of Juer Hutong.

"You must not change your mind about a city with a long history of culture, because history cannot be changed. Such a city is a museum, exhibits are the ancient buildings of the city, throwing away these exhibits and replacing them with modern people. The museum does not exist. If you regret it and then copy the exhibits again, the museum still does not exist because there are not many people who are willing to see a museum." This is the second time for a German teacher. After visiting Beijing, I felt that because he saw Beijing, there were more fake products than real products. Hutong, as part of the museum of the city, is fading and disappearing. This is an undeniable fact. However, it is gratifying that Beijing decided to implement the Medium and Long – term Plan for the Protection and Utilization of Cultural Relics in Beijing from 2008 to 2015. The goal is to carry out the restoration of cultural relics around the protection of Beijing's famous cities, environmental remediation, and the restoration of Beijing's ancient capital. Through the maintenance of the medium and long – term protection plan, the cultural relics in the core city of Beijing, the inner city, and the historic city can be restored to the best level in history, so that the historical buildings in the famous city of Beijing can basically display the original. I believe that under the protection, rectification and more reasonable planning, hutong can show the beauty of the sunset.

Keywords: Hutong Community; Social Changing; Culture Changing; Community Death; Community Regeneration

（改编、校译：牛潇蒙　上海师范大学行政管理学系）

《政治人类学评论》征稿与写作体例

《政治人类学评论》(***Political Anthropology Review***)是由上海师范大学哲学与法政学院、上海师范大学政治人类学研究所(筹备)主办的国内第一份政治人类学专业集刊(半年刊);旨在紧扣“权力－权利”互动博弈逻辑,运用田野研究、民族志文本和扎根理论等“三位一体”的扎根理论方法论,展开交叉跨学科综合性研究。

一　稿约

投稿可联系本刊主编陶庆博士,邮箱:taoq8388@163.com;手机号:13918538388(同时也是微信号)。

1. 热忱欢迎国内外学者投稿。来稿由专家匿名评审,评审仅以学术价值为标准。稿件编辑严格实行“三审一读”定稿制度。

2. 本刊主要刊登尚未出版发表的学术论文,论文以3万字以上为宜,凸显对某一类问题的深入研究与创新洞见;特别欢迎以尚未出版的博士论文为基础的论著材料(每文摘编3万字以上)投稿。

3. 本刊所发文章均为作者本人的研究成果,不代表本刊意见。凡涉及国内外版权问题,均遵照《中华人民共和国著作权法》和有关国际法规执行。

二 撰稿体例

1. 中文标题为宋体、三号、加粗;副标题,另起一行,宋体,小三。

2. 作者名为楷体、四号,作者名间空2格。

3. 作者简介:姓名(出生年—),性别,籍贯,现供职单位全称及职称、学位、研究方向。字体为宋体、小五、单倍行距,首行缩进2字符。

4. 中文摘要为仿宋、五号字体,1.5倍行距。

英文摘要中的主体内容均为Times New Roman、五号字体,1.5倍行距;注意文中的双引号都要保持一致,用英文双引号,凡是英文书名一律用斜体,不加书名号。

标题黑粗字体,小三,居中;作者姓名,宋体,四号字体,姓全部用大写字母,名的第一个字母大写;括号中的单位名称,宋体,小四。

“Summary”首行缩进2字符,黑体小四、加粗。摘要段前下拉间距4行,与作者及单位有一定间距。

“Keywords:”首行不缩进,黑体小四,加粗,而每个关键词,宋体小四,不加粗,之间空两格隔开。

最后结尾处的译者、校者姓名,中文,小四,宋体加粗。

5. 各级标题:

一级标题须用“一、”、“二、”、“三、”……,宋体,四号,居中对齐,段前段后间距1行。

二级标题须用“(一)”、“(二)”、“(三)”……仿宋,小四,左对齐,首行缩进2字符。

三级标题须用“1.”、“2.”、“3.”……宋体,小四,左对齐,首行缩进2字符。

6. 正文为宋体、小四字体,1.5倍行距,英文部分为Times New Roman、小四字体。正文中引文段前段后间距1行,字体为楷体、小四号字体。正文所有标点符号均为中文全角格式。

7. 图表:应分别连续编号,并注明图名、表名;图号、图名置于图的正下方,表号、表名置于表的正上方;引用的图表或数据须在图、表下注明出处。

8. 数字用法:执行GB/T15835－1995《出版物上数字用法的规定》,凡公元纪年、年代、年、月、日、时刻、各种记数与计量等均采用阿拉伯数字;夏历、清代及其以前纪年、星期几、数字作为语素构成的定型词、词组、惯用语、缩略语、临近两数字并列连用的概略语等用汉字数字。

9. 译名:(1)正文中第一次出现重要的中译学术术语时(常用的除外),应用括号标明外文原文;(2)正文(不含夹注)中的外国人名应采用中文译名(除熟知的人名外,一般应用括号注出原外文姓名);(3)译名须统一,以学术界的通用译法为准。

9. 注释:

(1)采用页下注,全文用①②③……,每页重新编号;字体为仿宋、小五字体、单倍行距。

脚注格式:中文著作

作者.书名[M].出版地:出版社,年份:页码.

示例:俞可平.治理与善治[M].北京:社会科学文献出版社,2000:20.

外文著作

[国籍]作者.书名[M].译者名,译.出版地:出版社,年份:页码.

示例:[法]托克维尔.论美国的民主[M].董国良,译.北京:商务印书馆,1991:20.

若多个译者;

示例:[法]基佐.欧洲文明史[M].程宏逵等,译.北京:商务印书馆,1998:20.

期刊类

作者.文章名[J].期刊名,年份(第多少期).

示例:徐勇.治理转型与竞争[J].开放时代,2001(7).

(2)互联网上引用的文献不能作为正式参考文献列入文末参考文献栏中,一律作页下注处理。网络文献的页下注格式:作者名:"文献标题",引自"主页名称"(网页地址),年、月、日。页下注字体为宋体、小五字体、单倍行距,编号①②③……为顶格,以下注内容空两格。

12. 参考文献:

(1)"参考文献"为黑体、小四号、加粗。中文文献为宋体、五号。外文文献为 Times New Roman、五号字体。均为 1.5 倍行距。

(2)中文文献与外文文献分别排列,中文在前,外文在后,以作者姓氏英文字母 A-Z 为序排列,中文译名以译名的首个字母为准。

(3)中文文献应标明文献类型(著作为[M],期刊为[J],汇编为[G],学位论文为[D],报纸为[N]);外文文献中的论文用引号标明,著作(包括文集)及期刊用斜体标明;参考文献的格式为:"作者名. 出版年份. 文献名称[文献类型]. 文献出处(卷期次). 出版地:出版者."；相同作者的多篇文章被引用时,则从第二篇起,用"——."代替作者名。

例如:陈春声. 2003. 乡村的故事与国家的历史——以樟林为例兼论传统乡村社会研究的方法问题[G]//黄宗智,编. 中国农村研究(第 2 辑). 北京:商务印书馆.

董建辉. 1999. 政治人类学[M]. 厦门:厦门大学出版社.

——. 2003. 20 世纪后期国外政治人类学研究的趋向[J]. 国外社会科学(1).

和少英. 1989. 政治人类学浅论[J]. 云南民族学院学报(4).

(4)外文文献,作者(无论原名或译名)均须写出完整的姓和名,中间名可缩略表示;多位作者的,第一作者按照"姓,名"格式,其余作者按照外文姓名的正常顺序,即"名姓",不同作者姓名之间用","隔开;外文著作类文献均为斜体,出版社前列出版地点。

例如:Fortes, M., E. E. Evans-Pritchard. *African Political Systems.* Oxford: Oxford. 1970:48.

Lewellen, Ted C. *Political Anthropology: an Introduction.* Second Edition. London: Bergin and Garvey. 1992:58.

图书在版编目（CIP）数据

政治人类学评论．第10辑／陶庆主编．-- 北京：社会科学文献出版社，2019.12

ISBN 978-7-5201-2752-3

Ⅰ．①政… Ⅱ．①陶… Ⅲ．①政治人类学-文集 Ⅳ．①D0-05

中国版本图书馆CIP数据核字（2019）第257287号

政治人类学评论（第10辑）

主　　编／陶　庆

出 版 人／谢寿光
组稿编辑／邓泳红　桂　芳
责任编辑／桂　芳
文稿编辑／贺拥军

出　　版／社会科学文献出版社·皮书出版分社（010）59367127
地址：北京市北三环中路甲29号院华龙大厦　邮编：100029
网址：www.ssap.com.cn
发　　行／市场营销中心（010）59367081　59367083
印　　装／三河市东方印刷有限公司

规　　格／开　本：787mm×1092mm　1/16
印　张：21　插　页：0.5　字　数：303千字
版　　次／2019年12月第1版　2019年12月第1次印刷
书　　号／ISBN 978-7-5201-2752-3
定　　价／98.00元

本书如有印装质量问题，请与读者服务中心（010-59367028）联系